Wilhelm Freiherr von Humboldt

Briefe von Wilhelm von Humboldt an Georg Heinrich Ludwig

Nicolovius

Wilhelm Freiherr von Humboldt

Briefe von Wilhelm von Humboldt an Georg Heinrich Ludwig Nicolovius

ISBN/EAN: 9783743684539

Hergestellt in Europa, USA, Kanada, Australien, Japan

Cover: Foto ©ninafisch / pixelio.de

Weitere Bücher finden Sie auf **www.hansebooks.com**

QUELLENSCHRIFTEN

ZUR

NEUEREN DEUTSCHEN
LITERATUR- UND GEISTESGESCHICHTE.

HERAUSGEGEBEN

VON

ALBERT LEITZMANN.

I.

BRIEFE

VON

WILHELM VON HUMBOLDT

AN

GEORG HEINRICH LUDWIG NICOLOVIUS.

BERLIN.
VERLAG VON EMIL FELBER.
1894.

BRIEFE

VON

WILHELM VON HUMBOLDT

AN

GEORG HEINRICH LUDWIG NICOLOVIUS.

HERAUSGEGEBEN

VON

R. HAYM.

MIT ZWEI ANHÄNGEN.

BERLIN.

VERLAG VON EMIL FELBER.

1894.

Inhalt.

Dem Verfasser der Denkschrift auf Georg Heinrich Ludwig Nicolovius, dem am 22. März 1890 verstorbenen bonner Professor Alfred Nicolovius, verdanke ich die Mitteilung der nachfolgenden Briefe. Viele Jahre vor seinem Tode legte er die Originale derselben in meine Hände, nicht mit dem ausgesprochenen Wunsche, aber mit der angedeuteten Erwartung, dass ich sie benutzen würde dem Andenken seines Vaters eine Gerechtigkeit widerfahren zu lassen, die er in meinem Lebensbilde Humboldts nicht mit Unrecht vermisste. Denn in jenen Briefen, die der grosse Staatsmann zwischen 1809 und 1835 an seinen treuen Gehülfen und demnächstigen Nachfolger in der Leitung des preussischen Kultus- und Unterrichtsdepartements richtete, erblickte die Pietät des Sohnes vor allem Zeugnisse für den Vater. Dazu werden sie in der Tat durch die Hochschätzung, das weitgehende freundschaftliche Vertrauen, die dankbare Anhänglichkeit, die der Briefschreiber in immer gleichem Masse dem Andern bewahrt hat. Wenn bei der Verschiedenheit der inneren Bildungsform beider

Männer, von denen der eine in humanistischen Anschauungen, der andere in positiv-christlichen Gesinnungen und Gefühlen wurzelte, dennoch beide einander wie in vollem Einverständniss vertrauen und
im Hinblick auf gemeinsame letzte Ziele helfen und
ergänzen, wenn bei voller Offenheit in ihrem Verkehr
kein Wort verrät, dass es zwischen ihren letzten Über-
zeugungen eine trennende Grenze gebe, so ist ein
solches Verhalten ohne Zweifel gleich ehrend für beide
Teile. Die Veröffentlichung der humboldtschen Briefe
wird nichts desto weniger in erster Linie um ihres
Verfassers willen Manchem willkommen sein. Neben
so vielen gerade in der jüngsten Zeit ans Licht ge-
tretenen Dokumenten mögen auch sie in bescheidenem
Masse dazu dienen hier und da einen Moment des
äusseren Lebens, einen Bezug der früheren und späteren
Staats- und Geschäftstätigkeit des Mannes zu be-
leuchten und seine eigenartige Persöulichkeit, wenn
nicht durch neue Züge verständlicher, so doch durch
die Wiederkehr der wohlbekannten — wie ein bedeutendes Gesicht bei einer neuen Aufnahme — an-
schaulicher zu machen. Erst wenn die Quellen noch
reicher fliessen, wenn namentlich die Staatsschriften
Humboldts von kundiger Hand durchmustert sein
werden, wird sich ein den Ansprüchen der Geschichts-
wissenschaft genügendes Leben Humboldts schreiben
lassen. Die ebenso schwierige wie reizvolle Aufgabe er-
wartet ihren Mann. Aus den geringen Bruchstücken seiner
Lebensbeziehungen, die ich hier vorlege, eine Summe zu
ziehen darf billig dem Leser überlassen bleiben: der
Versuch einer erneuten Schilderung der Geistes- und
Charaktergestalt, die sich auch in ihnen offenbart,

würde den Eindruck nur schwächen, den diese Brief-
reihe zu machen nicht verfehlen kann. Der andern Pflicht
dagegen die Briefe wenigstens einigermassen historisch
einzurahmen und hin und wieder eine Beziehung auf-
zuklären habe ich mich nicht entziehen zu dürfen geglaubt. Vieles in den dem Texte nachgeschickten Erläuterungen wird Vielen überflüssig erscheinen: wieder
Andre werden an andern Stellen Lücken finden und
recht nötige Aufklärungen vermissen. Allein einen
vollständigen, nach festen Gesichtspunkten für einen
ganz bestimmten Leserkreis berechneten Kommentar
zu liefern lag weder in meiner Absicht noch in meinem
Vermögen. Mit Zusätzen zu allbekannten Namen dem
Leser lästig zu werden habe ich vermieden; ja auch
mit biographischen Notizen zu minder bekannten bin
ich nur auf den Wunsch des Herausgebers dieser
Quellenschriften, dem ich ohnehin für einzelne Nachweisungen zu Dank verpflichtet bin, weniger sparsam
gewesen als es meinem Geschmack entsprochen hätte.
Manche in den Briefen berührten Einzelheiten werden
nur aus den Akten der Verwaltung oder aus den mir
nicht vorliegenden Schreiben von Nicolovius genügend
erläutert werden können. Es liegt in der Natur solcher
Materialien, dass sie, indem sie dies und jenes Neues
bringen und irgend ein Ereigniss oder eine Situation auf-
hellen, zugleich verwante Mitteilungen hervorlocken.
Dies gilt von den Briefen selbst: es gilt ebenso von den
hinzugefügten Anmerkungen. Es mag sie nutzen, wer
sie brauchen kann, ergänzen, wer dazu im Stande ist.
Der Versuchung zwischen Wichtigerem und Un-
wichtigerem in den mir vorliegenden Blättern zu unterscheiden und nur das Erstere mitzuteilen habe ich

nach einigem Schwanken widerstanden. Denn was
ist in solchen Dokumenten unwichtig, wenn nur der,
von dem sie herrühren, ein wichtiger Mann in wichtigen Verhältnissen ist? Mir lag immer das lessingsche
Wort im Sinn: was wäre es denn nun, wenn noch
einige Lumpen mehr mit Gedanken eines unsterblichen
Geistes bezeichnet würden? Der Geschichtsschreiber
soll den Verstand und die Kunst haben auszuwählen,
zusammenzudrängen, zu gruppieren: der Handlanger
des Geschichtsschreibers soll sich bescheiden, als ob er
von diesem Verstande und dieser Kunst nichts besässe.
So habe ich denn gegeben, was ich hatte, und nur
bedauert, dass ersichtlich wenigstens einige Briefe verloren oder früher ausgemerzt sind. Den Text der er-
haltenen habe ich selbstverständlich mit gewissenhafter
Treue nach der fast durchaus klaren und lesbaren
Handschrift wiedergegeben. Keineswegs aber war es
mir Gewissenssache mich an die Interpunktion des
mit eilender Feder Schreibenden etwa auch da zu
binden, wo dies nur auf Kosten der leichteren Ver-
ständlichkeit hätte geschehen können. Humboldt
schreibt *seyn, meynen, Hochwohlgebohren, Parthei* und
Ähnliches. Für solche Recht- oder Unrechtschreibung
habe ich keinen Respekt in mir auftreiben können;
oder gar für noch äusserlichere und zufälligere
Schreibgewohnheiten. Denn der Verfasser dieser Briefe
war wohl peinlich genau, aber nie kleinlich. Scherzt
er doch selbst, dass er die Silben immer ohne *y*
schreibe — weil die Deutschen sie einmal wie die
Milben behandelt hätten: und bei der Latinisierung
seines eigenen Namens sogar „liegt ihm weder an *de*
noch *dt*". —

Den Briefen an Nicolovius habe ich in einem ersten Anhang sieben Jugendbriefe Humboldts an seinen Freund Beer hinzugefügt, über welche ich in den nachgeschickten Erläuterungen weitere Auskunft gegeben habe. Mag die Göttin Gelegenheit diesen nur durch die Person des Briefstellers mit jenen andern Stücken zusammenhängenden Anhang rechtfertigen! Besser rechtfertigt sich der zweite Anhang, acht humboldtsche Briefe an Wolf und Arnim: denn zu ihrer Veröffentlichung haben eben die Nicoloviusbriefe den Anstoss gegeben, mit deren älteren aus der Zeit von Humboldts Unterrichtsleitung sie sich in einzelnen Punkten berühren. Ihre Mitteilung und Erläuterung rührt, ebenso wie das Register zu dem vorliegenden Hefte, nicht von mir, sondern von Herrn Leitzmann her.

Halle, 13. April 1894.

R. Haym.

Briefe

von

Wilhelm von Humboldt

an

Georg Heinrich Ludwig Nicolovius.

1.

Berlin, den 25. März 1809.

[Mit Nicolovius' Notiz: Erh. 30. curr. Beantw. eod.]

Ew. Hochwohlgeboren gütiges und freundschaft= liches Schreiben vom 13. so wie das so eben er= haltene vom 17. hat mir eine herzliche und innige Freude gemacht. Ihre wirklich zu gütigen Ge= sinnungen gegen mich sind mir ebenso schmeichelhaft, als Ihr Eifer und Ihre Wärme für die Sache, die wir gemeinschaftlich bearbeiten sollen, erfreulich. Seien Sie überzeugt, daß auch mir die Aussicht, gerade Sie zum Gehülfen zu besitzen, vorzüglich Vertrauen und Muth einflößt, daß ich nichts angelegentlicher wünsche, als daß Sie mir auch künftig Ihr freundschaftliches Vertrauen erhalten, und daß ich mich recht eigentlich sehne, sobald als möglich mit Ihnen vereinigt zu sein. Ich bin bereit, in jedem Augenblick nach Königsberg zu kommen, und habe deshalb schon einigemale das Nöthige an den Minister geschrieben. Die Entscheidung hängt allein von ihm ab, und wenn Ew. Hochwohlgeboren in der That glauben, daß diese Reise unvermeidlich ist, so ersuche ich Sie, mit ihm deshalb zu reden. Indeß müssen wir uns auch nicht verheimlichen, daß das wahre Uebel noch, außer unserer Trennung, auch darin besteht, daß das Ministerium in Königsberg und nicht in Berlin ist, und daß daher auch mein Dahinkommen noch nicht allen Unbequemlichkeiten abhilft. Denn es geht auch wieder der Vortheil verloren, daß man hier selbst durch das zufällige Lesen so vieler Acten, die man unmöglich alle kommen lassen kann, eine viel genauere Kenntniß des Departements, auf welche doch Alles ankommt, erhält, daß man viele Männer, auch die nicht in Collegiis sitzen, um Rath fragen kann, und daß man wichtigen Instituten, für welche Sorge zu tragen ist, näher bleibt.

Auf die Zwischenzeit, welche noch bis zu unserer Wiedervereinigung verstreichen kann, halte ich die mir vom Minister zur Leitung der Geschäfte gemachten Vorschläge für vollkommen zweckmäßig. Sollte ich vielleicht noch eine kleine Modification dabei vorschlagen, so würde sie meinen Antheil an den Geschäften nicht erweitern, sondern vielmehr für den Augenblick noch beschränken. Aber wie gut auch dies Interimisticum sei, so verleugne ich mir nicht, daß doch eigentlich nichts bei dieser Trennung geschehen kann. Die sogenannten currenten Sachen ab-

zumachen, ist in der That das Kleinste und Gering-
fügigste. Es muß etwas geschehen, es muß entworfen
und ausgeführt werden. Und dies unterbleibt jetzt ganz,
und muß unterbleiben, und dadurch kommt nun auch in
die Abmachung der currenten Sachen eine unerträgliche
Ungewißheit, die soweit geht, daß man oft nicht weiß,
was man einem einzelnen Menschen sagen soll, weil es
unbestimmt ist, welches Schicksal das Institut haben wird,
dem er angehört. Jetzt z. B. sind die Prüfungen der
Gymnasien. Ich zittere zu fragen, auf welche Universität
die Entlassenen gehen, und muß beinahe heimlich wünschen,
daß man mir eine auswärtige nenne. Wie kann ich aber
von hier aus mit Kraft an der Errichtung einer Universität arbeiten, wenn die Hauptfragen über die Fonds
und andre Punkte erst mit dem Ministerio zu berichtigen sind?

Unter diesen Umständen schiene mir das Angemessenste
und Zweckmäßigste, daß ich jetzt unverzüglich nach Königsberg käme, dort alle Hauptpunkte zur Entscheidung zu
bringen suchte, mich mit Ew. Hochwohlgeboren und dem
Minister vollständig bespräche, und bliebe der König
unglücklicherweise noch lange von hier abwesend, nach
zwei, drei Monaten hierher zurückkehrte. Dies werde
ich, wo möglich, noch heute dem Minister vorschlagen.

Alsdann würden wir auch auf die nähere Abgränzung
der beiden Unterabtheilungen der Section für den Cultus
und für den öffentlichen Unterricht denken können. Da
ich aus Ihren gütigen Gesinnungen gegen mich schließen
darf, daß es auch Ihnen angenehm sein wird, so viel
als möglich gemeinschaftlich mit mir zu handeln, so
werden auch Sie gewiß für die möglichst enge Verbindung
dieser Unterabtheilungen sein. Ebenso sind Ew. Hoch-

1*

wohlgeboren auch ſicherlich darin mit mir einverſtanden, daß Alles, was ſich auf Schulen, auch die niedrigſten auf dem Lande nicht ausgenommen, bezieht, nicht bloß zugleich durch mich, ſondern auch durch die ganze Section des Unterrichts gehen muß, da ſonſt keine Einheit der Principien mehr möglich ſein würde, und daß ich perſönlich, da ich einmal den Namen von der ganzen Section führe, und für ſie verantwortlich bin, ſpeciellen Antheil an der Entſcheidung alles desjenigen, ſich auch bloß auf den Cultus Beziehenden nehmen muß, was in Rückſicht auf Sachen oder Perſonen irgend neu, und nicht bloß Verfügung in dem einmal verabredeten Gange oder Syſtem iſt. Es iſt meine liebſte und erfreulichſte Hoffnung, ohne die ich mich nie zur Annahme meines Poſtens entſchloſſen hätte, daß ich gewiß ſein kann, weder mit dem Miniſter, der mir mit jedem Poſttage Beweiſe ſeiner herzlichen und vertrauten Freundſchaft giebt, noch mit Ihnen, da Sie Sich ſo gütig und zuvorkommend gegen mich äußern, in irgend eine Geſchäftscolliſion zu gerathen.

Wegen der geiſtlichen Directoren der geiſtlichen Regierungsdeputationen ſehe ich jetzt die Sache vollſtändiger ein. Die neue Einrichtung war um ſo nothwendiger, wenn Ein Director, wie man aber wahrlich aus der Inſtruction nicht erſehen kann, zwei Deputationen zugleich vorſtehen ſoll. Wie wir es hier machen werden, ſehe ich ſchlechterdings noch nicht ein. Der wunderbare Plan, die Regierung nach Potsdam zu verlegen, der ſo unglaublich viele Unbequemlichkeiten mit ſich führt, und beſonders für die Section des Cultus nachtheilig iſt, macht hier Alles ungewiß und ſchwierig.

Die Sache mit den Gymnaſien iſt nach dieſem Plane nunmehr durchaus nothwendig geworden.

Mit demjenigen, was Ew. Hochwohlgeboren über die Anstellung des Herrn Schmedding sagen, bin ich vollkommen einverstanden. Allein die Wahl hatte ihre eigenen Schwierigkeiten, und da mir die Empfehlung dieses Mannes vom Minister und Herrn von Vincke kam, so mußte ich voraussetzen, beide hätten mit Ihnen hinlänglich darüber vorher Alles abgesprochen.

Die Einführung der Pestalozzischen Methode, wenn sie auf die rechte Weise geschieht, hat meinen ungetheilten Beifall, und ich bitte bloß Ew. Hochwohlgeboren, mir, wenn ich, was Sie von dem Minister erfahren werden, nicht nach Königsberg kommen sollte, den an das Cabinet über diese Sache gemachten Bericht, nebst den wichtigsten Piecen in dieser Sache, in Abschrift zu schicken.

Die Stelle Ihres Briefes über des Professors Kraus alleinseligmachende Lehre hat mich sehr lachen gemacht. Allein bei den angeführten Umständen ist die Sache mit dem jungen Hagen wohl unbedenklich, und ich bitte nun Ew. Hochwohlgeboren zu veranstalten, daß ich, wie doch nothwendig ist, officielle Kenntniß davon erlange. Seine Bekanntschaft werde ich hier mit sehr großem Vergnügen machen und ihm auch gern wieder Empfehlungen für seine fernere Reise geben.

Mir den Einfluß auf die römische Stelle zu sichern, war auch schon meine eigene Absicht. Schwierig ist die Wahl in hohem Grade. Denn es ist dem Departement der auswärtigen Angelegenheiten auch nicht ganz zu verdenken, daß dasselbe zugleich den Zweck einiger politischen Nachrichten mit der Anstellung verbinden will, und in dieser Hinsicht, da hiezu einige diplomatische Vorkenntniß oder Gewandtheit und große Fertigkeit im französischen Schreiben gehört, fürchte ich mich ein wenig, den Feld-

propst Roukner, deſſen ich mich wirklich dunkel aus Rom
erinnere, vorzuſchlagen. Allein Wahlen, wie, unter uns
geſagt, die des auswärtigen Departements oft geweſen
ſind, zu verhüten, werde ich mir alle mögliche Mühe
geben. Das Beſte wird ſein, nur erſt Zeit zu gewinnen,
und ich werde daher gleich vorſchlagen, fürs Erſte nur
meinen italieniſchen Geſchäftsträger zu beſtätigen.

Das Gefühl der Dauer und Sicherheit, von dem
Ew. Hochwohlgeboren reden, muß wohl jedem mangeln,
der ernſthaft denkt und ſich nicht chimäriſchen Täuſchungen
hingiebt. Ich ſelbſt geſtehe Ihnen habe nur zwei Rück-
ſichten, warum ich ſelbſt handle, als hätte ich dies Gefühl. Die erſte iſt ein Poſtulat in weiland Kantiſchem
Sinne. „Um auch nur für den Augenblick mit Wirkſam-
keit handeln zu können, muß man annehmen, das Wirken
ſei für die Ewigkeit.“ In dieſen leider nur zu bedingten
Imperativ gebe ich meine Vernunft und beſſere Ueberzeugung gefangen. Die zweite iſt etwas ſolider. Erziehung iſt Sache der Nation, und bereiten wir (was
aber nur mit großer Behutſamkeit geſchehen muß) vor,
daß wir der Kräfte des Staats mehr entrathen können,
und die Nation mehr in unſer Intereſſe ziehn, ſo können
wir, was uns anvertraut iſt, auch unter manchen Stürmen
erhalten, und brauchen es, ſelbſt im Fall des äußerſten
Unglücks, nur anderen Händen zu übergeben. Denn daß
wir perſönlich uns unter keiner Bedingung vom Staate
trennen würden, verſteht ſich von ſelbſt.

Dem hieſigen Conſiſtorio habe ich bekannt gemacht,
ſich von jetzt an einzig an mich zu wenden, und auch
Ew. Hochwohlgeboren wenden Sich wohl jetzt nicht mehr
an daſſelbe, ſondern allein an mich. An die übrigen
Conſiſtorien suspendire ich die Verfügungen noch, bis es,

was in 14 Tagen der Fall sein muß, entschieden ist, ob ich nach Königsberg komme oder nicht.

Mit dem sehnlichsten Wunsche, bald so glücklich zu sein, Ew. Hochwohlgeboren persönliche Bekanntschaft zu machen, verbleibe ich mit der aufrichtigsten Hochachtung und Freundschaft

Ew. Hochwohlgeboren

ergebenster

Humboldt.

2.

Da ich nicht wünschte, etwas die Section des Cultus Betreffendes ohne Ihre volle Zustimmung zu machen, so bitte ich Sie mir zu sagen, ob Sie meinen, daß ich den jungen Ancillon vorschlagen soll, französisches Mitglied darin zu sein? oder ob Sie einen andren, und wen? ihm vorziehn? oder ob es Ihnen lieber wäre, die Sache auszusetzen, bis Sie selbst in Berlin eine eigene Wahl treffen und mir vorschlagen können?

Zugleich schicke ich Ihnen Aufsätze und Schriften, die Sie gewiß nicht ohne Interesse lesen werden. Das Metagramm censirt die Schulen, die Universitäten und die Stadt, und im nächsten Jahre kommt unstreitig auch die Reihe an uns.

Leben Sie herzlich wohl!

H.

7. Juli 1809.

3.

Burg Derner, bei Mansfeld,
den 17. December 1809.

[Beantw. 2. Januar 10.]

Ich bin seit gestern früh, liebster Freund — da ich
mir schmeichle, daß es auch Ihnen lieber ist, daß wir
uns von jetzt an auf diese vertraulichere Weise schreiben —
hier an einem der Orte, zu denen mich meine Geschäfte
rufen und habe freilich die Sachen durch die mehrjährige
Schwäche, welche dem Tode meines guten Schwiegervaters voranging, in großer Verwirrung gefunden, indeß
auch schon angefangen, thätig zu sein. Von den Beschwerden und der Langsamkeit meiner Reise — seit dem
5ten und mit Aufopferung fast aller Nächte — sage ich
Ihnen nichts. Da Sie zum Theil wenigstens denselben
Weg nach mir gemacht haben, so haben Sie auch zum
Theil wenigstens — denn die Route über Stargard ver-
mehrte die Summe noch beträchtlich — mir meine Leiden
nachgelitten. Trotz der Kürze meines Aufenthalts in
Berlin hat mir doch die allgemeine Stimmung nicht ent-
gehen können. Es herrscht die größeste Unzufriedenheit
nicht sowohl mit der jetzigen Verfassung, als der jetzigen
Verwaltung; man hält eine Krise für unausbleiblich;
über unser Department gehen die alten Meinungen,
Plane und Ideen im Schwange. Allein beim Empfange
dieser Zeilen sind Sie schon von allem diesem gleich gut
selbst unterrichtet. — In Halle sah ich Niemeyer, weil
er mich bis Rothenburg begleitete, viel. Ich wußte nicht,
was ich jetzt von ihm erfahren, daß ihm meine Stelle
angeboten worden ist, und er sie ausgeschlagen hat. Daß
ihm jetzt sehr daran gelegen ist, nicht vergessen zu werden,

ist offenbar. Nicht daß er Luft hätte, jetzt zu gehen, aber
er sagt mit Pindar: zwei Anker sind besser denn Einer.
— In Potsdam erfuhr ich bei Vincke, daß Möller
schlechterdings nach Frankfurt und nicht nach Königsberg
will. Meine Meinung über seinen inneren Beruf zum
Professor kennen Sie. Was uns jedoch hier geneigter
machen könnte, seinem Wunsche nachzugeben, ist daß die
Wahl unter den reformirten Professoren, dergleichen man
doch nun in Frankfurt einmal haben muß, immer schwer
ist. Nur müßte er sich mit 1000 Thalern, die ihm auch,
wenn ich mich recht erinnere, zuerst nur angeboten sind,
begnügen. Haben Sie die Güte, diese Sache mit den
übrigen Herren zu überlegen, und mir Ihre gemeinschaftliche Meinung zu schreiben. Für die Neumark
schlägt jetzt Vincke wieder einen Westfälinger, Spieß, vor.
Die Gymnasien müßte Möller mit übernehmen, könnte
indeß auch dadurch eine Zulage erhalten. — Eine officielle Eingabe Ancillons füge ich, da ich sie mit einem
Privatbrief bekommen, bei. Er hat mir im Vertrauen
gesagt, daß die französische Colonie in Papius — der
sonst ein braver Mann sei — Geschäftskenntniß Zweifel
setze, und es zu großer Beruhigung der Gemüther dienen
würde, wenn man einen der französischen Geistlichen in
Berlin zum abwesenden Mitgliede der Deputation machte,
um wenigstens schriftlich, und in wichtigen Fällen auch
mündlich, Gutachten abgeben zu können. Dieser Wunsch
scheint mir billig, und seine Erfüllung, wenn man eine
gute Wahl trifft, für die Geschäfte selbst nützlich. Auch
Vincke ist nicht dagegen. Selbst die Schwierigkeit wegen
des Gehalts wird geringer sein, da der Wunsch von der
Colonie selbst herkommt, und also dieser, auch abgesehen
vom Gehalt, schon an der Sache gelegen sein wird.

Vielleicht ließe sich auch einer brauchen, der doch jetzt auf
Penſion geſetzt werden müßte. — Eine der Sachen, deren
ſchleunige Beſorgung ich Ihnen, theurer Freund, dringend
empfehlen muß, iſt die endliche Auflöſung und Pen-
ſionirung des reformirten Kirchen-Directorii. Es würde
jetzt ſogleich der Bericht an den König deshalb gemacht
werden müſſen. Die Angelegenheit der Montis pietatis
Caſſe beruht noch auf einer Antwort des Finanz-Miniſterii,
die Sie aber gut thun werden, möglichſt zu urgiren. —
Empfehlen Sie mich Herrn Süvern und Schmedding aufs
freundſchaftlichſte und leben Sie recht herzlich wohl. Mit
der aufrichtigſten und hochachtungsvollſten Freundſchaft
unwandelbar der Ihrige.
                                                          H.

Alle Briefe an mich nimmt Herr Uhden in Empfang.

4.

Erfurt, den 24. December 1809.

Ich bin hier angekommen; wenn ich aber einen Theil
meiner Geſchäfte ſchneller beendigt habe, als ich hoffen
durfte, ſo iſt hier bei weitem mehr zu thun, als ich mir
einbildete. Dennoch hoffe ich noch immer, im Januar
wieder bei Ihnen zu ſein.

Heute treibt mich die Akademie der Wiſſenſchaften,
Ihnen zu ſchreiben. Sie werden noch in Königsberg ge-
ſehen haben, daß ſie zum interimiſtiſchen Secretair Caſtillon
gewählt hat — die unſchicklichſte Wahl, die möglich war,
mir aber erwünſcht, weil ſie offenbar an den Tag legt,
daß man dieſem Corpus jetzt gar keine Freiheit laſſen

kann. Zu diesem Beweise reichen indeß wenige Wochen
seines Secretariats hin, und sehr nothwendig wäre es,
daß zur Januarsfeierlichkeit schon ein anderer aufträte.
Sollten Sie Castillon nicht kennen, so lesen Sie nur seine
deutschen Briefe und Bemerkungen in den Akademieacten.
Nach meiner eignen Einsicht, der Uhden und Wolf bei
meiner Durchreise beistimmten, wären sehr passende
Klassen-Secretaire:

für die mathematische — Tralles, der berühmteste und
    der zugleich gut französisch schreibt.

für die physikalische — Erman, wirklich trefflich, und
    zugleich schicklich, weil so doch Ein Refugié bleibt.

für die philologische — Spalding.

für die philosophische — Biester.

Ich glaube voraussetzen zu dürfen, daß Sie, liebster
Freund, und Süvern und Schmedding hiermit gleichfalls
einverstanden sind, und wünschte nur, daß Sie einen Bericht an den König machten, und darauf anträgen, daß
er diese Vier zu Klassen-Secretairen selbst ernennte. In
der Cabinets-Ordre könnte gesagt werden, daß zwar der
König künftig gern der Akademie freie Wahl zugestehen
würde, daß er aber vor ihrer neuen Organisation diese
zu suspendiren für gut finde, um so mehr, als er voraussetzen könne, daß alle Mitglieder der Akademie in die
Ernennung dieser Männer einstimmen würden. Die
Motivirung des Antrags wird nicht schwer sein: Der
König hat schon durch eine Cabinets-Ordre, die Sie in den
Acten finden, die Klassen-Secretaire selbst, als eine nütz-
liche Einrichtung genehmigt; es würde jetzt gleich schäd-
lich sein, mit Einführung derselben bis auf die neue
Organisation zu warten, als diese zu übereilen; von
Castillon muß gesagt werden, daß, wenn man auch über-

ſehen wolle, daß er auf keine Weiſe den Fortſchritten
gleich geblieben ſei, die ſeine Wiſſenſchaft gemacht, und
auch ehemals nichts irgend Bedeutendes geleiſtet habe,
er des Deutſchen ſo wenig mächtig ſei, daß es dringendes
Bedürfniß werde, ihn ſobald als möglich vom Secretariat
einer deutſchen Akademie zu entfernen; die auf ihn ge-
fallene Wahl beweiſe hinlänglich, daß man der Akademie
jetzt keine Wahl überlaſſen könne; auch in München ſei
das Wahlrecht ſuspendirt; und bisher ſei der secrétaire
perpétuel immer vom König ernannt worden; Gehalt
muß man jedem fürs Erſte 300 Thaler geben. Dies iſt da
von den 1000 Thalern, die ehemals die Jettons koſteten
und den 400 Thalern reſervirtem Gehalt der Directoren
zweier Klaſſen. In der Folge wird es auf 500 Thaler
vermehrt. Iſt die Section überall dieſer Meinung, ſo
bitte ich Sie noch zu ſagen, daß der Antrag mit meiner
ſchriftlich geäußerten Zuſtimmung geſchehe. Daß Caſtillon Secretair iſt, iſt wirklich zu himmelſchreiend,
als daß es nicht ſchnell abgeändert werden müßte.
Er kann nichts ſagen, da er nur interimiſtiſch gewählt iſt.

Simon und Eytelwein haben bitter über die Verfügung
geklagt, daß das noch fehlende Mitglied des Architekten-
Ausſchußes der Akademie kein Mitglied der techniſchen
Ober-Baudeputation ſein ſoll. Sie verlangen Aufhebung
dieſer Verfügung oder Ajournirung der Wahl. Wir gehen
aber ruhig unſern Gang fort und ändern nichts. Nur
bitte ich Sie, dahin zu ſehen, daß die Akademie nun einen
Mann wähle und die Section nun beſtätige, der zugleich
gründliche wiſſenſchaftliche (mathematiſche) Bildung hat.
Rabe, höre ich, ſoll ſo ſein, dann bitte ich Sie, die Inlage an Simon zu leſen und ihm ſodann verſiegelt, ſowie

Eytelwein das ihn bloß auf Simon verweisende Schreiben einzuhändigen. Den Inhalt meines Schreibens an Simon haben Sie die Güte, als meine Meinung im Pleno, wenn die Rede noch einmal davon kommt, vorzutragen, oder auch so Hoffmann mitzutheilen. Die Herren lassen die Sache gewiß nicht ruhen.

Ich habe an Savigny, aber nur tentirend, ohne Bedingungen, geschrieben; auch Hugo durch Wolf indirect befragen lassen. Beide für Berlin. Ueberlegen Sie doch mit unsern Collegen, welchen wir, wenn beide wollten, vorzögen, oder ob wir beide zusammen haben könnten? Ruf brächte der Anstalt mehr Hugo, aber gründliche Vortheile mehr Savigny. So scheint es mir. Sind Sie definitiv für Schmidt aus Gießen für Berlin oder ziehen Sie einen andern vor? Auch über ihn erfahre ich sehr bald, ob er kommen würde.

Leben Sie herzlich wohl. Mit inniger Anhänglichkeit

Ihr

H.

5.

[Erh. 17. Januar 10.]

Ein schlimmes Auge, das nie mehr hätte zur unrechten Zeit kommen können, hindert mich, meinem Vorsatze gemäß, heute von hier abzureisen, und zwingt mich zugleich, Ihnen, mein theurer Freund, durch eine fremde Hand zu antworten. Die näheren Umstände bitte ich Sie, da es sehr langweilig ist, von seinen Uebeln zu reden, Sich von Uhden erzählen zu lassen.

Für Ihre beiden so sehr freundschaftlichen Briefe vom 2. und 6. dieses kann ich Ihnen nicht innigst genug danken.

Ich begreife sehr wohl, daß die Hindernisse, von denen Sie mir reden, die Section nicht eher haben in Thätigkeit kommen lassen können, und es bedarf deshalb keiner Entschuldigung von Ihrer Seite. Ich kenne Ihren Eifer, und dies ist genug. Ich selbst hätte gewiß nicht mehr ausgerichtet. Wegen des armen Hohwaldt habe ich Uhden geschrieben.

Der Tausch, dessen Sie erwähnen, war mir bekannt. Allein besorgen Sie nichts von diesem Project. Der, den Sie ohne Mühe errathen werden, muß und wird dagegen sein, und er ist jetzt mächtiger. Was ich voraussehe, ist vielmehr, daß wir, die jetzt tauschen sollten, in Kurzem beide abtreten werden. Was mich tröstet, und wenn man Sie unabhängig ließe, ganz beruhigen würde, ist daß doch vermuthlich unmittelbar und eigentlich Sie an meiner Stelle stehen werden.

Auf das officielle Schreiben der Bau-Commission halte ich noch die Antwort zurück. Man schadet manchmal durch zu viel Thätigkeit, und mein Brief an Simon sagt ja meine Meinung ganz klar. Lächeln habe ich müssen, wie die arme Gewerbe-Section wollen und nicht wollen muß. Hoffmann wird mir wenigstens die Gerechtigkeit widerfahren lassen, daß ich sein Princip, sobald ich es einmal eingesehen, angenommen und vertheidigt habe. Hätte er mich zur rechten Zeit von der Instruction unterrichtet, so hätten wir alle diese Albernheiten vermieden. Uebrigens bin ich gar nicht gegen Simon, der meines Gefallens seinen Zweck ausnahmsweise erreichen kann, sondern nur gegen das Eindringen der Bau-Deputation.

Jetzt ein Wort über die Universitäten!

Möller wird durch Stäudlin wohl nicht entbehrlich, da Frankfurt nun einmal einen reformirten Professor

haben muß. Nur muß meines Erachtens Möller die
Direction der Gymnasien übernehmen, und nicht mehr
als 1000 Thaler erhalten. Könnten Sie uns nicht wegen
Stäudlin Gewißheit verschaffen?

Schrader hat einen Ruf nach Greifswald, und man
muß eilen. Sind also Sie sämmtlich nicht dagegen, so bitte
ich Sie, aber unmittelbar nach Empfang dieses, Bredow
zu schreiben, daß er ihn über die Annahme des Rufs
nach Königsberg befrage. Daß er ins Preußische will,
ist gewiß. Ich weiß dies Alles durch Wolf, mit dem
Sie gut thun würden zu sprechen.

Für die zweite Professur in Königsberg ist in Jena
ein Mann, den ich für sehr tauglich halte, Professor
Schömann. Ich sah ihn nicht, weil Knebel mir sagte,
daß er seinen Beifall durch üble Künste gewinne. Wie
ich aber von Goethe und dessen Sohn nachher erfahren,
so ist dies durchaus unwahr. Er geht bloß vertraulicher
als andere Professoren mit den Studenten um. Er hat
großen Beifall, und seine Zuhörer sind eigentliche Anhänger. Er liest sehr fleißig, und sein Vortrag ist ganz
exegetisch, indem er immer das Corpus juris zum Grunde
legt. Er ist gewißermaßen Gegner von Thibaut, der
ihn zum Theil ungerecht behandelt hat. Aber Thibaut
hat dem jungen Goethe gerathen, bei niemand, als ihm,
Pandekten zu hören. Schömann ist mit der Regierung
unzufrieden, weil man ihm einen vorgezogen hat. Goethe
nannte mir ihn ausdrücklich einen vorzüglichen Kopf, aus
dem, bei diesem Fleiß, sehr viel werden könnte. Bitten
Sie Schmedding, sein Buch vom Schadenersatz zu lesen,
damit wir uns bei meiner Rückkunft entscheiden können.

Oken ist Oken; O O. Aber so wunderbar, wie ein
so geheimnißvolles Rund sein kann.

Luden ist mit Bredow auch nicht entfernt zu vergleichen.
Augusti können wir uns auch freuen, nicht zu haben.

Ein junger Dr. Walch scheint als angehender Philo-
loge gut.

Mit Berlin steht es so:

Reil will kommen, macht aber tausend: Wenn, und
ich glaube nicht an ihn. Bei meiner Durchreise durch
Halle will er seine letzte Bestimmung abgeben.

Savigny nimmt ganz an und schreibt mir einen sehr
hübschen Brief. Da ich aber den Geldpunkt noch nicht
berührt habe, so will ich nicht vor der Zeit triumphiren.

Von Schmidt weiß ich indirect, aber sicher, daß er,
wenn Gießen darmstädtisch bleibt, schwerlich, sonst aber
gewiß geht.

Sie sehen, mein Lieber, daß ich nicht müßig bin.
Von den drei letzten Männern aber bitte ich Sie mit
Niemand zu reden. Bloß von Savigny weiß Wolf.

Mit Ihren Projecten für die Section des Cultus bin
ich ganz einverstanden. Aber ich zittere, daß Sie Sich der
des Unterrichts entziehen wollen. Das müssen Sie
ja nicht.

Es sollte mich sehr freuen, wenn mein Bericht gewirkt hätte. Ich war wirklich sehr bewegt, als ich
Königsberg verließ, und das mag gut gemacht haben,
was die Schnelligkeit des Schreibens verderbte.

Alles, was Sie mir von Zeller und dem Könige sagen,
ist mir unendlich angenehm gewesen. Zeller aber bleibt
immer derselbe; er sucht ewig seine Stelle, und übersieht,
daß die, auf der er steht, schon die rechte ist. Mit Auerswald kann es der Zufall gut machen. Vernünftig ist es
nicht. So weit habe ich dictirt. Ich danke Ihnen jetzt
nur noch selbst recht innig und herzlich für die Zuneigung,

die Sie mir fortdauernd beweisen. Mit wem könnte ich aber so gern, als mit Ihnen und Ihren Collegen arbeiten? Glauben Sie gewiß, das Vertrauen, das Sie mir schenken, ist es allein, was mir die Geschäfte noch einigermaßen süß macht. Mit unwandelbarer Freundschaft und Anhänglichkeit

Ihr

U.   H.

6.

Offizielle Bevollmächtigung vom 2. März 1810 zur Vertretung „während meiner kurzen Abwesenheit".

7.

Graf Dohna hat mir gestern die Inlage geschickt, die ich natürlich zuerst Ihnen, liebster Freund, übermache. Wir antworten, denke ich, bloß Dohna. Zuerst wünschte ich, Sie prüften, allenfalls mit Zuziehung Schmeddings, die einzelnen Momente des Schreibens. Mir ist nicht so klar, daß das auswärtige Departement nach dem alten Archivedict Recht hat. Wollen Sie gleich die Antwort an Graf Dohna aufsetzen, so bin ich es sehr zufrieden. Ich kenne Ihre Unparteilichkeit. In dieser Antwort müßte man aber genau sagen, wie die Section ganz unschuldig an einer Sache ist, die bloß Competenz des auswärtigen Departements war. Denn die seine ist hauptsächlich historischen Inhalts, und die anstößige Stelle konnte dem Departement nicht unbekannt sein.

Ich erwarte Ihre schriftliche oder mündliche Aeußerung, ehe ich fernere Schritte mache.

Berlin, 12. März 1810.

H.

Ich werde mich von der morgenden Session dispensiren müssen.

8.

Ich danke Ihnen herzlich für die sehr kräftige, sehr zweckmäßige und sehr gut gerathene Fassung des Schreibens, mein verehrtester Freund. Bis auf die Aenderungen, die ich wieder Ihrem Urtheil gern unterwerfe, bin ich ganz einverstanden. Wollen Sie am Schluß Ideen aus meiner Vorstellung aufnehmen, so finden Sie dieselbe in der Anlage. Den Antrag müssen wir, denke ich, dahin richten, daß die Section jetzt nicht auf der einzelnen Sache besteht, daß ich aber den Minister ersuche, mir wieder einen gleichen Geschäftsgang zu gestatten, und meine Pflicht mir nicht erlauben würde, ihn ferner zu ertragen, ohne die letzten Schritte zu thun, die mir für die Section übrig bleiben. Ich erhalte die Sache wohl recht bald von Ihnen zurück.

Berlin, 25. Mai 1810.

H.

9.

Rudolstadt, den 6. September 1810.

[Erh. 15. curr. Beantw. 27. curr.]

Ich danke Ihnen sehr, liebster Freund, für die mir gütigst überschickten Briefe, die ich sämmtlich richtig be-

kommen. Meine Geschäfte auf den Gütern haben mich
länger, als ich glaubte, aufgehalten. Jetzt aber, sobald
ich nur noch hier ein Geschäft abgemacht habe, gehe ich
schneller. Ich bitte Sie also, jetzt meine Briefe nach Wien
zu adressiren. — Ueber die Universität in Berlin habe
ich überall die günstigste Meinung gefunden. Halle geht
zu Ende. Es hat nur 508 Studenten. Davon hat man
wegen der Orden auf 50 entfernt, größtentheils die besten
und fleißigsten, und diese werden wohl 40 andre begleiten. — Hermann hatte ich eingeladen, nach Halle zu
kommen. Er hatte aber einen schlimmen Fuß. Wie man
mir in Gotha sagte, geht er nach Berlin. In Gotha
wollte ich Sie doch auf Ukert, den Sie schon kennen, aufmerksam machen. Mir hat er sehr gut gefallen. Wie
geht's Ihnen? Bleibt Schön? Sagen Sie mir ein
Wort, allenfalls, wenn Sie das vorziehen, durch Theodor,
dessen Adresse Sie bei der la Roche erfahren können.
Bitten Sie doch auch Niebuhr in meinem Namen, diese
Gelegenheit zu benutzen, und grüßen Sie ihn herzlich, wie
auch Schön, von mir. Mit herzlicher Hochachtung und
Freundschaft

Ihr

h.

10.

Wien, den 29. October 1810.

[Erh. 18. November 10. Beantw. 4. Januar 11.]

Ihr Brief vom 27. vorigen Monats, den ich am
21. dieses empfangen habe, ist mir als ein Beweis Ihrer
fortdauernden Freundschaft und Ihres Vertrauens unend-

2*

lich schätzbar gewesen. Sein Inhalt ist freilich übrigens
unendlich niederschlagend. Wenn Sie mich aber glücklich
preisen, so werden Sie mich auch rechtfertigen. Ich sahe
zu deutlich voraus, daß ich nicht einmal so, als unter
dem alten Ministerium, fortwirken konnte, und habe immer
für verderblich gehalten, das Schlechte durch Beimischung
von etwas Besserem zu Halbgutem zu machen und ihm
eine Firma aufzudrücken, die es nicht verdient.

Schmerzen muß es, viel Gutes untergehen zu sehen
und geschehen lassen zu müssen, daß, was entstanden wäre,
nun nie das Licht sieht. Es ist das aber wahrlich nicht
so die Schuld der Neu-Angekommenen als noch immer
die der alten Minister. Der, in dem wir beide eine große
und unleugbare Gutmüthigkeit ehren, trägt eine Schuld,
die er nie vor Gott und Menschen verantworten wird
und die er mit jedem Tage mehrt. Es wäre gewiß ein
heilsamer Einfluß von Anfang an auszuüben gewesen,
aber es fehlt ihm an Energie und Geschicklichkeit zugleich.
Bedenken Sie nur das Eine, wie unwissend der Staatskanzler über alle Sachen Ihrer Section noch zwei Tage
vor meiner Abreise war. Wäre dies möglich gewesen,
wenn der Minister seine Partie verträte und beschützte
wie er sollte? Es ist wirklich überaus traurig, sich sagen
zu müssen, daß alle Eigenschaften dieses wunderbar zu-
sammengebildeten Menschen, gute und weniger gute,
zusammenkommen, ihn sehr schädlich zu machen.

Sie in Ihrer Section, mein theurer Freund, haben
nun wenigstens die Beruhigung, noch im Stillen und
innerhalb der Grenzen, um die sich niemand einmal zu
bekümmern Lust hat, viel Gutes zu wirken. Die innere
Verbesserung ist ein weites Feld, das Sie und die Section
vollkommen beschäftigen kann, ohne dazu gerade vieler

Mittel zu bedürfen. Auch bin ich überzeugt, daß Sie fortfahren, hierin unermüdet thätig zu sein, und daß Ihnen der Erfolg nicht entsteht.

Ich habe mich sehr gefreut, daß Sie mit der Universität wirklich vorgeschritten sind. Sie ist nun da, und sie wird und muß weiter gehen. Ich finde auch in der That ihr Auftreten noch bei weitem ehrenvoller, als man vielleicht eine Zeitlang hoffen durfte. Es sind sehr gute Namen unter den Angestellten, und selbst die Anzahl ist beträchtlich genug. Nur wünschte ich, hätten Sie nicht die gleichsam entschuldigende Einleitung gemacht. Sie kann keine gute Wirkung hervorbringen, und ist auch ein solcher Eindruck freilich nur vorübergehend, so ist er immer von einigem bleibenden Schaden.

Sie sagen mir kein Wort über Zeller und sein Institut. Ich aber muß Ihnen darüber schreiben. Man meldet mir nämlich unterm 1. dieses von Nverdun, daß Sie damals vor einigen Tagen dahin geschrieben hätten, um (dies sind die Ausdrücke) um Gottes Willen zu bitten, Ihnen einen Lehrer zu schicken, der Zeller die Spitze biete, da Alles sonst zu Grunde gehe. Ich weiß nicht und glaube nicht, daß das so wahr ist. Ich verstehe nicht einmal recht die Absicht, da sie unmöglich die sein kann, einen neben und mit Zeller zu haben. Man empfiehlt mir nun aber sehr Türk; er und seine Frau haben Lust zu kommen, und man bittet mich, dazu beizutragen. Man schickt mir sogar zu diesem Behufe den inliegenden Zettel.

Sie kennen mich genug, um überhaupt zu glauben, daß ich nicht auf diese Weise empfehle. Hier ist der Fall doppelt bedenklich. Ich hege nicht das sichere Zutrauen zu Türk, das zu solcher Berufung erforderlich ist, ja ich gestehe Ihnen, daß ich jede Berufung aus der Schweiz mißbillige, sie müßte denn bloß einen subalternen Lehrer unter Zeller selbst betreffen. Ein Volkslehrer ist etwas durchaus anderes als ein Professor. Es kommt viel mehr auf die Eigenschaften des Charakters an, da Sie immer bei einem solchen Verschreiben die wichtigste Angelegenheit der Section durchaus in fremde Hände legen und fremder Beurtheilung überlassen. Wenn Zellers Berufung ein Mißgriff war, so ist gar kein Grund, nun zu hoffen, daß eine zweite nicht ein zweiter Mißgriff sein wird. Der erste war verzeihlich, denn zuerst mußte man, schon des Namens wegen, einen Fremden haben, jetzt hört diese Nothwendigkeit auf. Die Methode ist jetzt theoretisch und praktisch bei uns bekannt. Die Schweiz weiß darüber nicht mehr wie Deutschland; was man dort hat, hat man gewiß bei uns auch. Muß es also (was man aber ja, so viel als möglich, verhüten muß) dahin kommen, daß Zeller gehe, so nehmen Sie ja einen Director, den Sie nahe haben, den Sie kennen, dessen Berufung nicht wie das Verschreiben eines Wundermannes und dessen vielleicht wieder mögliche Entfernung nicht wie ein Schwanken in der Methode selbst aussieht. Wäre in den Schweizern mehr Praxis, so nähmen Sie subalterne Lehrer daher, und urtheilen Sie erst selbst, ob einer von diesen sich schickt, an die Spitze gestellt zu werden. Können Sie bei uns keine Wahl treffen, so hoffen Sie nicht auf die Schweiz. Es ist nur ein Appelliren von der bekannten Ohnmacht an die unbekannte. Verzeihen Sie meine Wärme und meine Offenheit hierüber, liebster Freund. Aber die Sache liegt mir am Herzen, mehr wie irgend etwas Andres. Sie ist übrigens Ihr Werk ursprünglich, und es muß Ihnen selbst daran liegen, den Erfolg nicht

in die Hände des Zufalls zu geben. Sagen Sie mir
doch ja aber einige Worte darüber.

Gern wüßte ich auch, ob die Ministerialconferenzen
noch so wie sonst fortdauern oder ob vielleicht eine heilsame Aenderung ist?

Grüßen Sie alle unsere gemeinschaftlichen Freunde,
haben Sie herzlichen und innigen Dank für Ihr gütiges
Andenken und das Zutrauen, das mich lebhaft gerührt
hat und fahren Sie mit Eifer und Geduld in einer
wichtigen und sich doch selbst lohnenden Arbeit fort.
Mit aufrichtiger Hochachtung und Anhänglichkeit

Ihr

h.

11.

Wien, den 26. Februar 1811.

[Erh. 14. März durch Herrn Rauch aus Rom.]

Unter Manchem, was ich seit meinem Hiersein aus
Berlin erhalten habe, hat mir nur Ihr Brief, theurer
Freund, Muth eingeflößt und für öffentliche Thätigkeit
einige Freudigkeit gegeben. Nicht daß Sie mir viel
Tröstliches melden; fast im Gegentheil. Aber weil ich
sehe, daß Sie mit allem Eifer an dem hängen, was wir
zusammen betrieben, daß in Ihnen der Geist ist, der das
Gute ohne kleinliche Rücksichten fördert, und daß Sie
wenigstens bis jetzt noch einigermaßen haben handeln
können.

Mit und über Zeller sind wir einverstanden, und wenn
sein Nachfolger in Königsberg so ist, wie Sie ihn mir

schildern, so wird er Gutes wirken. Sich Türk nicht auf den Hals zu laden, haben Sie sehr gut gethan.

Wegen Schuckmann (ich kann Ihnen in diesem Briefe frei reden) kann ich Sie nur bedauern. Ich habe zwar wirklich einen Augenblick im Sinne gehabt, ihn statt meiner (ehe ich annahm) vorzuschlagen. Aber ich habe mich auch gleich geschämt, und ich selbst übersah damals die Sache nicht. Es kann Niemand unvorbereiteter in einen Posten kommen, als ich in meinen vorigen. Erst wie ich ihn hatte, hat mich eigenes Nachdenken (wofür ich Königsberg, wo mir Einsamkeit und hübsche Natur Gelegenheit dazu gaben, ewig dankbar sein werde) auf die eigentlichen Gesichtspunkte geführt. Schön hat vielleicht zu schneidend, aber wahr über ihn gesprochen. Er hat und kann nur niedrige, nur Nützlichkeits- und nur Auf- klärungs-Projecte aus der alten Berliner Periode geben. Im Uebrigen kann ich ihn nicht beurtheilen. Die Section war in sich trefflich. Selbst die Elemente, die man be- kämpfen mußte, waren noch gut und konnte man noch achten; eins ausgenommen, das, mit einiger Kraft be- handelt, sich leicht abfinden ließ. Warum hat man Sie nicht zum Chef gemacht?

Ich höre jetzt, daß Sie Ihren Abschied gefordert haben. Ich tadle Sie gewiß nicht, ich glaube aber auch nicht, daß Sie ihn erhalten werden. Man hat Leute von Kraft und Selbstbewußtsein nicht gern, aber man läßt sie auch nicht gehen. Ich fürchte aber etwas Andres. Trennung des Cultus und Unterrichts. Ich muß Sie noch einmal davor warnen. Ich habe es, wie Sie wissen, schon immer getadelt, daß Sie wirklich bereits einmal den Plan dazu gemacht hatten. Sagen Sie mir recht bald, welchen Ausgang dies genommen hat.

Von der Lage des Ganzen bei uns kann ich mir, trotz vieler einzelnen Berichte, doch keinen vollkommenen Begriff machen. Aber was mich erschreckt, ist, daß ich um Hardenberg in den ersten Posten keinen Menschen von wahrem Kopf sehe; daß die, die ich für die Klügsten und Besten gehalten habe, gar keine Rolle, und fortwährend keine, spielen; daß dagegen Jüngern, die (wie Raumer) mir nur mit vieler Vorsicht gebraucht werden zu müssen scheinen (und doch nenne ich mit Fleiß noch einen der Besten), viel eingeräumt wird; daß Landstände auf eine Weise versammelt sind, daß sie weder Vermittler zwischen Regierung und Volk, noch Leiter der ersteren, noch Beförderer eines selbstthätigen Geistes in der Nation sein können; daß endlich die Zügel doch schlaff genug gehalten werden, daß ein Aufstand wie der im Plessischen möglich ist. Ich meine es gewiß gut und treu, ich bin zufrieden mit meiner Lage, und verlange keine andre. Ich bin seit langen Jahren gewohnt, Hardenberg zu achten und zu lieben: ich kann nicht so unglücklich sein, schwarz zu sehen, wenn die Sachen gut stehen. Das macht mich fürchten, und immer mehr von öffentlichen Geschäften absehen, um eine Privatruhe zu suchen, die in einem Amt, selbst bei vieler Muße, doch Besorgniß und eine unvermeidliche ängstliche Aufmerksamkeit rauben.

Auch studire ich, soweit ich bei den nicht zu verhindernden Zerstreuungen kann, und suche, mich in mich selbst einzuspinnen. Meine Familie ist dabei heiter und wohl, und mein Loos so glücklich, daß ich mich dessen schämen würde, wenn nicht jeder Tag mehr bewiese, daß ich Recht hatte, eine Aenderung meiner Lage zu suchen.

Von der Universität kann ich nur die Wunder er=
warten, die manchmal ganz unerwartet die gute Con=
ftitution eines Siechenden hervorbringt. Ein Inftitut,
für das noch fo viel gefchehen mußte und das doch nur,
auch fo, mit dem allmählichen heben der ganzen Staats=
mafchine und der Nation felbft, getragen werden konnte,
kann wohl jetzt nicht gedeihen. Es ift genug, wenn es
fo bleibt, daß die Zeitungen rühmen können, ohne daß
fie geradezu Lügen geftraft werden.

Leben Sie herzlich wohl und glücklich, liebfter Freund,
mit den Ihrigen. Vergeffen Sie mich nicht, und erhalten
Sie mein Andenken auch bei unfern gemeinfchaftlichen
Freunden. Mit inniger Achtung und Freundfchaft

Ihr

H.

12.

Wien, 29. Auguft 1812.

[Erh. 5. September 12. Beantw. 5. Februar 13.]

Ein langer Brief Vaters, der mich noch in Berlin
treffen follte, allein mich dort verfehlt hat, veranlaßt mich,
verehrungswürdigfter Freund, mich mit diefen wenigen
Zeilen an Sie zu wenden. Vater klagt nämlich (da ich
gegen Sie offen reden kann, ohne fürchten zu dürfen, dem
Manne, dem ich helfen möchte, Schaden zu thun) ziem=
lich bitter, daß Königsberg zurückgefetzt, und gewiffer=
maßen vergeffen wird, daß er felbft (ohne jedoch Forde=
rungen für fich zu machen) fich nicht in einer vortheil=
haften Lage befindet, und daß, was der eigentliche Punkt

ist, über den er um Abhülfe bittet, seine gutgemeinten,
und, wie er glaubt, auch zweckmäßigen Vorschläge über
die Königsberger Bibliotheken nicht angenommen, ja,
wie es schiene, nicht einmal berücksichtigt werden. Er
drückt sich sehr dankbar über die ihm immer von Ihnen
bewiesene Theilnahme aus, und überläßt mir, ob und
was ich für ihn thun könne. Sie fühlen und wissen,
liebster Freund, daß ich weit entfernt bin, mich auch nur
durch Verwendung in Dinge zu mischen, die ich zwar mit
gleicher Theilnahme auch noch jetzt immer verfolge, auf
die ich aber übrigens gar keinen Einfluß haben kann.
Allein es hat mir doch nöthig geschienen, um Vatern
nicht zu ungefällig zu erscheinen, seine Bitte Ihnen mit=
zutheilen, und Ihnen zugleich meine Meinung darüber
zu sagen. Der angeblichen Zurücksetzung Königsbergs
erwähne ich nicht weiter. Mir selbst fielen einige Aeuße=
rungen Süvern's auf, und ich habe mit Ihnen darüber
gesprochen. Ich kann nur sagen, daß es mir ungemein
weh thun würde, wenn man weniger emsig hegte, was
gut und thätig dort gestiftet wurde, und was dort in
dieser Entfernung und Isolirung unumgänglich noth=
wendig ist. Doch sollte ich es auch kaum glauben, und
Vater sieht das wohl zu melancholisch an. Zur Ver=
besserung der eignen Lage Vaters würde ich, wenn ich
auch noch selbst in der Section wäre, nie vorschlagen,
mehr zu thun. Er war sehr reichlich gesetzt, stiftete nur
einen geringen Nutzen als Lehrer, und hat sich neulich
durch seine Sucht zu predigen noch überdies sonderbar
gezeigt. Allein zum Bibliothekar taugt er, meinem Urtheil
nach, wirklich, und sollte es daher wahr sein, daß seine
Vorschläge, die sich auf die Bibliothek beziehen, wirklich
bei den übrigen Geschäften der Section unbeachtet ge=

blieben wären, oder daß man versäumte sie auszuführen, weil sie einigen Aufwand mit sich bringen, so möchte ich Sie recht sehr bitten, dem, wenn Sie es können, abzuhelfen. Ich werde Vater indeß sagen, daß ich seine Sache in Absicht der Bibliothek Ihnen empfohlen hätte, die Beurtheilung der Möglichkeit, etwas zu thun, aber bloß Ihnen überlassen müßte.

Wie ungemein und über alle Maßen mich die Freundschaft und herzliche Theilnahme gefreut hat, die Sie, theurer Freund, mir bei meinem jetzigen Aufenthalt in Berlin bewiesen haben, kann ich Ihnen in der That kaum ausdrücken. Dies fortdauernd gütige Andenken an mich, dies Vertrauen, und diese wirkliche Anhänglichkeit und Freundschaft, die Sie und einige Andre mir bewiesen haben, haben mich wirklich tief und lebhaft gerührt; ich weiß sehr gut, daß zu der Zeit, da ich mit Ihnen arbeitete, mir noch Manches abging, allein ich weiß auch, daß ich dies mit der Zeit mehr gewonnen haben würde. Seien Sie überzeugt, daß ich immerfort den aufrichtigsten Antheil an Ihnen und Ihren Geschäften nehmen werde, und daß mich die Annehmlichkeit und Unabhängigkeit keiner Lage abhalten würde, selbst wieder darin thätig zu sein, wenn sich die Gelegenheit dazu darböte, und ich hoffen könnte, nützlich zu sein. Empfehlen Sie mich allen unsern gemeinschaftlichen Freunden und leben Sie recht wohl. Mit aufrichtiger und herzlicher Hochachtung und Freundschaft

Ihr

h.

13.

[Erh. 24. Februar. Beantw. 15. April.]

Ich danke Ihnen herzlich, verehrungswürdigster
Freund, für Ihren gütigen, und mir so ungemein schätz=
baren Brief vom 5. dieses Monats. Ich kann mich
unmöglich entschließen, ihn liegen zu lassen, und beant=
worte ihn lieber gleich, auch auf die Gefahr, heute, da
ich jetzt sehr mit Arbeiten überhäuft bin, mich kürzer
fassen zu müssen.

Das kleine Väterchen hat mich sehr lachen machen.
Seine Anmaßungen sind wirklich höchst sonderbar,
und das Beste ist nur, daß er sich doch am Ende be=
scheidener begnügt. Die Aehnlichkeit einiger meiner Be=
schäftigungen hat mich in den Stand gesetzt, die Arbeiten,
die er in den letzten Jahren gemacht hat, genau zu
prüfen; es ist überall sehr viel Fleiß, große Genauigkeit,
und daher unverkennbares Verdienst in den Resultaten;
allein ich versichere Ihnen, daß es ordentlich schwer ist,
sich so viel mit verschiedenartigen Sprachen zu beschäftigen,
ohne auch nur auf Eine richtige allgemeine Idee, oder
eine tief gelehrte Ansicht zu kommen. Er scheint ganz
zu vergessen, daß das Herumtreiben in vielen und halb=
barbarischen Sprachen durchaus verderblich ist, und auch
in sich nicht mehr die Fruchtbarkeit hat, wenn man ver=
säumt, bei Einer wichtigen und ausgebildeten immerfort
mehr in die Tiefe zu gehen. Er hätte dies, als Orientalist,
nothwendig thun sollen, mir aber ist wenigstens nichts da=
von bekannt geworden. Gewiß, lieber Freund, also haben
Sie Alles gethan, was man billigerweise verlangen kann,

und dafür danke ich Ihnen herzlich. Denn dies ist man seinem Fleiße wirklich schuldig, und er wird sich nun hoffentlich beruhigen. Mir hat er seitdem nicht wieder geschrieben. Das Königsberger Curatorium scheint, wie ich aus Ihrem Briefe sehe, immer seine alte Parteilich- keit beizubehalten.

Wie auf einmal die Scene in Königsberg sich ver- ändert hat, daran höre ich nicht auf zu denken. Leider hört man nur hier sehr wenig vom Detail. Ich weiß nicht, ob Sie ausführlicher in Berlin unterrichtet sind. Mir fallen täglich tausend Fragen ein. Wie mag A. mit H. stehen? wie Sch., auf den dieser zuletzt gar nicht gut zu sprechen war, fertig werden? Hat D., der unsrige, an etwas Theil genommen? Man hört nicht auf zu fragen. Ob? wie? sich das jetzige Chaos entwirren wird? ist kaum menschlicher Weise vorauszubestimmen. Allein seien Sie überzeugt, daß ich thätig bin, und daß, wie es auch kommen möge, ich gern in Alles eingehen werde, was mich zu Ihnen zurückführt. Sie haben mir so viel Vertrauen, Anhänglichkeit und Liebe bewiesen, daß ich immer mit herzlicher Freude auf die anderthalb Jahr zurücksehe, die wir mit einander arbeiteten.

Ihre Frage über Kohlrausch beantworte ich, unter dem Siegel des Vertrauens, mit völliger Offenheit. Der Grund von Kohlrauschs Charakter ist sicherlich gut; er ist aus uneigennützigen Absichten thätig; hängt seinen Freunden, so lange er sie dafür hält, fest an; und ist dafür und für eine gute Sache großer Aufopferungen und Selbstverleugnungen fähig. Allein er ist von einer unglaublichen Eitelkeit und einem übertriebenen Selbst- gefühl, hat einen unglücklichen Zug zur Klatscherei, keinen Schatten von Menschenkenntniß mit ewiger Sucht, in sich

und äußerlich über alle Menschen abzusprechen, und hält
gegen seine vermeinten Feinde ziemlich alle Mittel für
erlaubt. Wenn man ihn mit Ernst und Strenge behandelt und ihn zugleich Achtung und Zuneigung fühlen
läßt, vermag man sehr viel über ihn, und zur Aufsicht
über eine Anstalt wie die Charité, wo man sich immer
beißen muß, halte ich ihn, wenn er selbst wieder ordentlich gezügelt wird, für unverbesserlich. Wenn man ihn
aber ganz gehen läßt, wie Dohna that, und sein Nachfolger in noch schlimmerer Art, so ist oder kann er auch
höchst verderblich sein. Theoretische Anlagen hat er im
Grunde wenig, und von Kopf ist er eigentlich nur mittelmäßig. Aber er hat, als Arzt, großen Eifer, einen sehr
scharfen Blick, und praktische Kenntniß aller ihm immer
gegenwärtigen Mittel; als Wundarzt große Besonnen-
heit, Sanftheit und die beinahe ängstliche Begierde zu
gelingen, welche, ohne je verwirrt zu machen, die Kraft
nur mehr anspannt, und den Muth durch das Gefühl
der eigenen Anstrengung erhöht. Wenn mir gerade viel
an meiner Gesundheit läge, würde ich mich Keinem so
gern in Krankheiten und in Operationen anvertrauen.
So sehr er auch oft prahlt, ist er nie leichtsinnig und
windbeutelig. Kurz — ich leugne es nicht, ich bin ihm,
so sehr ich alle seine Fehler sehe, sehr gut und mehr als
ich, aus Gründen, gegen ihn äußere, und würde gern
mit ihm etwas unternehmen, und wenn es sonst seinen
Kräften angemessen wäre, auf ihn mit vollkommener
Sicherheit zählen. Er zeigt gegen mich und die Meinigen
eine fast beispiellose Anhänglichkeit, ob wir gleich, da er
uns wirklich (obgleich nicht eigentlich mir) eine sehr
wichtige Ursache dazu gegeben hat, ihn mehr kalt behandeln. Andre haben mir wohl gesagt, daß er auch

gegen mich spräche, und sich über mich aufhielte. Dies hat aber nie Eindruck auf mich gemacht, weil, wenn es auch wahr sein sollte, es doch gewiß in keiner hämischen Art geschehen ist. Er wird über einzelne Dinge oder Aeußerungen von mir gesagt haben, was ihm einfiel, und warum soll das nicht jeder? — Man beurtheilt ihn meistens falsch, zu günstig, oder zu schlecht. Auf Ihre Freundschaft stützte er sich immer sehr, und ich glaube, Sie können und müssen sie ihm erhalten, und nur ihn freimüthig behandeln, und ihm geradezu sagen, was Ihnen mißfällt.

Mit herzlicher Anhänglichkeit und Freundschaft

der Ihrige

H.

14.

Paris, den 1. Junius 1814.

Ich schicke Ihnen, theurer Freund, in der Anlage einen Brief eines Mannes, über den wir oft in der Zeit sprachen, in der wir diese Gegenstände gemeinschaftlich abmachten, und deren ich mich immer mit so lebhafter Freude erinnere. Ich muß es ganz Ihnen überlassen, ob Sie etwas für ihn thun, auch nur mit Herrn von Schuckmann über ihn reden wollen. In diesem Falle wünsche ich, daß Sie meiner dabei nicht erwähnen.

Ich habe Ihnen sehr lange nicht geschrieben, und bin kaum einer halben Stunde Herr in dem Gewirr von Geschäften und Gesellschaften hier. Der Friede ist nun geschlossen; es ist närrisch, daß der letzte, den ich hier in

Paris mit Kanonendonner begrüßen hörte, gerade der
Luneviller war, der nun durch den gegenwärtigen auf=
gelöst ist. Wir gehen in einigen Tagen nach England,
nachher nach Wien zu einem Congresse, von dem ich
wünsche, daß ein deutscher Geist auf denen walten mag,
die daran Theil nehmen. Mit diesem Congreß ist dann
die wichtigste Epoche der Zeit beendet, alles Künftige,
insofern es Geschäfte betrifft, ist mir gleichgültiger. Ich
käme gern vorher einige Tage nach Berlin, zweifle aber
an der Möglichkeit.

Leben Sie herzlich wohl und erhalten Sie mir Ihre
mir ewig unschätzbare Freundschaft!

H.

15.

[Erh. 19. April 16. Beantw. 30.]

Ein unseliger Schreib= und Druckfehler macht den
armen Ilgen in der Schulpforte sehr unglücklich. Er hat
sich in den Adelstand erhoben geglaubt. Er hat darin
allerdings sehr Unrecht gehabt. Allein Sie wissen, mein
verehrungswürdiger Freund, wie geschäfts= und welt=
unkundig bloße Schulmänner oft sind. Er hat, wie es
scheint, mehrere Tage lang, ehe er das erklärende Rescript
des Ministers bekam, die Glückwünsche zur Standes=
erhöhung angenommen, und gethan, als wäre sie wirk=
lich; nun kennen Sie auch die kleinlichen Verhältnisse, die
in einer abgesonderten sächsischen Schule, wo es Oeko=
nomen, Rentmeister u. s. f. giebt, obwalten. Der arme
Mann ist also sehr gedrückt, und war entschlossen (wovon
ich Sie aber bitte noch keinen Gebrauch zu machen) so=
gleich seine Entlassung zu fordern. Er ist noch so naiv,

daß er glaubt, daß die Minister die Munda lesen, die
sie unterzeichnen, und sieht seine Ehre als förmlich ver-
letzt an.

Ich habe ihm auseinandergesetzt, daß die ganze
Sache ein bloßes Kanzleiversehen ist, an dem der Minister
völlig unschuldig ist, daß eine Kränkung der Ehre hier
auch nicht von fern ins Spiel kommt, und habe ihm
vorgestellt, wie Unrecht er haben würde, durch die Forde-
rung seines Abschieds eine Empfindlichkeit über eine
Sache zu zeigen, welche, auch wahr, ihn nicht einmal
hätte sonderlich freuen sollen. Sollte indeß, wofür er
doch auch wieder nicht kann, die Sache um ihn her eine
solche Sensation machen, daß er nicht bleiben könne, habe
ich ihm gerathen, eine Versetzung nachzusuchen, die vielleicht jetzt selbst nach Cölln möglich sei. Ich habe ihm
ferner gesagt, an Ew. Hochwohlgeboren zu schreiben, und
ihm versprochen, ihn Ihrer Güte zu empfehlen.

Dies thue ich denn hiermit recht herzlich, da ich den
in vieler Rücksicht verdienten Mann seit fast 20 Jahren
kenne. Ich gebe zwar zu, daß er in diesem Falle un-
vorsichtig, vielleicht sogar eitel gehandelt hat. Allein ich
erinnere mich von der Zeit her, wo ich noch das Glück
hatte, mit Ihnen zu arbeiten, daß wir solche Schwächen
der Schulmänner menschlich aufnahmen, und daraus ent-
stehenden Verlegenheiten möglichst zu Hülfe kamen.

Dies bitte ich Sie, auch hier zu thun, soviel es angeht.
Man darf wirklich nicht ganz übersehen, daß in einer Anstalt, wie die Pforte ist, ein solcher Vorfall einem Rector
wesentlich schaden, und daher auch seiner Thätigkeit nachtheilig werden kann.

Es hat wohl Fälle gegeben, wo man Leute geadelt
hat, weil ihnen der König oder das Ministerium einmal

so fälschlich geschrieben hatten. Indeß rede ich davon nicht, weil man hier schwerlich wird zu diesem Mittel greifen wollen. Ich sehe daher hier nur zwei andre Mittel, die auch an sich nicht schwierig sind. Entweder ist man bei Ihnen geneigt, den Mann zu versetzen, nun so wird das, da er unstreitig im jetzigen Unmuth überall hingeht, eine sichere Aushülfe sein; oder man will ihn schlechterdings da lassen, dann ist es nöthig, ihn durch etwas zu heben. Dies nun kann dadurch geschehen, daß ihm der Minister selbst auf eine freundliche Art schriebe, das Versehen entschuldigte, und ihm jeden Verdacht, als könnte er dadurch gekränkt werden, nähme. Ein solcher Brief, den er zeigen könnte, würde schon Eindruck machen. Dann aber könnte man ihm in Rücksicht der Schule selbst vom Ministerio aus ein Zeichen des Vertrauens geben, daß man ihm auftrüge, über die ökonomischen Verhältnisse der Anstalt, die gar sehr einer Revision bedürfen, wie ich bei öfterer Durchreise wohl flüchtig selbst bemerkt habe, Bericht zu erstatten, oder wenn man ihn, wenn dies nicht außergewöhnlich scheint, nach Berlin kommen ließe, um sich mit ihm mündlich über die Anstalt zu besprechen.

Verzeihen Sie, theurer Freund, die Mühe, die ich Ihnen mit diesen Zeilen mache. Aber es liegt mir wirklich an der Ruhe des Mannes, und dann benutze ich zugleich gern jede Veranlassung, Ihnen die Versicherung meiner herzlichsten Hochachtung und aufrichtigen und unwandelbaren Freundschaft zu erneuen. Mit diesen Gesinnungen zugleich

der Ihrige

H.

Frankfurt, den 17. April 1816.

3*

16.

[Erh. 26. Juni 16. Beantw. 9. Juli.]

Ich habe eine Couriergelegenheit abgewartet, um den
wichtigsten, nicht Ilgen betreffenden Theil Ihres freund=
schaftlichen Briefes zu beantworten, theurer Freund. Jetzt
erscheint eine, die mir aber sehr wenig Zeit läßt. Ich
werde mich also auf wenig Worte beschränken müssen.

Ihre Klagen sind vollkommen gegründet, allein ich
weiß ihnen nicht abzuhelfen. Ich sehe, wie Sie, daß die
Berlinische Universität mehr noch als untergeht, allein
wenn ich auch dem Staatskanzler davon rede, so kann das
nicht helfen. Das Uebel kann nicht durch Einen Schritt,
durch eine einzelne Geldanweisung gehoben werden. Es
muß ein Geist, eine Sorgfalt, wenigstens ein guter Wille
da sein, die hegen, schützen, heben. Von dem Allen ist
das Gegentheil. Ich mache Ihnen, der Sie mich immer
mit so wahrhaft freundschaftlichem Vertrauen behandelt
haben, kein Hehl daraus, daß ich den Mann, der dies
Departement hat, zu wie viel andern Sachen er gut sein
mag, zu dieser durchaus und auf immer untauglich halte.
Ich habe es dem Staatskanzler nicht Einmal, sondern
viele male gesagt. Mehr ist nicht zu thun. Allein es
ist nicht das allein. Der Geist ist aus Allem gewichen.
Man sinkt in eine ungeheure Alltäglichkeit zurück, und
das unter einem Manne, der gar nicht so ist, der die
trefflichsten Seiten hat, mit dem man nicht bloß viel
machen könnte, sondern der den Besten selbst noch an-
feuern würde, der nun aber den einzigen Fehlgriff immer
fortsetzt, daß er nicht seine wahre und eigentliche Stelle
finden kann, der zu viel eingreift und nicht genug herrscht.
Ein Staatskanzler konnte nur eine transitorische Sache

bei uns sein, und es ist keine Stellung, die der, welcher
die Geschäfte in ihrem Wesen auffaßt, je annehmen
würde. Wir müssen ein Ministerium haben, ein gut
organisirtes Ministerium, ein einiges, aber in dem einer
dem König so nahe, wie der andre steht. Nur so können
die Sachen gehen. Ich gehöre gewiß nicht zu den Tadlern,
ich bin gewiß streng gegen Niemand, ich suche nichts für
mich, und rede über diese Dinge nur wenn man mir
davon redet. Aber es ist mir nicht möglich, mich der
Wahrheit zu verschließen, und dies ist die Wahrheit.
Sie werden mir sagen, daß ich Ihnen schlechten Trost
für das gebe, wofür Sie wünschen, daß ich handle. Allein
es ist nicht anders thunlich. Bei allem Regime ist das
Erste und Wichtigste die Form; das Zweite die Personen;
das Dritte das einzelne Handeln. Bedenken Sie das recht,
und Sie werden finden, daß das, was Sie wünschen, unendlich mehr ist, als sich bei uns, ohne tief einzugreifen,
erreichen läßt. Bedenken Sie, daß die Form des Regimes
bei uns durchaus tadelhaft ist, und daß man bei den
Personen viel aussetzen kann; so bewundre ich noch
immer, daß es so gut, und noch immer besser als in
andern Staaten geht. Allein mit diesem Trost muß man
sich nicht einschläfern lassen. Preußen ist mit keinem
andern Staat vergleichbar; es ist größer, und will nicht
bloß, sondern muß größer sein als sein natürliches Gewicht mit sich bringt, und es muß also zu diesem etwas
hinzukommen. Dies Etwas sind jetzt die Umstände und
der auf Einen Punkt energisch gerichtete Volkssinn gewesen, zu Friedrichs II. Zeiten war es dessen Genie;
als weder dieses noch jenes waltete, war die trostlose
Zeit. Man müßte also eine dauernde moralische
Macht organisiren, die nichts Andres ist, als eine feste,

ſyſtematiſche, zuſammenhängende Adminiſtration, in allen
Theilen gemacht, die Stimmung der Nation zu erheben,
indem ſie ſie beherrſcht. Um ſo etwas hervorzubringen,
muß man nicht ewig das Rad der kommenden und
gehenden Akten umwälzen. Man muß in Muße auf
das denken, was in keinen Akten ſteht, oder auf die
Akten führen. Hat dazu einer unſrer Miniſter Zeit, fällt
es einem ein? Ich wünſche es. Daß die Sachen je ganz
gut werden würden, darf kein Vernünftiger erwarten.
Mein Horoſkop iſt das. So lange der Reichskanzler in
Thätigkeit bleibt, wird, wenn man auch Manches aus-
zuſetzen hat, das Ganze in ſeinem Gange bleiben, das
Einzelne, auch Vieles vorzüglich gehen, weil ein vorzüglicher Menſch an der Spitze iſt und nur den einzigen
Fehler hat, die Form zu verachten. Geht er einmal ab,
ſo kann es wieder gut gehen, wenn es ein Miniſterium
und wahre Miniſter gibt. Aber ſonſt nicht. Denn
Staatskanzler wird Niemand, als der es nicht gut ſein
kann; ein andrer wird ehrlich und klug genug ſein, ſich
vor einer ſolchen Stellung zu hüten.

Für Alles, was Sie, theurer Freund, für Ilgen gethan haben, danke ich Ihnen herzlich.

Leben Sie wohl und rechnen Sie ewig auf meine
wahrſte Hochachtung und lebhafteſte Ergebenheit.

H.

Frankfurt, den 18. Juni 1816.

17.

Frankfurt, den 10. Auguſt 1816.

Ich kann mir das Vergnügen nicht verſagen, Ihnen,
verehrungswürdigſter Freund, meinen Agamemnon zu

einer gütigen Aufnahme zu empfehlen. Es ist eine sehr
alte Arbeit, die ich in späteren Zeiten, und zuletzt während
der Campagne von 1813 und 1815 umgearbeitet habe.
Ich hatte von Anfang an eine solche Liebe zu diesem
Stück des Aeschylus gerade gefaßt, daß ich dem Be-
mühen, es zu übersetzen, mit einer Art Treue ange-
hangen habe, von der ich nur wünsche, daß sie nicht
geschadet haben mag. Denn allerdings kann manchmal
das Streben nach Vollendung auch der Sache zu viel thun.
Vielleicht aber finden Sie in der Einleitung einige Ideen,
die Sie interessiren und die ich hier nur andeutete, um
sie vielleicht einmal weitläuftiger auszuführen. — Meine
Frau ist seit einigen Tagen bei mir, was mich sehr
glücklich macht. Sie empfiehlt sich Ihnen auf das
freundschaftlichste. Leben Sie herzlich wohl und erhalten
Sie mir Ihr gütiges Andenken. Mit der herzlichsten
Freundschaft und Anhänglichkeit

der Ihrige

H.

18.

[Erh. 18. September 16. Beantw. 27. Januar 17.]

Nur überhäufte Geschäfte hinderten mich, schon vor
mehreren Tagen an Ew. Hochwohlgeboren für den Dr.
und Prediger Freytag zu schreiben, der Ihrer Güte bereits
so viel verdankt. Er wünscht seinen Aufenthalt in Paris
verlängern zu können, und Herr Silvester de Sacy erklärt
ihn für einen der stärksten Orientalisten. Mehr bedarf
es nicht, um Ew. Hochwohlgeboren Theilnahme zu er-

wecken. Sehen Sie, was Sie für den armen Mann thun
können.

Obgleich meine Arbeit beim Bundestag vielleicht, als
wahre Arbeit, kaum angesehen wird, so beschäftige ich
mich doch mit demselben als sollte ich dabei bleiben, und
suche mir Rechenschaft zu geben von dem, was, wenn es
auch nicht geschieht, doch geschehen müßte, damit ich nicht
von mir sagen müsse, was Luden in der Nemesis sehr
naiv bei Gelegenheit eines doch von ihm ungeheuer ge-
lobten Aufsatzes des Herrn von Gagern sagt, daß auch
Staatsmänner noch nicht wüßten, was man nun eigentlich mit dem Bunde anfangen sollte. Unsre rheinisch-
katholischen Kirchenangelegenheiten sind bei dem Bunde
von großer Wichtigkeit. Der Papst und Andre werden
sie schon zur Sprache bringen. Es wäre mir sehr interessant, Schmeddings Meinung darüber zu kennen: die
Erörterung der einfachen Frage, wie Preußen sich darüber
beim Bundestag erklären, wie diese Kirchen behandeln
muß? Auch hätte ich gern Niebuhrs Instruction, wenn
es nämlich nicht eine so wie ehemals bloß im auswärtigen Departement gemachte ist, als man mir mitgab,
die denn freilich bloß die äußere Schale des Geschäfts
berührte.

Meinen Agamemnon werden Ew. Hochwohlgeboren
erhalten haben.

Noch bittet mich Koreff, ihn Ihrer Güte zu empfehlen. Ueber Manches an ihm würden wir uns
mündlich leicht verständigen. Aber Geist, Kenntnisse und
Thätigkeit besitzt er gewiß in einem sehr ausgezeichneten
Grade.

Leben Sie herzlich wohl, verehrtester Freund, und
erhalten Sie mir Ihre gütigen und wohlwollenden

Gesinnungen. Mit der herzlichsten Hochachtung und
Freundschaft

der Ihrige

H.

Frankfurt, 12. September 1816.

19.

Burgörner, den 13. Februar 1817.

[Erh. 19. Februar 17.]

Ew. Hochwohlgeboren gütiges und freundschaftliches
Schreiben, für das ich Ihnen nicht genug danken kann,
ist so inhaltreich, daß es sich nur mündlich beantworten
läßt. Dennoch kann ich meine Kinder nicht abreisen
lassen, ohne ihnen wenigstens einige Zeilen für Sie mitzugeben. — Ich danke Ihnen herzlich für die Nachrichten
über Niebuhr und seine Instruction. Des braven
Schmedding Hoffnungen waren wohl nicht zu erfüllen;
so etwas thäte der Papst nie. Allein dazwischen und
zwischen der erbärmlichen alten Instruction liegt noch
viel in der Mitte. Es ist unbegreiflich, wie man noch
immer Herrn von R. in dieser Sache walten lassen kann,
und nicht einsieht, daß das ganze auswärtige Departement bei dieser Sache nur ein anständiger Briefträger zu
sein braucht. Soviel ich aus Ihrem Briefe sehe, hat
man Ihrem Departement einen von mir im November
oder December erstatteten Bericht über die Behandlung
der Kirchensachen beim Bundestage gar nicht mitgetheilt.
Ich hatte doch ausdrücklich darauf angetragen. Ueber
den frankfurter Posten hat man Ihnen nicht so das

Richtige gesagt, daß es nicht einer Erklärung von mir bedürfte. Die Stelle im Bundestag ist mir nie, weder direct noch indirect, angetragen worden, ich habe sie also auch nie ausgeschlagen. Als Goltz schon ernannt war, hat man sie mir interimistisch gegeben, und da, zwischen Hänlein und Goltz auf die wunderbarste Weise eingeklemmt, habe ich sehr gedrungen, sie bald abgeben zu können, und mag mich wohl so geäußert haben, wie man Ihnen gesagt hat. Wie man von Oesterreich und Preußen aus den Bund behandelt, würde ich freilich mich nicht verdammen lassen, leeres Stroh zu dreschen. Denn die Bundesgesandten können freilich nichts thun, solange ihre Höfe nicht wissen, was sie mit dem Bunde anfangen wollen oder sollen. Hiervon liegt nun die Schuld nicht an Preußen geradezu, sondern mehr an Oesterreich. Aber sie liegt an Preußen insofern, als es in Wien ganz anders handeln lassen mußte, als durch den jetzigen Gesandten in dieser ihm durchaus fremden Sache geschehen kann, und als es, wenn auch diese Mittel nicht wirksam wären, ganz andere Wege einschlagen sollte. — Auf meinen Gütern hier würde ich wahrlich nicht sein, wenn ich das Mindeste versäumte. Aber ich habe seit dem Anfang Decembers in Frankfurt nichts Bedeutendes mehr zu thun gehabt, und mein verlängerter Aufenthalt daselbst wäre ganz vergeblich gewesen. Nach Berlin hinderte mich auch die Scheu, mich dort, im Warten auf meine Abfertigung, fruchtlos herumtreiben zu müssen, und noch vielleicht gar mancher Pläne und Absichten beschuldigt zu werden, früher zu gehen. So habe ich die Zwischenzeit lieber hier und wirklich sehr fröhlich und glücklich verbracht. Indeß komme ich in den ersten Tagen des Märzes gewiß zu Ihnen. Ihr Beifall, Ihre sich immer

gleichbleibende, gütige Anhänglichkeit, verehrungswürdigster Freund, ist mir ein wahrer und großer Trost.
Es freut mich auch, zu hören, daß die, deren Urtheil ich
achte, zufrieden mit mir sind. Es ist mehr als je jetzt
die Zeit, wo man nichts thun kann, als sich in seinem
Geschäft zu isoliren, und da so gut und viel zu wirken,
als die Lage erlaubt. So habe ich meine Anwesenheit
in Frankfurt betrachtet. Meine Frau grüßt Sie herzlich
und freut sich mit mir des nahen Wiedersehens. Mit
unwandelbarer, inniger Hochachtung und Freundschaft

der Ihrige

H.

20.

Frankfurt, den 30. December 1818.

Der Lieutenant Schaupenstein, aus dem Preußischen
Litthauen gebürtig, der bei dem 8. Husarenregiment steht
und Ihnen, verehrungswürdigster Freund, wenn auch
nicht persönlich, doch durch seine Familie bekannt zu sein
glaubt, wünschte sehr, eine Civilanstellung zu erhalten
und hat mich bei meiner neulichen Anwesenheit in Trier
dringend gebeten, ihm dazu behülflich zu sein. Er hat,
nur um im letzten Kriege mit zu dienen, Militärdienste genommen, und da er keine Unterstützung von Haus hat,
so ist es ihm in der That unmöglich, anders als theils
mit den größesten Entbehrungen, theils noch mit Schulden-
machen, Officier zu bleiben. Sein Regimentschef, der
Obrist Colomb, giebt ihm ein vortreffliches Zeugniß,
und der junge Mann hat außerdem, wie Sie, wenn Sie

ihn in Berlin, wohin er in einem Dienstgeschäft bald
kommen wird, sehen, finden werden, ein für ihn gewinnen-
des Aeußeres. Mit einer allgemeinen Empfehlung an
den Fürsten Staatskanzler, die ich ihm sonst, wenn es
noch nöthig sein sollte, gern geben würde, kann ihm, 5
meines Erachtens, wenig gedient sein. Dagegen habe
ich geglaubt, daß, da er ein Preuße ist, durch Ihre gütige
Vermittelung, Herr von Schön oder Ihr Herr Bruder
ihm vielleicht behülflich sein würden. Ew. Hochwohlgeboren würden mich ungemein verbinden, wenn Sie dies 10
überlegen, und gütigst einleiten, und befördern wollten.
Wo Sie nachher noch meine unmittelbare Mitwirkung
wünschen, und rathsam glauben sollten, werde ich dieselbe mit Vergnügen eintreten lassen. In welcher Art
der junge Mann, der übrigens schon im Civilfache be- 15
schäftigt gewesen ist, glaubt, am besten, und seinen Kräften
angemessensten gebraucht werden zu können, wird er Ihnen
am besten selbst auseinandersetzen. Es wird immer nur
eine Secretair- oder Canzleistelle sein können.

Obgleich das Interesse, das ich an dem jungen 20
Schaupenstein nehme, die nächste Veranlassung dieser
Zeilen ist, so hatte ich lange den Wunsch, Ihnen, verehrtester Freund, zu schreiben, und unterließ es nur, weil
ich die Hoffnung hege, Sie in einigen Wochen, ob ich
gleich den eigentlichen Zeitpunkt noch nicht bestimmen 25
kann, in Berlin zu sehen. Bis dahin verspare ich auch
so Vieles auf, was ich Ihnen sagen und mit Ihnen besprechen möchte. Sehr aber freue ich mich, wenigstens
jetzt gewiß zu sein, nicht nach London zurückzugehen.
Auch mich von jeder anderen Stelle im Auslande zu ent- 30
binden, habe ich den König gebeten. Denn ich sehne
mich, zu Ihnen allen zurückzukehren, und bei Ihnen zu

bleiben. Erhalten Sie mir auch dann Ihre gütige
Freundschaft. Mit der herzlichsten und unveränderlichsten
und der innigsten Hochachtung

der Ihrige

H.

5

21.

Frankfurt, den 30. Junius 1819.

Ich kann Ew. Hochwohlgeboren nicht genug aus=
drücken, welche lebhafte Freude mir Ihr gütiger Brief
10 vom 8. gemacht hat. Die Merkmale der sich immer
gleich bleibenden freundschaftlichen Theilnahme, welche er
enthält, rufen mir lebhaft die Zeit zurück, wo ich mit so
vieler Freude in demselben Geschäft mit Ihnen arbeitete,
und erfüllen mich mit Hoffnung und Vertrauen auf die,
15 welche doch auch einmal eintreten wird, in der ich werde
mit Ihnen über so manchen wichtigen Gegenstand reden
können, der uns beiden gleich sehr am Herzen liegt.

Der Wunsch des Grafen Henckel, nach Berlin ver=
setzt zu werden, war mir durch seine Mutter bekannt.
20 Es thut mir leid, dieser vielleicht kälter geantwortet zu
haben, als ich gethan haben würde, wenn ich zuerst durch
Ew. Hochwohlgeboren von dem Manne gehört hätte.
Nach demjenigen, was Sie mir von ihm sagen, werde
ich seinen Plänen sehr gern behülflich sein. Nur wird
25 es vorzüglich darauf ankommen, ob und inwiefern er
eigentlich als Geschäftsmann brauchbar ist, und wieder
in welchem Fach? Nach Ihrer Beschreibung sollte er
wohl zum diplomatischen mehr geeignet sein, und wenn

dies der Fall wäre, so könnte ihm, dünkt mich, eine bal-
dige Anstellung nicht entstehen. Denn ich begreife gar
nicht, wie man den Bedürfnissen des auswärtigen Departements genügen will, wenn man nicht darauf denkt,
wieder brauchbare jüngere Leute dazu hinzuziehen. Bei
dem Neuchatelschen Departement habe ich nun nicht gerade
die Bedenklichkeit der Geschäftsqualification des Grafen
Henckel. Ich glaube vielmehr, daß es keinen Zweifel
hat, daß er zu diesem durchaus tauglich sein würde.
Allein ich sehe, wenigstens für den Anfang, andere, gleich
wichtige Hindernisse. Es ist zwar in diesem winzigen
Departement eine Rathsstelle durch Herrn von Beguelins
Tod in diesem Augenblick erledigt. Allein meiner Meinung nach muß das ganze Departement aufhören, da es
keinem Zweifel unterworfen ist, daß Ein einziger Rath
des Ministeriums des Innern (wie ich nun, der Kürze
wegen, das meinige hier nennen will) oder (wegen der
französischen Sprache) des Auswärtigen, Alles, was dabei
vorkommt, nebenher verrichten kann, und daß es ebenso-
wenig eines eigenen Canzlei-Directors bedarf. Nun hat
es bis jetzt noch den Geheimen Regierungs-Rath Lom-
bard und den Kirchen-Rath Noack, und ich muß daher
erst sehen, wie es möglich sein wird, dieses Verhältniß
zu stellen, ehe ich mich über den Vorschlag zu einer neuen
Anstellung entschließen kann. Meiner lebhaftesten Ueberzeugung nach, beruht wirklich das Heil des Staats auf
zweckmäßiger Ersparung, und wenn auch hie und da eine
einzelne klein und unbedeutend erscheint, so muß man
doch wenigstens den Willen dazu zeigen, was unendlich
besser auf die öffentliche Stimmung wirken wird, als den
Leuten gegen ihr Gefühl vorzurechnen, daß sie eigentlich
wenig Auflagen haben. Sollte aber eine Gelegenheit

kommen, wo die Anstellung des Grafen mit der noth-
wendigen Reform dieses kleinen Departements vereinigt
werden könnte, so wird es mir doppelt angenehm sein,
ihm gefällig zu werden, da Sie ihm Ihre freundschaftliche
Theilnahme schenken.

Ich bin seit einigen Tagen wieder mit meiner Familie
vereinigt und fühle mich überaus glücklich darin. Meine
Frau ist freilich noch sehr leidend, allein sie ist doch viel
weniger bedenklich krank, als ich mir nach ihrem früheren Zustand, wie ich ihn aus Briefen kannte, hatte
denken müssen. Die Uebel, an denen sie leidet, werden
noch eine geraume Zeit hindurch eine sehr sorgfältige
Behandlung erfordern, aber sie drohen alsdann wenigstens,
soviel sich jetzt urtheilen läßt, keine Gefahr, dauernd zu
bleiben. Sie trägt mir, sowie mein Schwiegersohn, recht
sehr viel Herzliches an Sie auf. Sie wird das Emser
Bad gebrauchen und die Kur 6—8 Wochen fortsetzen
müssen. Ich bringe sie morgen dorthin, kehre aber nach
einigen Tagen in mein hiesiges Nichtsthun, das nun
wirklich seit einigen Wochen zu einem absoluten, d. h.
zu einem solchen, das auch nicht mehr dem Scheine nach
beschäftigt, geworden ist. Ich verlasse auch nur meine
Frau, weil in künftiger Woche der Kronprinz herkommt.
Ueber meine eigene Rückkehr nach Berlin läßt sich noch
gar nichts bestimmen. Ich danke Ihnen indeß innigst
für das Vertrauen, das Sie mir schenken. Nur dies Vertrauen, was sich gütiger Weise in Mehrerem ausspricht,
kann mir Muth geben, in die sonderbare Lage einzugehen,
die man mir bestimmt hat.

Sie werden gewiß die Unzufriedenheit Christian
Schlossers mit dem Consistorium in Coblentz und mit
seiner Lage dort, und die Gründe derselben kennen. Er

hat jetzt an den Minister geschrieben. Ich würde nie
Christian, den Sie ja genau kennen, gerathen haben,
diese Stelle anzunehmen, und ich habe ihm abgeschlagen,
als er mir darum schrieb, mitzuwirken, daß er sie erhielte.
Allein da er sie einmal hat, da er sich ihr ganz widmet,
da sein erstes Programm nothwendig für ihn gewinnen
mußte, da eine plötzliche Aenderung immer nachtheilig
bleibt, und es außerdem sehr schwer ist, einen tüchtigen
Gymnasiendirector katholischer Religion zu finden, so
würde ich sehr dafür sein, daß Schlosser der Anstalt erhalten würde. Nach der Lage der Sache sehe ich aber
kaum eine andere Möglichkeit dazu, als wenn man den
ihm von Kreuznach aus aufgedrungenen Lehrer wieder
entfernt und dann ihn selbst, als Mitglied, ins Consistorium setzt. Das Consistorium mag, wenn man das
Verhältniß einer Behörde zu einem Director im Auge
hat, gegen Schlosser nicht Unrecht haben. Allein das
scheint mir gewiß, daß der Rath, welcher mit dem Gymnasium specieller zu thun hat, die freilich höhere, allein
doch natürliche Pflicht versäumt hat, mit Eingehen in
den Charakter und die Eigenthümlichkeit Schlossers, die
dies doch wirklich verdient, auf eine humane, freundliche
und einsichtige Weise, und aus wahrer Liebe zur Sache,
die Dinge so zu leiten, daß Mißverhältnisse vermieden
wurden. Mit einer Anstalt, die in demselben Ort ist,
sollte dies doch leicht möglich sein. Was Ew. Hochwohlgeboren thun können, die Sache wieder in ein besseres
Gleis zu bringen, oder Schlossern, wenn es nicht anders
geht, eine andere Stelle zu verschaffen, thun Sie gewiß.
Ich bin überzeugt, daß eine außerordentliche Professur,
auch mit sehr kleiner Besoldung, in Bonn ihm schon
jetzt höchst erwünscht erscheinen würde.

Niebuhr ist überaus gütig und freundschaftlich gegen meine Frau gewesen, die ihn und die seinige wirklich mit vielem Schmerze verlassen hat. Ich hoffe immer, wir besitzen beide künftig in Berlin. Für jetzt scheint er selbst gern noch zu bleiben, bis er die Unterhandlung machen kann. Allein kommen denn unsere katholisch geistlichen Angelegenheiten nie zu Stande? In einigen Monaten ist nun wieder ein Jahr seit dem Aachner Congreß verstrichen, wo einer der Minister sagte, daß „die Sache unmittelbar geordnet werden sollte". Ew. Hochwohlgeboren können mir sicher glauben, daß dieses Zögern im höchsten Grade verderblich auf die Moralität, die ächte Religiosität, und auf die Stimmung wirkt; und wie viele Schwierigkeiten auch die Sache unverkennbar hat, so wird doch durch das Zögern gewiß nichts gewonnen. Dies zeigt selbst die Erfahrung von beinahe vier Jahren, wo Alles in dieser Rücksicht liegen geblieben ist.

Hedemann und meine Tochter empfehlen sich Ihnen auf das allerfreundschaftlichste.

Nun leben Sie herzlich wohl, und erhalten Sie mir Ihre Theilnahme, Ihr Vertrauen und Ihre Freundschaft. Die meinige, sowie meine innigste und lebhafteste Hochachtung sind Ihnen unverbrüchlich gewiß. Mit diesen Gesinnungen ganz

der Ihrige

H.

6. Julius.

Ich lasse diesen Brief, um ihn dem Courier mitzugeben, erst heute abgehen, und gerade in diesem Augenblick erhalte ich Nachrichten, die es gewiß zu machen scheinen, daß ich noch vor Ende des Monats in Berlin sein werde.

22.

Gewiß haben Sie, verehrtester Freund, ein Schreiben von Ilgen wegen des Abiturienten-Examens bekommen. Ich bin so frei, unter Bitte der Rücksendung, Ihnen auch eins an mich zuzuschicken, worin Ihnen der Bischof von Sidon und Tyrus und der Pestilentiarius gewiß zur Ergötzung dienen werden. Haben Sie die Güte, mir zu sagen, ob Abhülfe davon zu erwarten steht? Sonst werde ich ihm schreiben, daß er sich der eingeführten Verfassung fügen muß.

Meine eigne Meinung ist, daß auch die Pforta und Ilgen gewiß mit Nutzen einer Controle unterworfen sein könnte, aber daß ein von Merseburg aus inspicirtes Examen durchaus zwecklos und, als nothwendige Kränkung, schädlich ist. Ich habe nie gebilligt, daß man die hiesigen Gymnasien dem hiesigen Consistorio untergeordnet hat. Aber es ist doch ein Consistorium, und Gymnasium und Consistorium sind an Einem Ort. Daß eine so angesehene Schule, wie Pforta, unter einer Regierung steht, an der doch die Schulräthe nie fast sehr ausgezeichnet sind, kann nicht gut sein. Wegen des ganzen Abiturienten-Examens ließe sich, dünkt mich, ein Temperament treffen, da die Einrichtung einmal ist, daß man 6 Jahr, ohne Dispensation, bleiben muß.

Was haben Sie neulich über die Sache wegen de Wette gesagt? Ich habe ernstlich dagegen gesprochen.

Ich bin leider allein. Alle die Meinigen grüßen Sie herzlich. Mit aufrichtiger Freundschaft

Ihr

H.

23.

Ew. Hochwohlgeboren danke ich auf das Lebhafteste
für Ihr gütiges Schreiben vom 16. des Monats. Sie
verzeihen mir gewiß, daß ich die Kirchenzeitung meinem
Bruder mitgetheilt habe. Hoffentlich ist sie Ew. Hochwohlgeboren schon wieder zugestellt worden. Es ist wohl
nicht möglich, eine hämischere Zusammenstellung aus dem
Zusammenhang gerissener Stellen zu machen, als in der
bewußten Recension geschehen ist. Der Verfasser scheint
wenigstens die christliche Liebe für kein Ingredienz einer
Kirchenzeitung zu halten, und wenn er wirklich ein Gläu-
biger ist, so wird man wenigstens nicht länger behaupten
können, daß der Glaube den Verstand verhindere, in seiner
einseitigen boshaften Schärfe zu wirken. Allein auch auf
der anderen Seite sind, wie ich immer im Stillen bemerkt
habe, große Blößen gegeben worden. Viele Stellen hätte
ich nie so hinschreiben oder überhaupt so denken mögen.
Eine noch größere Anzahl hätte nicht gedruckt werden
sollen. Dieser Mißbilligung ungeachtet, sehe ich mir doch
schon, da auch mein Briefwechsel mit Schiller jetzt gedruckt werden wird, meine Stelle in der Kirchenzeitung
offen erhalten.

Ueber die Ilgensche Angelegenheit bald ein Mehreres
mündlich. Sie beunruhigt mich doch sehr. Ist aber meine
Ansicht nicht richtig, daß das Pensionsreglement nur
über Pensionen aus Königlichen Kassen gegeben ist,
und daher dem Minister die Hände nicht binden kann,
wo eine Pension aus der Kasse einer Anstalt ertheilt wird?

Gesenius thut mir unendlich leid. Daß ein Mann
in seinen gelehrten Arbeiten durch solche Plackereien ge-

stört werden muß! Hülfe hätte ich ihm natürlich nicht
gewähren können, allein gesehen hätte ich ihn sehr gern.

Empfangen Ew. Hochwohlgeboren die Versicherung
meiner ausgezeichnetsten Hochachtung und freundschaftlichen Anhänglichkeit.

H.

Tegel, den 20. Februar 1830.

24.

[Beantw. 23. September 34.]

Ich bin schon seit mehreren Wochen ohne eigentliche
Krankheit unwohl und bedaure dadurch verhindert zu
werden, in die Stadt zu kommen und Ew. Hochwohlgeboren meinen Glückwunsch über Ihre Wiederherstellung
abzustatten, an der wir alle den innigsten Antheil genommen haben. Erlauben Sie mir dies schriftlich zu
thun, und hinzuzufügen, wie glücklich es uns machen
würde, wenn dies selten schöne Septemberwetter Sie reizen
könnte, uns mit allen den Ihrigen einen Tag hier zu
schenken.

Ich nehme mir zugleich die Freiheit, Ihnen heute
über den Tod des alten Ilgen und das Schicksal seiner
nachgelassenen Wittwe zu schreiben. Ich sehe es als
ausgemacht und in dem Herkommen der Schulpforte gegründet an, daß sie eine lebenslängliche Pension erhält.
Die Höhe derselben hängt wohl auch zum Theil von der
Gunst des Ministers ab. Da Ew. Hochwohlgeboren
den Antheil kennen, den ich immer an dieser Familie
genommen, so werden Sie meinen Wunsch natürlich

finden, das Auskommen der Wittwe möglichst gesichert
zu wissen. Sie werden mich daher sehr verbinden, wenn
Sie den Minister vorläufig günstig für die Sache zu
stimmen vermöchten. Außerdem aber wünschte ich auch
zu erfahren, welche Schritte die Wittwe zur Nachsuchung
der Pension zu thun haben wird, und ob Sie für besser
halten, daß ich jetzt gleich meine Verwendung bei dem
Minister für das Gesuch einlege, oder daß ich erst den
Zeitpunkt abwarte, wo der Nachlaß des Verstorbenen
ausgemittelt sein wird. Ich gestehe, daß ich nicht glaube,
daß der Nachlaß irgend so bedeutend sein wird, daß die
Wittwe von ihrem Antheil an demselben irgend aus-
kömmlich leben könnte.

Ich bitte Sie, mich Florchen und Fräulein Hochenächter auf das Angelegentlichste zu empfehlen, und die
erneuerte Versicherung meiner freundschaftlichsten und hochachtungsvollsten Gesinnungen anzunehmen.

H.

Tegel, den 20. September 1834.

25.

Ich kann Ew. Hochwohlgeboren nicht lebhaft genug
für die schnelle und wohlwollende Beantwortung meines
neulichen Briefes danken. Mein Verwendungsschreiben
an den Minister geht heute ab. Ich habe ihm die Sache
sehr dringend empfohlen, jedoch nur im Allgemeinen
ohne einen Betrag der Pension zu nennen. Vierhundert
Thaler wären sehr wünschenswürdig, und traurig wäre
es, wenn man die Bestimmung unter Dreihundert träfe.

Ew. Hochwohlgeboren haben gewiß die Güte, für die arme Frau nach Möglichkeit zu sorgen.

Mit der hochachtungsvollsten und treusten Freundschaft und Ergebenheit

der Ihrige

H.

Tegel, den 24. September 1834.

26.

Ew. Hochwohlgeboren sage ich meinen innigsten Dank für den mir in der Ilgenschen Sache ertheilten einsichtsvollen Rath. Ich habe ihn pünktlich befolgt und das Concept meiner ältesten Tochter zur Weiterbeförderung geschickt.

Uhdens Tod hat mich wirklich sehr bewegt. Mein Umgang mit ihm fiel in die glücklichste Periode meines Lebens, in den römischen Aufenthalt, wo ich ihn kennen lernte, und unser Zusammenwirken im Jahre 1809, wo er mir wirklich viel Anhänglichkeit bewies. Ueberdies hatte er, ohne es zu wissen, das Schicksal meines ganzen Lebens bestimmt. Denn hätte er nicht, eben seiner ersten Frau wegen, den Einfall bekommen, Rom zu verlassen, so wäre ich wahrscheinlich nie in Staatsdienst gegangen. Von dem Capital, von dem Ew. Hochwohlgeboren mir schreiben, weiß ich nichts Bestimmtes, obgleich ich mich wohl dunkel erinnere, davon gehört zu haben. Es schien mir das Beste zu sein, die Erkundigung danach Herrn Bunsen aufzutragen. Er muß darüber sehr leicht bei mehreren Personen Nachricht einziehen können. Am besten muß die Frau selbst davon unterrichtet sein, die, soviel ich

weiß, noch lebt, dann Thorwaldsen, der sie geheirathet
hatte oder doch mit ihr lebte, endlich einige ältere
Künstler, wie der Landschaftsmaler Reinhardt. Die beiden
Personen, deren Hülfe sich Uhden bei dem Geschäfte bedient haben wird, sind vermuthlich der Baron Browne
und der Notarius der Gesandtschaft Sommaine gewesen.
Der erstere ist aber todt, und vermuthlich lebt auch der
letztere nicht mehr.

Mit der ausgezeichnetsten Hochachtung und der herzlichsten Freundschaft

der Ihrige

H.

Tegel, den 2. Februar 1835.

27.

Ich sage Ew. Hochwohlgeboren meinen herzlichsten
Dank für Ihre gütige Theilnahme und die mir wegen
des Staatsraths geäußerte Besorgniß. Es war (im Vertrauen unter uns Beiden gesagt) nie meine Absicht, die
Berathungen eigentlich mitzumachen. Dagegen möchte ich
auch nicht ausdrücklich, noch stillschweigend, durch gänzliches
Ausbleiben mich schlechterdings von den Sitzungen los-
sagen. Meine Absicht war daher, mich, wie Wittgenstein
und einige Andere thun, von Zeit zu Zeit zu zeigen. Dabei
war mein Project, meinen Platz, mit Ew. Hochwohlgeboren Erlaubniß, an Ihrer Seite zu nehmen, um mich
mehr unvermerkt als es an meinem gewöhnlichen möglich ist, im Nothfall entfernen zu können. Unter diesen
Modificationen wird, glaube ich, auch der Präsident Rust
nichts dagegen haben. Wäre es dennoch der Fall, so ist

keine Begierde so leicht zu zügeln als die nach den Staatsraths-Sitzungen, und er wird daher sehr leicht einen folgsamen Patienten an mir finden. Diesen Ausdruck müssen Ew. Hochwohlgeboren übrigens nicht so buchstäblich nehmen. Auf Deutsch bin ich kein Leidender, sondern führe vielmehr mit meinen Kindern und einsam zwischen Arbeiten und Träumen, in Erinnerungen der Vergangenheit und heitrem Denken an die Zukunft ein stillglückliches Leben. Indem ich dies dictire sitzen Ew. Hochwohlgeboren gewiß im Geräusch des Stägemannschen Gastmales. Ich wünsche herzlich, daß er noch lange auch den Geschäften erhalten werde; man erkennt nicht genug, wie wohlthätig und nothwendig gerade seine jetzige Wirksamkeit ist.

Mit der innigsten und hochachtungsvollsten Freundschaft

der Ihrige

H.

Tegel, den 5. Februar 1835.

ERLÄUTERUNGEN.

1.

Die Tatsachen, welche Humboldt in amtliche Beziehung zu Nicolovius brachten, sind bekannt genug. Auf einer Urlaubsreise, welche jener von seinem diplomatischen Posten in Rom nach Deutschland unternommen hatte, traf ihn in Erfurt am 6. Januar 1809 die Berufung zum geheimen Staatsrat und Leiter des Departements des Kultus und öffentlichen Unterrichts in dem Alexander von Dohna übertragenen Ministerium des Innern. Humboldt nahm an und verfügte sich alsbald von Erfurt nach Berlin. Von hier aus richtet er am 25. März den ersten Brief an Nicolovius, der, mit der besonderen Leitung der Kultusabteilung unter Humboldt betraut, fürs erste in Königsberg, dem damaligen Sitze der Regierung, interimistisch auch die Geschäfte des Chefs des ganzen Departements zu versehen hatte.

Wenn Humboldt am Schluss unsres Briefes (7, 4) von Nicolovius als einem ihm persönlich noch Unbekannten spricht, so scheint ihm nicht gegenwärtig gewesen zu sein, dass er den Mann schon dreizehn Jahre zuvor in Eutin gesehen hatte, wo derselbe damals Kammersekretär bei der fürstbischöflichen Rentkammer war. Es heisst darüber nach einer mir von Albert Leitzmann gemachten Mitteilung in dem handschriftlichen Tagebuch Humboldts von seiner norddeutschen Reise im Jahre 1796: „Kammersekretär Nicolovius, Schlossers Schwiegersohn und ehemals Hofmeister bei Friedrich Leopold Stolberg, mit dem er die Reise nach Italien gemacht hat. Er scheint recht viele, vorzüglich auch philosophische Kenntnisse und recht viel Belesenheit zu haben, auch ein recht guter Kopf zu sein; dennoch war er mir nicht sonderlich interessant."

Die in unserm Briefe zuerst erwähnte Universitätsangelegenheit — der Glanz- und Mittelpunkt von Humboldts damaliger Tätigkeit — wird im Folgenden noch oft begegnen. Über die Vorgeschichte des seit dem tilsiter Frieden zu festerer Gestalt gelangten Planes der Gründung einer neuen Universität in Berlin genügt es auf die ersten Abschnitte der köpkeschen Schrift „Die Gründung der königlichen Friedrich-Wilhelmsuniversität zu Berlin" (Berlin 1860) zu verweisen.

5, 2] Johann Heinrich Schmedding, geboren 1774 zu Münster und daselbst seit 1800 Lehrer des kanonischen Rechts, war, nachdem Münster 1803 preussisch geworden, durch Stein und Vincke in die Verwaltung gezogen worden. Er gehörte zu den nach dem tilsiter Frieden und dem Verluste des Fürstentums Münster auf Vinckes Betrieb in den preussischen Dienst berufenen Westfalen (vgl. Bodelschwingh, Leben des Oberpräsidenten Freiherrn von Vincke 1, 372). Jetzt war ihm die Bearbeitung der katholischen geistlichen und Schulangelegenheiten in der Sektion des Kultus übertragen worden.

5, 5] Vincke, damals Regierungspräsident in Potsdam, eine offenbar von Humboldt höchlich geschätzte Autorität. Die Beziehung zwischen beiden war älteren Datums. Schon das bei Bodelschwingh a. a. O. 1, 194 abgedruckte Empfehlungsschreiben an den nach Spanien reisenden Vincke vom Jahre 1801 ist nicht, wie dort angegeben, von Alexander von Humboldt, sondern von dessen Bruder. Im Jahre 1816 während der Gebietsregulierungsverhandlungen in Frankfurt urteilt zwar der Westfale ungünstig über Humboldts diplomatische Kunst, dieser aber schreibt an jenen nach Erledigung der gemeinsamen, die Übernahme des Herzogtums Westfalen betreffenden Geschäfte: „Ich kann Ew. Hochwohlgeboren nicht genug beschreiben, wie wohltätig es mir gewesen ist mich einmal wieder mit Ihnen zu besprechen. Es war mir eine Erinnerung der Zeit. wo uns wie jetzt gleiche Gesinnung, aber zugleich auch in enger Berührung gleicher Geschäftskreis zusammenführt. Allein selbst das nicht gerechnet wird einem nur selten die Freude sich über die innere und äussere Lage der Dinge gegen einen Mann aussprechen zu können, der fest und einfach das Wohl der Regierung und des Staates im Auge hat, der Menschen und Geschäfte ruhig und unparteiisch beurteilt" (Bodelschwingh a. a. O. 1, 616).

5, 8] Über die hier und später mehrfach (16, 26. 21. 15. 23, 27) berührte Einführung der pestalozzischen Methode und die dabei gemachten Erfahrungen mag gleich an dieser Stelle das Wesentliche mitgeteilt werden. Der eifrigste Betreiber der Reform des Volksschulwesens durch Anwendung der pestalozzischen Methode war neben dem Kriegsrat Scheffner, neben Schön und dem Kanzler von Schrötter, durch welchen insbesondere die Königin Luise für die Sache erwärmt wurde, eben Nicolovius, ein persönlicher Freund und Verehrer des grossen Pädagogen. Behufs Gründung eines pädagogischen Normalinstituts in Königsberg, durch welches zugleich Lehrer für die neue Methode gebildet werden sollten, war der Württemberger Karl August Zeller, geboren 1774, ein Schüler Pestalozzis, berufen worden; im August 1809 traf er in Königsberg ein und trat seine Wirksamkeit in dem zum pädagogischen Normalinstitut umgewandelten Waisenhause an. Vgl. den ihn betreffenden Artikel Heglers in Schmids und Schraders Enzyklopädie des gesammten Erziehungs- und Unterrichtswesens 10, 629; ferner Schlesiers Erinnerungen an Wilhelm von Humboldt 2, 165, wo nach Mitteilungen Zellers berichtet wird, wie erst Humboldt die Schwierigkeiten, die noch nach Zellers Ankunft die Räumung des Waisenhauses für die neue Anstalt gefunden, durch einen geschickten Vortrag beseitigt habe. Das kühne Experiment schien anfangs den günstigsten Verlauf zu nehmen. Wie sehr Humboldt nach mehrmaligem Besuch der Anstalt für die Sache eingenommen gewesen, berichtet Scheffner am 27. Februar 1810 an Stein (Pertz, Leben Steins 2, 419). Am 7. Dezember 1809 erschienen der König und die Königin, begleitet von den beiden ältesten Prinzen, im Waisenhause, um durch einen mehrstündigen Besuch sich von den Einrichtungen und dem Unterricht

in der Anstalt eingehend Kenntniss zu verschaffen. Durch einen
mir abschriftlich vorliegenden Erlass vom 11. Dezember gab der
König seiner Zufriedenheit in überaus gnädiger Weise Ausdruck;
er erklärte sich bereit alles zu bewilligen, was zur Förderung
dieser Sache gereichen könne, genehmigte auf Zellers Antrag
den Eintritt des Regierungsrats Busoldt als Gehülfen des Kriegs-
rats Scheffner in die zur Einrichtung der „besseren Methode" in
den Schulen angeordnete Kommission und ernannte Zeller zum
Oberschulrat. Nicolovius wird darüber an Humboldt ähnlich
freudig berichtet haben, wie an Schön am 14. Dezember 1809
(Aus den Papieren Schöns 1 Anlagen S. 111). Hierauf offenbar
bezieht sich Humboldts Äusserung in dem unten folgenden
Briefe Nr. 5 (16, 26). Als einen unruhigen Geist indess bezeichnet den pädagogischen Reformator schon diese humboldtsche
Äusserung. Es sollte sich bald genug herausstellen, dass die
fast unerhörten Dinge, die man sich versprochen, nicht in Erfüllung gehen konnten und dass die heilsamen Anregungen, die
immerhin von dem Apostel der alleinseligmachenden Methode
ausgingen, teuer erkauft werden mussten. Ausführlich berichtet
über die ganze Entwicklung der Sache Dembowski, Zur Geschichte des königlichen Waisenhauses zu Königsberg in Preussen
(im Programm des Waisenhauses 1886 S. 17 und 1887 S. 3). Unter
fortwährendem unstetem Experimentieren beging Zeller einen
Missgriff nach dem andern. Er vergriff sich in der Wahl seiner
Gehülfen. Bei seinem Aberglauben an die Wunderkraft der
Methode nahm er in die Zahl der Zöglinge geflissentlich Elemente auf, die ihres verderblichen Einflusses wegen wieder entfernt werden mussten. Im Staate, nicht in der Familie sollte
die Erziehungsanstalt ihr Musterbild haben, und so kam es in
Lehre und Disziplin zu einer Anstaltsordnung voll spielender,
töricht ausgeklügelter und schädlich wirkender Formen. Bald
sprachen die Missstände so laut, dass man von oben her ein-
greifen musste. Bereits im August 1810 wurde eine kom-
missarische Beaufsichtigung der Anstalt verfügt, Zeller bei Seite
geschoben und eine Umgestaltung durchgeführt. Noch einmal
hatte Humboldt, der inzwischen preussischer Gesanter in Wien
geworden, in dieser Zeit Anlass sich über die Angelegenheit
auszusprechen. Die Ansicht, die er darüber in dem Briefe vom

29. Oktober 1810 (21, 15) ausspricht, ist im Wesentlichen befolgt worden. An Zellers Stelle, der demnächst eine kurze Zeit in Braunsberg und in Karalene bei Insterburg wirkte, wurde das Direktorat der Anstalt am 1. Dezember 1810 dem Pfarrer Benecke aus der Mark übertragen.

5, 18] Karl Heinrich Hagen, geboren 1785 in Königsberg, Sohn des Professors der Medizin Karl Gottfried Hagen. war ein ergebener Schüler des berühmten philosophischen Staatswirtschaftslehrers Christian Jakob Kraus. Er wurde 1809 Regierungsassessor und 1811 ordentlicher Professor der Staatswissenschaften an der königsberger Universität (vgl. Teichmann Allgemeine deutsche Biographie 10, 340). Am 17. Dezember 1809 war Hagen, gewiss mit einer Empfehlung Humboldts, bei Goethe (vgl. Goethes Tagebücher 4, 84 Weimarische Ausgabe).

6, 32] Hinsichtlich der an die Konsistorien zu richtenden Verfügungen wird man sich zu erinnern haben, dass nach der neuen Verwaltungsorganisation von 1808 die Konsistorien und die kirchlichen Zentralbehörden verschwanden. Fortan sollten die Regierungen alle Zweige der Staatsverwaltung in sich vereinigen und die geistlichen Angelegenheiten kamen dadurch unter den Minister des Innern (vgl. Bornhak, Geschichte des preussischen Verwaltungsrechts 3, 206).

2.

Vierzehn Tage nach dem mitgeteilten ersten Briefe. am 2. April 1809, war Humboldt von Berlin nach Königsberg gereist (vgl. an Goethe 8. April in Goethes Briefwechsel mit den Gebrüdern von Humboldt S. 321). Aus dieser königsberger Zeit liegt nur das obige Billet vor.

7. 14] Jean Pierre Frédéric Ancillon, damals Prediger der französischen Gemeinde, der Prediger-Staatsmann, späterer Minister des Auswärtigen.

7, 21] Welche Bewantniss es mit dem „Metagramm" hat, habe ich auch durch Anfragen in Königsberg nicht ermitteln können. Aufs Vermuten angewiesen sagt man sich etwa, dass

Metagramm eine witzige Bezeichnung eines *post festum* erschienenen oder eines aus Ende statt an den Anfang gestellten Programms ist.

3.

Ende 1809 nötigte Humboldt der am 20. November erfolgte Tod seines Schwiegervaters Karl Friedrich von Dacheröden zu einer Urlaubsreise nach Thüringen. Es handelte sich um die Regulierung des Nachlasses (vgl. Briefe an Welcker S. 15). Am 5. Dezember reiste er nach unsrem Briefe (vgl. auch Briefe an Johanna Motherby von Wilhelm von Humboldt und Ernst Moritz Arndt S. 47) von Königsberg ab. Die Route über Stargard wählte er in der schon vorher bestehenden Absicht Pommern zu bereisen (vgl. an Wolf, Gesammelte Werke 5, 273). In Berlin hielt er sich unterwegs nur anderthalb Tage auf (an Welcker S. 16).

8, 27] Zu dem, was Humboldt aus dem Munde des Kanzlers August Hermann Niemeyer in Halle erfuhr, ist zu vergleichen Niemeyer, Beobachtungen auf Reisen 4, 2, 487. Noch genauere Angaben über die mit dem Kanzler gepflogenen Verhandlungen finden sich in dem Buche von Jacobs und Gruber „Niemeyer. Zur Erinnerung an dessen Leben und Wirken" S. 283 und 382. Danach hatte Niemeyer schon auf dem Rückwege von seiner Deportationsreise nach Frankreich durch den Oberkonsistorialrat Nolte die Anfrage erhalten, ob er geneigt sei an die in Berlin zu gründende Universität überzugehen und zugleich eine Stellung im Oberkonsistorium und Oberschulkollegium einzunehmen. Der Minister von Stein hatte ihm noch höheres zugedacht. Er benachrichtigte ihn demnächst von der Geneigtheit Sr. Majestät ihm eine Stellung in dem geistlichen und dem Schuldepartement anvertrauen zu wollen, die ihm „den weitesten Wirkungskreis eröffnen würde". Es handelte sich in der Tat um den nachher von Humboldt angenommenen Posten. „Ich bin nun im Stande", schrieb Ende 1807 Stein an Niemeyer, „Ew. Hochwürden bestimmtere Anträge zu tun, da des Königs Majestät meine Vorschläge wegen Bildung der Staatsbehörden anzunehmen geruht

haben. . . . . Kultus und Unterricht machen zwei Departements
aus, denen ein geheimer Staatsrat vorgesetzt werden soll und
die nur im Fall der Unmöglichkeit ein Subjekt zu finden, welches
beiden vorstehen kann, getrennt werden. Diese Unmöglichkeit
findet nicht statt, wenn Ew. Hochwürden sich zur Annahme
dieser Stelle eines Chefs beider Departements entschliessen und
mir Ihre Einwilligung geben wollen Sie zum geheimen Staatsrat vorzuschlagen." Dieser Brief indess kreuzte sich mit einem
Schreiben Niemeyers vom 1. Januar 1808, in welchem dieser dem
Könige seinen Entschluss motivierte in westfälischen Diensten
bleiben zu wollen und in welchem er demgemäss um seine Entlassung bat. Eine Antwort desselben Inhalts an Stein blieb
unbeantwortet; die Gnade des Königs jedoch hatte der Ablehnende
nicht verscherzt. Das in den anerkennendsten Ausdrücken gefasste
Kabinetsschreiben vom 27. Januar 1808, in welchem der König
den Beweggründen Niemeyers volle Gerechtigkeit widerfahren
liess und sein Entlassungsgesuch bewilligte, ist bei Gruber und
Jacobs und wieder bei Schrader, Geschichte der Universität
Halle 2, 46 abgedruckt. Bei Letzterem (2, 13) wird der Hergang
gleichfalls mit Bezug auf die hallischen Verhältnisse kurz erzählt; statt „durch Wilhelm von Humboldt" ist dort jedoch „durch
den Minister von Stein" zu lesen.

9, 2] Das Zitat aus Pindar (ἀγαθαὶ δὲ πέλοντ' ἐν χειμερίᾳ
νυκτὶ θοᾶς ἐκ ναὸς ἀπασκίμφθαι δι' ἄγκυραι Olympia 6, 100)
findet sich in ähnlicher Anwendung auch in Humboldts Briefe
an Gottfried Schweighäuser vom 4. November 1807 (Laquiante,
Guillaume de Humboldt et Caroline de Humboldt S. 145).

9, 3] Der von Vincke empfohlene Anton Wilhelm Peter
Möller, geboren 1762 in Lippstadt, früher Professor der Theologie in Duisburg, dann Pfarrer daselbst und Konsistorialrat in der
münsterschen Kammer, wurde zunächst Schulrat in Soldin, dann
1811 Professor in Breslau, von wo er fünf Jahre später als
Konsistorialrat und Prediger nach Münster zurückging. Erst
1846 ist er daselbst gestorben (vgl. Neuer Nekrolog der Deutschen
24, 297 und Bodelschwingh a. a. O.).

9, 15] Doch wohl Johann Christoph Spiess, der, Pfarrer in Duisburg, im Jahre 1813 Konsistorialrat und reformierter Prediger in
Frankfurt am Main wurde (vgl. Neuer Nekrolog der Deutschen 7, 960).

10, 10] Leider nur im Vorbeigehen geschieht hier und 11, 16 des trefflichen Johann Wilhelm Süvern Erwähnung, dem 1809 in der Unterrichtssektion unter Humboldt die Bearbeitung der Schulsachen übertragen worden war. Durch seine humanistische und philosophische Bildung stand er Humboldt vorzugsweise nahe und war dessen einsichtiger Gehülfe bei der Reform des Gymnasialwesens, insbesondere durch den Entwurf des Reglements für die wissenschaftliche Lehramtsprüfung von 1810. Ein reiches Material über ihn, der eine eingehende Biographie verdiente, giebt Varrentrapp, Johannes Schulze und das höhere preussische Unterrichtswesen (Leipzig 1889), wo S. 238 auch die bisherige Literatur verzeichnet ist.

10, 15] Geheimer Staatsrat Johann Daniel Wilhelm Otto von Uhden, geboren 1763, gestorben 1835, Humboldts Vorgänger auf dem römischen Posten (vgl. 54, 14), versah während der Abwesenheit Humboldts die Geschäfte von dessen Departement in Berlin (vgl. den an gleichem Tage mit dem unsrigen geschriebenen Brief an Johanna Motherby S. 39).

4.

Mit dem Anfang unsres Briefes ist der Anfang des kurzen an Wolf (Gesammelte Werke 5, 276) von demselben Datum zu vergleichen. Unter den Briefen an Welcker datiert Nr. 9 (S. 15) vom Tage vorher.

10, 23] Eine Geschichte der berliner Akademie der Wissenschaften existiert leider noch nicht. Ein paar Bruchstücke dazu, insbesondere zu der von Humboldt erstrebten Reform derselben, die mit der Gründung der berliner Universität Hand in Hand ging, liefert das vorliegende Schreiben. Durch Kabinetsordre vom 22. September 1809 war der Akademie ihre Neuorganisation angekündigt worden (Köpke a. a. O. S. 198). „Die Akademie", so schrieb Humboldt an Goethe 10. Februar 1810 (S. 235), „suche ich ihrer Nichtigkeit zu entheben, aber es ist ein schweres Stück Arbeit." Der Fall Castillon gehört ganz in dies

Kapitel. Friedrich Adolf Maximilian Gustaf von Castillon, in Lausanne 1747 geboren, war Direktor der philosophischen Klasse der Akademie (vgl. Friedländer, Königliche allgemeine Kriegsschule S. 72). Er gehörte, wie Köpke a. a. O. S. 54 sagt, zu den älteren Akademikern französischer Schule. Die Akademieakten, auf welche Humboldt 11, 5 verweist, sind leider nicht gedruckt; was aber Köpke aus der Vorlesung unsres Akademikers „Über die Begriffe einer Akademie und Universität" anführt, zeigt die Armseligkeit des Mannes und seine unfreie Stellung zur deutschen Sprache

11, 9] Die hier Vorgeschlagenen sind allgemein bekannte Namen. Erman hat das Sekretariat der mathematisch-physikalischen Klasse bis zum Jahre 1841 geführt.

12, 12] Die Jettons waren silberne Medaillen, die seit 1760 „nach dem Exempel der Akademie zu Paris" an die in den Sitzungen gegenwärtigen Mitglieder ausgeteilt wurden. Nach einem französisch abgefassten *Mémoire* Castillons von 1785 wurde die Ausgabe dafür auf 1000 Thaler gebracht. „*De ces 1000 écus*", heisst es in dem *Mémoire*, „*on a réservé je ne sais plus quelle somme pour frapper de nouvelles médailles en cas de besoin; le reste a été distribué: on en donnait même aux étrangers, qui venaient assister à nos assemblées*" (nach einer Mitteilung des Herrn Akademiearchivars Kunstmann).

12, 22] Paul Louis Simon, geboren 1767, gestorben 1815, war seit 1798 Professor an der Bauakademie, seit 1804 geheimer Oberbaurat in Berlin.

12, 22] Über den als Theoretiker und Praktiker gleich ausgezeichneten Architekten Johann Albert Eytelwein, geboren 1764 in Frankfurt an der Oder, ersten Direktor der 1799 eröffneten Bauakademie, Mitglied der Akademie der Wissenschaften und des Senats der Akademie der Künste in Berlin, als Oberlandesbaudirektor erst 1848 gestorben, berichtet nach bester Quelle der Neue Nekrolog der Deutschen 26, 887 und Löbe Allgemeine deutsche Biographie 6, 464. Auch an der neugegründeten berliner Universität erscheint er gleich anfangs als Extraordinarius (Köpke a. a. O. S. 88. 89).

12, 31] Der Architekt Martin Friedrich Rabe, geboren 1775 zu Stendal, starb 1856 in Berlin.

13, 5] Johann Gottfried Hoffmann ist der bekannte, 1765 zu Breslau geborene, erst 1847 gestorbene Statistiker und hochverdiente Beamte. Seit 1807 ordentlicher Professor der praktischen Philosophie und der Kameralwissenschaften in Königsberg, war er 1808 als Staatsrat in das Ministerium des Innern getreten und wurde 1810 Direktor des statistischen Büreaus und Professor an der berliner Universität. Genaueres über ihn giebt Inama Allgemeine deutsche Biographie 12, 598.

5.

Unser Brief ist an demselben Tage von Humboldt in Erfurt diktiert, an dem er eigenhändig den an Wolf Gesammelte Werke 5, 279 schrieb. Über den Zustand seiner Augen klagt Humboldt auch noch am 7. März 1810 an Johanna Motherby S. 51 und an Wilhelm Motherby bei Schlesier, Erinnerungen 2, 185. Im späteren Alter machte sich die Augennot empfindlicher bemerkbar (vgl. Briefe an eine Freundin 2, 35). Als ihm (so erzählt Welcker in einer handschriftlichen Randglosse) in den letzten Jahren von einem Freunde vorgeworfen wurde, dass er seine Augen an Ritters Geographie verderbe, antwortete er: „man muss so ein Organ ganz aufbrauchen, dass dem Tode nichts davon übrig bleibt." Dieselbe Anekdote in ähnlicher Wendung bei Varnhagen, Briefe von Chamisso, Gneisenau, Haugwitz 1, 12.

14, 8] Mit wem Humboldt tauschen sollte, wage ich nicht zu bestimmen; auch bin ich nicht sicher, ob ich den, der „jetzt mächtiger ist", richtig auf Altenstein deute.

14, 30] Von den Namen, die hier für Berufungen an die Universitäten in Berlin, Frankfurt und Königsberg genannt werden, bedürfen die wenigsten eines Zusatzes; auch giebt über die meisten die Allgemeine deutsche Biographie Auskunft. Der Theolog Karl Friedrich Stäudlin war und blieb Professor in Göttingen. — Der Jurist Heinrich Eduard Siegfried von Schrader war seit 1804 Bredows Kollege als Professor in Helmstädt von wo er 1809 nach Marburg ging. Der Historiker Gottfried Gabriel Bredow war 1809 einem Rufe von Helmstädt nach

Frankfurt gefolgt. — Der mit ihm 16, 1 zusammengenannte Heinrich Luden lehrte seit 1806 als Professor der Geschichte in Jena. — Franz Joseph Konstantin Schömann, geboren 1781 zu Wetzlar, war seit 1808 ordentlicher Professor der Rechte in Jena; seine „Lehre vom Schadenersatz" erschien 1806; schon am 2. Dezember 1813 starb er. Noch im genannten Jahre war er. als Napoleon Jena wegen der patriotischen Haltung der Universität bombardieren lassen wollte, vom akademischen Senat nebst Sack und Eichstädt nach Weimar gesant worden und hauptsächlich der Beredsamkeit des sehr gewant französisch sprechenden Mannes gelang es Napoleon umzustimmen und das drohende Unheil von der Stadt abzuwenden. — Anton Friedrich Justus Thibaut, 1802 nach Jena gerufen, war schon 1805 einem Ruf nach Heidelberg gefolgt. — Die Bemerkung über den seit 1807 in Jena als ausserordentlicher Professor der Medizin angestellten Lorenz Oken, den nachmaligen Herausgeber der Isis, bezieht sich auf die pantheistisch-naturphilosophische Formel, mit der Oken das noch indifferenzierte Absolute bezeichnete. — Johann Christian Wilhelm Augusti, seit 1803 Professor der orientalischen Sprachen in Jena, wurde 1812 Professor der Theologie in Breslau. — Georg Ludwig Walch kam 1811 von Jena als Professor an das graue Kloster nach Berlin, später als Professor der alten Sprachen nach Greifswald. — Die Berufung des giessener Kirchenhistorikers Johann Ernst Christian Schmidt, der schon 13, 14 erwähnt wurde, hat Humboldt sehr lange beschäftigt; vgl. die Briefe an Welcker vom 25. April, 30. Mai und 23. Dezember 1809 (S. 10. 11. 19). — Wegen Schmidt, Reil und Savigny vgl. auch an Wolf 11. Januar 1810 Gesammelte Werke 5, 281. Die motivierten Anträge Humboldts betreffend die Berufung von Reil und Savigny stehen bei Köpke a. a. O. S. 72. 73. Beide Männer wurden für Berlin gewonnen; vgl. darüber auch Humboldt an Wilhelm Motherby bei Schlesier, Erinnerungen 2, 185 und hinsichtlich Reils Schrader, Geschichte der Universität Halle 2, 39.

15, 14] Der hier erwähnte Verkehr Humboldts mit Knebel und Goethe fand Ende Dezember 1809 und in den ersten Tagen des Januar 1810 statt. Bei Goethe meldet er sich durch Brief vom 26. Dezember aus Erfurt an (Goethejahrbuch 8, 78). Vom 2. bis

6. Januar ist er bei Goethe gewesen (Goethes Tagebücher 4, 87 Weimarische Ausgabe). Über den unmittelbar vorausgegangenen Aufenthalt in Jena schreibt Knebel an Goethe unter anderm: „Er hat hier in 24 Stunden die ganze Welt gesehen und besucht" (Briefwechsel 1, 367). Über die Anwesenheit in Weimar vgl. Goethe an Knebel 1, 364.

16. 22. 29] Welchen Bericht der vorletzte Absatz meint, weiss ich so wenig zu sagen, wie ich die Stelle über Anerswald zu deuten vermag. Hans Jakob von Anerswald war seit 1806 Kurator der Universität Königsberg. Bei der Aufhebung der Oberpräsidentenstellen 1810 wurde ihm, dem früheren Oberpräsidenten von Ostpreussen, Westpreussen und Litauen, das Präsidium der ostpreussischen Regierung neuerdings übertragen.

6.

Nur die Unterschrift der wenigen Zeilen von Humboldts eigener Hand. Nach einer kurzen Abwesenheit, von der drei Tage auf Frankfurt an der Oder kamen, war Humboldt am 7. März wieder in Berlin (an Johanna Motherby S. 46).

9.

Die Nummern 7 und 8 ohne Erläuterung lassen zu müssen bedaure ich um so mehr, da man zwischen den Zeilen in ihnen etwas von den Unzuträglichkeiten zu lesen meint, die Humboldt zur Niederlegung seiner Stelle veranlassten. Am 29. April 1810 gab er den Wunsch zu erkennen in die diplomatische Laufbahn zurückzutreten, weil in seiner bisherigen Stellung zu bleiben, wie er 3. August 1810 an Welcker schreibt (S. 20), „auf eine durchaus unabhängige Weise füglich nicht möglich war". Bald nachdem das altensteinsche Ministerium sich aufgelöst und Hardenberg als Staatskanzler die Zügel der Regierung ergriffen hatte, am 14. Juni, wurde Humboldt zum Gesanten in Wien ernannt und am 23. desselben Monats gab er die Leitung der Sektion an Nicolovius ab (vgl. das von Varrentrapp veröffent-

lichte Schreiben an Hardenberg vom 22. Juni in der Historischen
Zeitschrift 65, 284). Seine Abreise verzögerte sich. Nach dem
Briefe vom 16. Juli an Schweighäuser (S. 172), worin er mit
Genugtuung und berechtigtem Selbstgefühl über das von ihm
Geleistete und Erreichte spricht, dachte er schon am 4. August
Berlin verlassen zu können und bestimmt am 1. September in
Wien zu sein. Allein noch am 12. August hat er in Berlin ein
„letztes Wort" über die Universitätsangelegenheiten an Hardenberg gerichtet (bei Köpke a. a. O. S. 217). An Goethe schreibt
er am 3. August: „Ich gehe so gut als gewiss am 10. oder
wenige Tage später von hier (Berlin) ab, treibe mich im mans-
feldschen und schwarzburgischen bis gegen Ende August herum
und reise dann über Eger nach Prag" (S. 238). Aus dem Briefe
an Körner vom 4. August (S. 114 Jonas) mag hier das Lob
seines Nachfolgers Nicolovius, eines „Mannes von mannigfaltigen
Kenntnissen und liberaler Denkungsart" hervorgehoben werden.
Über sein eigenes Austreten aus seinem bisherigen Wirkungs-
kreise sagt er ebenda nicht mehr als, „dass es auf eine ehren-
volle und befriedigende Manier" und so geschehen sei, dass auch
die seiner Sorgfalt bisher anvertraut gewesenen Institute nicht
leiden würden. Er gehe, heisst es gegen den Schluss des Briefes,
zunächst auf die Güter seiner Frau; Briefe würden ihn in den
ersten Tagen des September in Wien treffen. Von Thüringen
aus schreibt er an Nicolovius. Er hat dann auf dem Wege nach
Wien auch Gentz in Teplitz und Stein in Prag besucht und ist
erst im Oktober an seinem neuen Bestimmungsort angekommen
(vgl. Schlesier, Erinnerungen 2, 216; Haym, Wilhelm von Humboldt S. 287). — Natürlich sind es Nachklänge der bisher gemeinsamen Wirksamkeit, die uns in diesem und den nächsten Briefen
begegnen. Der neugegründeten berliner Universität muss der
Verfall der hallischen zu gute kommen. Über die Frequenz der
letzteren vgl. Schrader a. a. O. 2, 37. Von Verweisungen auf
Grund der Beteiligung an Landsmannschaften (19, 7) ist ebendaselbst S. 38 die Rede.

19, 10] Dem berühmten leipziger Philologen Johann Gottfried
Hermann hatte Humboldt noch am 30. Juni dringend und, obgleich nicht mehr Leiter der Sektion, autoritativ die Professur
der Beredsamkeit an der berliner Universität angetragen. Am

30. August hatte Hermann sich ablehnend erklärt (Köpke a. a. O. S. 79. 216).

19, 13] Der Geograph und Historiker Friedrich August Ukert, geboren 1780 zu Entin, war, nachdem er kurze Zeit Erzieher der Söhne Schillers in Weimar gewesen, 1808 einem Ruf nach Gotha gefolgt. wo er zunächst Inspektor am Gymnasium, dann Bibliothekar an der herzoglichen Bibliothek wurde.

19, 15] Schön, seit Anfang Juni 1809 Präsident der litauischen Regierung in Gumbinnen, war von Hardenberg, unmittelbar nachdem derselbe an die Spitze der Geschäfte getreten, nach Berlin berufen worden. Der Staatskanzler hätte viel um seine Mitwirkung gegeben. Er bot ihm in erster Linie das Ministerium der Finanzen, dann das des Kultus an. Es kam jedoch, zumeist des auch von Niebuhr bereits verworfenen hardenbergschen Finanzplans wegen, zu keiner Verständigung; Schön bat auf seinen gumbinner Posten zurückkehren zu dürfen und erhielt dazu vom König unterm 30. August die Erlaubniss (Aus den Papieren Schöns 1, 62; Anlagen 119).

19, 16] Theodor, der ältere der beiden damals noch lebenden Söhne Humboldts, geboren 1797 in Jena, reiste Ende September dem Vater nach (an Körner 13. September 1810 S. 116). Seit Februar 1809 war derselbe „in der Familie des Onkels der liebenswürdigen Bettina" d. h. bei Karl Laroche, einem Jugendfreunde der Eltern, untergebracht gewesen (an Jacobi 18. Februar 1809 S. 81 Leitzmann; an Welcker 30. Mai 1809 S. 11). Über die Beziehungen von Laroche zu Humboldts geben seine Briefe an Charlotte Schiller (Charlotte von Schiller 3, 282), vor Allem aber die von Paul Schwenke in der Deutschen Rundschau veröffentlichten Jugendbriefe Auskunft; vgl. auch Briefe an eine Freundin 1. 276.

10.

20, 13] Zu Humboldts Äusserungen über Dohna vgl. das Urteil Vinckes bei Bodelschwingh a. a. O. 1, 371, ausserdem Pertz, Leben Steins 2, 344 und Treitschke, Deutsche Geschichte 1, 331.

21, 4] Die Bekanntmachung der Vorlesungen an der berliner Universität während ihres ersten Semesters (vgl. die Übersicht bei Köpke a. a. O. S. 88) war unter dem 18. September 1810 in der jenaischen und hallischen Literaturzeitung erfolgt. Die wortreiche Einleitung hat in der Tat einen gar zu entschuldigenden Charakter: die vollständige Begründung und Einrichtung des Instituts erfordere zu wichtige und vielseitige Vorbereitungen, als dass sie das Werk weniger Monate sein könnte; niemals sei eine bedeutende Universität gestiftet worden, welche sogleich in allen Teilen vollendet hätte auftreten können; so auch hier; die feierliche Inauguration werde zwar beschleunigt werden, nur dürfe den betreffenden Massregeln nicht vorgegriffen werden; um aber die Zeit bis dahin nicht ungenutzt verstreichen zu lassen, würden die Vorlesungen bereits mit dem bevorstehenden Winterhalbjahr ihren Anfang nehmen; freilich sei das nachstehende vorläufige Verzeichniss der Vorlesungen fragmentarisch und unvollständig, doch kündige es in einigen Teilen schon jetzt die Gestalt an, welche man dem Ganzen zu geben beabsichtige u. s. w.

21, 27] Den „inliegenden Zettel" glaube ich wiederzuerkennen in einem undatierten und ununterzeichneten Quartblatt mit der Überschrift: „Einige Bemerkungen über den pädagogischen Wert des Herrn von Türk". Das Blatt beruft sich auf das durch Türks Reise zu Pestalozzi und durch sein bisheriges pädagogisches Wirken bewährte reine Interesse für die Sache, verweist auf seine 1806 erschienenen „Briefe aus Münchenbuchsee", bezeichnet ihn als einen besonderen Kenner der durch Schmid verbesserten mathematischen Lehrmittel der pestalozzischen Methode und hebt hervor, wie er durch seine frühere Laufbahn im Hof- und Staatsdienst für eine praktische organisatorische Tätigkeit im Schulwesen vorzugsweise befähigt sei. Karl Christian Wilhelm von Türk, geboren 1774 zu Meiningen, war nämlich durch die ihm in mecklenburg-strelitzschen Diensten anvertraute Inspektion über das Schulwesen zu selbständigen pädagogischen Studien geführt worden. So unternahm er im Jahre 1804 auf eigene Kosten eine pädagogische Reise, auf der er die vorzüglichsten Schulanstalten Deutschlands und der Schweiz besuchte, und verwertete nach seiner Rückkehr das Erlernte und Erfahrene selbst unterrichtend und als praktischer Schulreformator. Im Jahre 1805 als Regierungs- und Konsistorialrat nach Oldenburg gerufen, setzte er hier die gleichen Bestrebungen fort, sah sich aber

im Gedränge zwischen seiner pädagogischen Tätigkeit und seinen
sonstigen Amtsarbeiten unter der Ungunst der napoleonischen
Zeit im Jahre 1808 zur Niederlegung seiner Stelle genötigt, um
sich in der Schweiz ausschliesslich dem Erziehungsfach zu
widmen, anfangs als Gehülfe Pestalozzis zu Yverdun, dann als
Leiter einer selbständigen Anstalt zu Vevey. Unserm Briefe
zufolge wäre er und seine Frau, die Schwester des mit Humboldt
bekannten Geologen Leopold von Buch, im Jahre 1810 bereit
gewesen einem Ruf in preussische Dienste zu folgen. Nach einem
mir vorliegenden Briefe Türks an Humboldt vom 12. Mai 1814,
in welchem er ausführlich über sein Leben und Streben sich
ausspricht, hätte er noch 1812 es abgelehnt sich um eine Anstellung in dem unter französischem Einflusse stehenden Preussen
zu bewerben, wie er denn aus gleichem Grunde Berufungen nach
Dessau, nach Weimar, nach Baden abgelehnt habe. In eben
diesem Briefe jedoch trägt er sich nun nach erfolgter Befreiung
des Vaterlandes dem Staate, der dabei die Führerrolle übernommen, an, um durch Mitwirkung bei einer wahren National-
erziehung das durch die Waffen Errungene für die Zukunft
sichern zu helfen. Humboldts Fürwort fehlte nun dem verdienten
Manne nicht. Aufs Wärmste verwendet sich Frau von Humboldt
für ihn in einem an Nicolovius gerichteten Briefe vom 13. März
1815. Von Türk erwartete sie damals einen Hauslehrer für ihren
jüngsten Sohn Hermann und Türk selbst, wenn er nach Preussen
verpflanzt würde, dachte sie später den Knaben anzuvertrauen.
Wirklich wurde Türk 1815 als Regierungs- und Schulrat
nach Frankfurt an der Oder berufen, von wo er dann im folgenden Jahre zu langjähriger segensreicher sozialpädagogischer
Wirksamkeit nach Potsdam versetzt wurde; er starb 1846. Vgl.
ausser Türks Selbstbiographie (Potsdam 1859) Schneiders Artikel
über ihn in Schmids und Schraders Enzyklopädie des Erziehungs-
und Unterrichtswesens 9, 515.

11.

24, 3] Nachdem bis dahin Nicolovius interimistisch die Sektion
des Kultus und öffentlichen Unterrichts geleitet hatte, wurde

am 20. November 1810 Schuckmann durch Hardenberg zum Chef
der Sektion und Nicolovius zum Direktor in beiden Abteilungen
ernannt, jener überdies zum Chef der Abteilung für Handel und
Gewerbe. Kaspar Friedrich von Schuckmann, geboren 1755 zu
Mölln in Mecklenburg-Schwerin, war Hardenberg von Ansbach
und Baireuth her bekannt, wo er seit 1795 als Kammerpräsident
tätig gewesen war. Während des Krieges war er 1807 von
den Franzosen wegen Verdachts der Verräterei nach Mainz ab-
geführt, dann in Heidelberg interniert gewesen und hatte sich
nach seiner Freilassung 1808 als Gutsbesitzer in Schlesien nieder-
gelassen. Er starb als preussischer Minister des Innern 1834:
vgl. über ihn Wippermann Allgemeine deutsche Biographie 32,
647. Den „Mann der alten Schule", seiner ganzen Art nach
grundverschieden von Humboldt, charakterisiert Köpke a. a. O.
S. 94 und erzählt S. 103, wie der neue Minister die Universitätsangelegenheit auf ganz andere Grundlagen stellte als Humboldt.

24, 10] Zu dem Lobe Königsbergs vgl. den Brief an Wilhelm
Motherby bei Schlesier, Erinnerungen 2, 185, wo gleichfalls
Königsberg gegen Berlin gerühmt wird. Der schönen königs-
berger Kirchhöfe gedenkt Humboldt in den Briefen an eine
Freundin 1, 240.

25, 5] Mit den „Klügsten und Besten" sind ohne Zweifel in
erster Linie Niebuhr und Schön gemeint.

25, 7] Über die Rolle, welche damals der junge Historiker
Friedrich von Raumer, „der kleine Staatskanzler", spielte, und
über sein intimes Verhältniss zu Hardenberg hat er selbst in
seinen Lebenserinnerungen 1, 119 berichtet.

25, 10] Über die am 23. Februar 1811 eröffnete Landes-
deputiertenversammlung und die damit zusammenhängenden Her-
gänge mag auf Treitschke, Deutsche Geschichte 1, 373 und zum
Vergleich mit Humboldts Urteil auf die von Arnim-Boytzen-
burg, Schleiermacher und Gneisenau in ihren Briefen an Stein
bei Pertz, Leben Steins 2, 563 verwiesen werden.

26, 1] Über den damaligen Anfangszustand der berliner
Universität berichtet Köpke a. a. O. besonders S. 98. 99. Gün-
stiger als Humboldt beurteilten denselben Niebuhr und selbst
Schleiermacher (ebendaselbst S. 104. 105).

12.

Am 8. Juni 1812 hatte Humboldt Wien verlassen, um einen zweimonatlichen Urlaub anzutreten. Er war einige Wochen in Burgörner, wo ihn Privatgeschäfte festhielten. Auf der Rückreise nach Wien, wo er am 15. August wieder einzutreffen dachte, verweilte er längere Zeit in Berlin; vgl. an Körner 1. Juli 1812 (S. 127), an Wolf 3. Juli (Gesammelte Werke 5, 293), an Goethe 7. September (S. 242).

26, 19] Der bekannte Orientalist Johann Severin Vater, Fortsetzer des auch von Humboldt mit Beiträgen versehenen adelungschen Mithridates, war erst 1809 von Halle nach Königsberg gerufen worden, „an Niemandes Platz", wie Humboldt am 14. Juli 1809 an Wolf schreibt (Gesammelte Werke 5, 269). Im Jahre 1820 ist er nach Halle zurückgegangen, wo er 1826 starb. Das im folgenden Briefe (29, 12) über Vater ausgesprochene Urteil stimmt zu dem in Humboldts Brief an Welcker vom 6. November 1821 (S. 53).

13.

Der wiener Gesantschaftsposten setzte seinen Inhaber jetzt in lebhafte Bewegung. „Meine Sprachstudien", schreibt Humboldt am 5. Februar 1813 an Welcker (S. 24), „liegen seit einiger Zeit, weil mir überhäufte Geschäfte keine Musse lassen". Es waren die Tage des königsberger Landtags, auf welchem die Auerswald, Schön, Dohna die Erhebung des ostpreussischen Volkes betrieben. Auf diese drei und auf Hardenberg werden die Anfangsbuchstaben der Namen 30, 11—13 zu deuten sein, auf die sich Humboldts Fragen richten.

30, 23] Die Auskunft, die Humboldt über Dr. Heinrich Kohlrausch giebt, erweitert sich zu einer ausführlichen Charakteristik, die ihre Ergänzung durch den Brief an Welcker vom 23. Dezember 1809 (S. 16) findet. Der Mann war ihm in Rom besonders nahe getreten. Er war bei dem Tode von Humboldts Erstgeborenem zugegen gewesen, ihm verdankte er die Rettung des unmittelbar danach lebensgefährlich erkrankten zweiten Sohnes. Wie Humboldt gegen Schiller und Schweighäuser den geschickten, teilnehmenden und besonnenen Arzt rühmt (Briefwechsel zwischen Schiller und Humboldt' S. 310. 314; Laquiante S. 84), so ist Frau von Humboldt seines Lobes voll (Gabriele von Bülow S. 42. 45). Diese begleitete Kohlrausch demnächst auf ihrer Reise von Rom nach Deutschland, von da nach Paris und zurück nach Rom (ebenda S. 48 52) und lebte seitdem in Humboldts Hause daselbst (Humboldt an Goethe 5. Juni 1805 S. 226). Später nach Berlin zurückgekehrt, ist er hier 1826 als geheimer Obermedizinalrat gestorben.

14.

Den luneviller Frieden (9. Februar 1801) hatte Humboldt in Paris erlebt, wo er sich mit seiner Familie seit dem November 1797 aufhielt und wohin er nach der im September 1799 angetretenen spanischen Reise am 18. April 1800 zurückgekehrt war, um dann nach einer nochmaligen Reise in die Pyrenäen im Sommer 1801 wieder in Deutschland einzutreffen. Jetzt, im Jahre 1814 befand er sich seit Anfang April in Paris als Bevollmächtigter Preussens bei den Friedensunterhandlungen, die am 30. Mai mit der Unterzeichnung des ersten pariser Friedens ihren Abschluss erlangt hatten. Der Wunsch noch vor dem wiener Kongress auf einige Tage nach Berlin zu kommen ging ihm nicht in Erfüllung. Von der gemeinsam mit den Souveränen von Russland und Preussen in reicher Gefolgschaft unternommenen Reise nach England zurückgekehrt, hatte er den König nach der Schweiz zu begleiten, um sich dann unmittelbar an den Ort des Kongresses zu verfügen. Erst nachdem der Kongress seine Arbeit getan, im Juni des folgenden Jahres, waren ihm einige Tage in Berlin vergönnt. Nur einige Tage; denn wieder riefen ihn (die Schlacht bei Waterloo war inzwischen geschlagen) die neuen Friedensverhandlungen nach Paris. Die vier folgenden Briefe unsrer Sammlung datieren aus Frankfurt. Hier nämlich fesselten Humboldt von Ende November 1815 bis Januar 1817 die Geschäfte der Territorialkommission bezüglich der im zweiten pariser Frieden vorgesehenen, noch unerledigten Ordnung der

deutschen Gebietsverhältnisse. Hier auch entschied sich seine
fernere Verwendung anders als in Paris bestimmt worden war;
über den pariser Gesantschaftsposten wurde aus Gefälligkeit
gegen Frankreich anders verfügt und Humboldt selbst erbat
sich statt dessen den londoner Gesantschaftsposten.

15.

33, 17) Die Bekanntschaft Karl David Ilgens hatte Humboldt
in Jena gemacht, wohin jener, bis dahin Rektor der Stadtschule
in Naumburg, Ostern 1794 als ordentlicher Professor der orientalischen Sprachen gekommen war. Beide Familien wohnten hier
zusammen im hellfeldschen Hause (vgl. Schillers Geschäftsbriefe
S. 149). Seit dem Jahre 1802 war Ilgen Rektor in Schulpforta.
Aus den Jahren 1815 bis 1827 befinden sich in seinem dort be-
wahrten Nachlass 28 Originalbriefe Humboldts, teils an Ilgen
selbst, teils an dessen Frau. Aus den mir durch die Güte des
Herrn Professor Kettner in Schulpforta zugänglich gemachten
Abschriften und Auszügen dieser Korrespondenz entnehme ich
das Folgende zur Erläuterung der Angelegenheit, die den Inhalt unsrer Nummer bildet. Am 18. März 1816 hatte Frau Ilgen,
von deren Verehrung für Humboldt ein Zeugniss aus den jenaer
Tagen in einem schillerschen Briefe (Briefwechsel zwischen
Schiller und Humboldt² S. 207) vorliegt, dem alten Freunde
die Ernennung ihres Mannes zum Schulrat und die vermeintliche
Erhebung in den Adelstand gemeldet. Auf einen beglück-
wünschenden Brief vom 25. März musste indess Humboldt schon
am 13. April einen beruhigenden folgen lassen, worin er, nachdem Frau Ilgen in grosser Aufregung den Irrtum eingestanden,
mit den besten Gründen und mit aller möglichen Beredsamkeit,
die ihm seine Teilnahme einflösste, der in dem ilgenschen Hause
herrschenden Stimmung entgegenzuarbeiten versuchte. „Es ist",
schreibt er unter anderm, „wie wenn man fälschlich glaubte in der
Lotterie gewonnen zu haben. Ich bin gewiss, Ihr Mann redet nicht
davon den Dienst zu verlassen. Es müsste es jeder, ich mache
Ihnen kein Geheimniss daraus, missbilligen. Einen nützlichen
Wirkungskreis, eine gute und angenehme Familienexistenz, eine

Regierung, die einem nichts zu leide gethan, alles das zu verlassen wegen eines Schreibfehlers, wegen eines Titels würde
und müsste eine Reizbarkeit des Selbstgefühls bei ganz äusser-
lichen Vorzügen beweisen, die ich mir selbst nicht erlauben
würde und die ich nie billigen könnte." Sehr merkwürdig gewiss: in einer Angelegenheit, die den Fernerstehenden kaum
anders als komisch berühren kann, zeigt Humboldt, der be-
rüchtigte Spötter, auch nicht die leiseste Anwandlung von
Ironie, nichts als verständige Teilnahme, von sorglichem Rat
begleitete Hülfsbereitschaft. Er schreibt Brief über Brief. Zur
Vergleichung mit dem an Nicolovius möge hier noch eine Stelle
aus dem an demselben 17. April geschriebenen mitgeteilt werden,
worin er dem portenser Rektor selbst auf seine Klagen noch
entgegenkommender antwortet: „Da Ihnen die Schulpforte auch
sonst nicht angenehm zu sein scheint, so suchen Sie eine Versetzung nach. Es wäre vielleicht jetzt selbst eine nach Cölln
möglich. Ich rate Ihnen dann zuerst an den Staatsrat Nicolovius
darüber zu schreiben, dem Sie ja auch mit zwei Worten sagen
können, dass selbst dies unangenehme Versehen Ihnen Ihre Lage
verbittert. Ich werde ihm auch noch heute schreiben. Er ist
Direktor der Sektion und ein sehr braver Mann und mein
Freund und ich muss die Sektion mit ihm zugleich [gleich?]
halten. Mit dem Minister stehe ich nicht so, dass ich ihm
schreiben kann . . . . Ich habe Ihnen mit rücksichtsloser Offenheit gesprochen. Ich glaube, dass die Freundschaft keinen
besseren und nützlicheren Dienst erweisen kann. Seien Sie
überzeugt, dass ich, was ich trotz der berührten Umstände zur
Verbesserung Ihrer Lage tun kann, gewiss auf das Kräftigste
tun werde, und glauben Sie, dass es mir immer ungemein lieb
sein wird, wenn Sie sich, sei es unmittelbar, sei es durch Ihre
liebe Frau, die ich herzlich zu grüssen bitte, so oft Sie es für
nötig halten, an mich wenden. Ich werde immer Zeit finden
Ihnen gleich zu antworten." Dass er Wort gehalten, bezeugen
noch einige spätere Nummern der Korrespondenz mit Nicolovius.
Gleich die nächstfolgende nimmt wieder Bezug auf die fragliche
Angelegenheit. An Frau Ilgen aber schreibt Humboldt schon
am 14. Mai, er habe von Nicolovius eine Antwort erhalten, die
ihm die vollkommene Beruhigung gebe, dass, wenn Ilgen aus-

geführtere Vorstellungen über die Schulpforte mache, sie gewiss
gehörig würden erwogen werden; der König selbst habe schon
vor einiger Zeit die Anstalt dem Minister nachdrücklich empfohlen. Und am 10. Juni an Ilgen: „Es ist mir ungemein angenehm gewesen zu hören, dass meine Schreiben bei Herrn
Staatsrat Nicolovius nicht vergeblich gewesen sind." Dass nicht
alle Briefe Humboldts an Nicolovius erhalten sind, geht aus
dieser Stelle, auch aus Brief Nr. 16 an Welcker (S. 32) hervor,
Vgl. übrigens über Ilgen die Schrift von Kraft, *Vita Ilgenii*,
Altenburg 1837, und die Besprechung dieser Schrift in den Jahr-
büchern für wissenschaftliche Kritik Juli 1838 bei Schmieder,
Erinnerungsblätter zur dritten Jubelfeier der Landesschule Pforte ·
S. 187; ferner Kirchner, Die Landesschule Pforta in ihrer ge-
schichtlichen Entwicklung seit dem Anfange des 19. Jahrhunderts
S. 73 und Kaemmel Allgemeine deutsche Biographie 14, 19.

16.

Der schöne und bedeutende Brief erläutert sich selbst. Der
„Mann, der dies Departement (das des Unterrichts) hat" (36, 18),
ist Schuckmann. Von Hardenberg natürlich ist im Folgenden
die Rede.

17.

38, 30] Der Agamemnonübersetzung wegen darf ich auf
mein Lebensbild Humboldts S. 147 und 232 verweisen. Ausserdem
kann verglichen werden: an Körner 7. März 1797 (S. 63), an
Riemer 12. April 1806 (Briefe von und an Goethe S. 240. 241), an
Schweighäuser 8. Juni und 5. Oktober 1805 (S. 106. 115),
an Goethe 7. September und 15. November 1812 (S. 242. 247), an
Körner 28. November 1812 (S. 133); für den Abschluss der Arbeit:
an Goethe 19. Juli und 9. August 1816 (S. 257. 259), an Karoline
von Wolzogen 12. Mai 1816 (Literarischer Nachlass[2] 2, 28), an
Wolf 10. August 1816 (Gesammelte Werke 5, 297), an Körner
17. August 1816 (S. 138).

39, 12] Humboldts Frau, von der er nach mehrjährigem Zusammenleben in Wien durch seine diplomatischen Geschäfte während des Krieges, kurze Begegnungen abgerechnet, seit Anfang Juni 1813 getrennt gewesen war, kam jetzt, am 6. August, mit ihrer ältesten und ihrer jüngsten Tochter, Karoline und Gabriele, von einem karlsbader Kuraufenthalt nach Frankfurt (Gabriele von Bülow S. 101).

18.

Neben den Geschäften der Territorialkommission fiel Humboldt, nachdem der zuerst zum Bundestagsgesanten ernannte von Hänlein am 9. August abberufen worden war, auch die interimistische Vertretung Preussens beim Bunde bis zum Eintreffen des für diesen Posten nunmehr bestimmten von der Goltz zu (vgl. 42, 4. 6). Nur den vorbereitenden und der feierlichen Eröffnungssitzung am 5. November 1816 jedoch wohnte er bei. Schon in der ersten Geschäftssitzung am 15. November erschien statt seiner von der Goltz. Über Humboldts Auffassung vom deutschen Bunde giebt seine von Rössler in der Zeitschrift für preussische Geschichte 1872 publizierte Denkschrift vom 30. September 1816 Auskunft; vgl. Treitschke, Deutsche Geschichte 2, 144.

39, 24] Der erste der beiden in unserm Briefe Empfohlenen ist der ausgezeichnete Arabist Georg Wilhelm Friedrich Freytag, der als Fünfundzwanzigjähriger von Göttingen im Jahre 1813 nach Königsberg gezogen und dort an der Bibliothek angestellt worden war. Als Brigadeprediger gelangte er 1815 mit der preussischen Armee nach Paris. Er hat dann 1819 die Professur der orientalischen Sprachen zu Bonn erhalten und ist dort 1861 gestorben.

40, 19] Niebuhr, dessen Instruktion Humboldt zu kennen wünscht, war 1816 zum preussischen Gesanten am päpstlichen Hofe ernannt worden. Bis dahin war der ehemals von Humboldt eingenommene Posten nicht wieder besetzt gewesen.

40, 26] Der zweite Empfohlene ist der mit lyrischen und dramatischen Dichtungen dem Kreise der jüngeren Romantiker angehörige, 1783 in Breslau geborene Mediziner Johann Ferdinand Koreff, der sich als praktischer Arzt 1807 nach Paris begeben hatte

dann nach Reisen in Italien und der Schweiz auf dem wiener
Kongresse mit dem Staatskanzler Hardenberg in Beziehung getreten war und von diesem wie von Humboldt geschätzt wurde.
In Wien scheint er Arzt im humboldtschen Hause gewesen zu
sein, er ging dort aus und ein (Gabriele von Bülow S. 83). So
soll er auch bei dem Duell zwischen Boyen und Humboldt gegenwärtig gewesen sein (vgl. Schlesier, Erinnerungen 2, 293 und
Varnhagen, Tagebücher 3, 138). Der günstigen Meinung Harden-
bergs und Humboldts verdankte er seine Ernennung zum ordent-
lichen Professor an der berliner Universität. Er wie Wolfart
galten als Vertreter der Lehre vom Magnetismus und des mag-
netischen Heilverfahrens. Für die Anstellung hatte sich auch
Humboldt schon am 1. Dezember 1815 ausgesprochen. Trotz
entgegengesetzter Gutachten und trotz einer Gegenvorstellung
der medizinischen Fakultät wurden durch Kabinetsordre vom
8. Juni 1816 und 7. Februar 1817 Koreff und Wolfart zu ordent-
lichen Professoren ernannt (vgl. Köpke, a. a. O. S. 123). Mit
dieser Angelegenheit scheint die Äusserung unsres Briefes
zusammenzuhängen. Übrigens wurde 1818 Koreff geheimer Ober-
regierungsrat in der Kanzlei des Staatskanzlers; später zerfiel
er mit demselben und ging wieder nach Paris, wo er 1851 starb.

19.

Nur bis zum ersten Drittel des Januar 1817 war Humboldt
in Frankfurt. Er kündigt am 10. Januar Goethe seine Abreise
an: „Endlich setze ich mich in Bewegung" (S. 260). Über
Weimar ging er auf seine Güter und lebte hier mit den Seinen,
wie er an Welcker am 27. Januar (S. 35) schreibt, „in gött-
licher Einsamkeit". Dass er „leider" schon am 1. März von
Burgörner nach Berlin abreiste, meldet er Welcker am 20. Februar (ebendaselbst): vgl. über den Aufenthalt in Burgörner
Gabriele von Bülow S. 119. Die Kinder (41, 12) sind Adelheid
und deren Gemahl, Generallieutenant von Hedemann.

42, 17] Gesanter in Wien war jetzt der General von Krusemark.

20.

Zwischen dem vorigen und dem gegenwärtigen Brief liegt
nun Humboldts Aufenthalt in London, wohin er gegen Ende September 1817 als Gesanter abgegangen und von wo er Anfang
November 1818, zunächst behufs Teilnahme an den Schlussver-
handlungen des Kongresses zu Aachen, nach dem Festlande
zurückgekehrt war. Die Anwesenheit in Trier, von der in
unserm Briefe die Rede ist, fällt Anfang Dezember in die
ersten Tage nach dem aachener Kongresse. Und nun befindet
er sich in Frankfurt „zu einem bestimmten Geschäft", wie er am
26. Dezember 1818 an Welcker (S. 39) schreibt, nämlich, um endlich
jenes mühselige Territorialgeschäft zu Ende zu führen, für das
er schon früher hier als preussischer Kommissar tätig gewesen
war. Er meinte damals, das Geschäft werde sich bis in den
Februar hinziehen. Tatsächlich wurde der frankfurter Terri-
torialrezess erst am 20. Juli 1819 von den vier Bevollmächtigten
unterzeichnet und erst am 22. reiste Humboldt, nachdem er schon
in Aachen um Enthebung von seinem londoner Posten gebeten
hatte, nach Berlin, um am 12. August das ihm bereits im Januar
übertragene, am 31. Dezember 1819 wieder entzogene Ministerium
für ständische und Kommunalangelegenheiten, die Hälfte des
Ministeriums des Innern, zu übernehmen (vgl. Treitschke, Deutsche
Geschichte 2, 496).

44, 8] Nicolovius' jüngerer Bruder Theodor war unter Schön
Direktor in der Regierung zu Gumbinnen.

21.

Zu Humboldts neuem Ministerium gehörte auch das bisher
von Hardenberg verwaltete Departement des Fürstentums Neuf-
chatel.

45, 18] Graf Henckel, mit dessen Unterbringung sich der
erste Teil unsres Briefes beschäftigt, ist wohl Leo Viktor Felix
Henckel von Donnersmarck, geboren 1785, gestorben 1861, zuletzt
geheimer Regierungsrat in Merseburg.

47, 7] Frau von Humboldt war ihrem Manne nicht nach der
„Nebelinsel" gefolgt, sondern hatte sich mit ihren Töchtern und
ihrem Schwiegersohn, dem Gemahl ihrer zweiten Tochter Adelheid, Generallieutenant von Hedemann, nach Italien begeben.
Ende 1817 waren Hedemanns allein zurückgekehrt; die Mutter
mit den beiden andern Töchtern war dann länger, als die an-
fängliche Absicht gewesen, in Rom festgehalten worden, ja
nach schon erfolgtem Aufbruch im August 1818 nochmals nach
Rom zurückgekehrt. Dort eben hatte sie Niebuhrs Freundlichkeit erfahren. Der jetzt endlich Heimkehrenden war Humboldt
am 28. Juni entgegengereist und alle Glieder der Familie, auch
Humboldts Sohn Theodor mit seiner jungen Frau und Hedemanns, hatten sich in Heidelberg zusammengefunden. Seit dem
2. Juli war man zusammen in Frankfurt, von wo aus nun Humboldt seine Frau wiederholt in Ems besuchte: vgl. Gabriele
von Bülow S. 167 und Humboldt an Stein 4. und 15. Juli bei
Pertz, Leben Steins 5, 390. Statt Hedemann „und meine Tochter"
(49, 18), hat die Handschrift mit charakteristischem Verschreiben
„seine Tochter".

47, 30] Christian Schlosser, der jüngere Sohn von Hierony-
mus Peter Schlosser, Neffe von Goethes Schwester Kornelie.
1812 in Rom zum Katholizismus übergetreten, war auf Johannes
Schulzes Vorschlag 1818 als Gymnasialdirektor nach Koblenz
gekommen, nachdem die dortige Direktorstelle mehrere Jahre
unbesetzt gewesen war. Er gab die Stelle 1819 wieder auf und
trat ins Privatleben zurück (vgl. Wiese, Das höhere Schulwesen
in Preussen S. 383 und besonders Varrentrapp, Johannes Schulze
S. 209, wo auch weitere literarische Nachweisungen gegeben sind).

22.

Der vorliegende undatierte Brief wird Ende August oder
Anfang September 1819 zu setzen sein, da die darin erwähnte
dewettesche Sache nicht wohl auf etwas andres als auf die wegen
des bekannten Trostschreibens an Sands Mutter erfolgte Ab-
setzung de Wettes von seiner berliner Professur zu beziehen ist.
Der sonstige auf Ilgen und die Schulpforte bezügliche Inhalt

des Briefes widerspricht dem nicht. Schon im Jahre 1817 waren
von der vorgesetzten Behörde in schonender Weise die Einlei-
tungen wegen Einführung der in Preussen üblichen Abiturienten-
prüfungen getroffen worden. Für dies schonende Verfahren war
Humboldt vermittelnd eingetreten. Er habe, schreibt er an
Ilgen am 29. April 1817, in dem Sinne mit Nicolovius gesprochen,
dass dem Wunsche Ilgens gemäss der Schulpforte eine Ausnahme-
stellung zugestanden werde. Unterm 10. Juli 1818 setzte darauf
Ilgen in einem ausführlichen Gutachten auseinander, wie es bisher bei' der Entlassung der Abiturienten auf die Universität in
Pforta gehalten worden, und trug darauf an es bei diesem Verfahren zu belassen. Am 8. September 1818 wurden diese Vorschläge im Wesentlichen wirklich genehmigt (Kirchner a. a. O.
S. 99). Im August und September des nächsten Jahres indess
erschien eine Regierungskommission von drei Mitgliedern in
Pforta, durch welche die Grundzüge einer neuen Verfassung für
die Anstalt festgesetzt und auch die früheren Vergünstigungen
in Betreff des Abiturientenexamens aufgehoben wurden (Kirchner
S. 104). Hierauf offenbar bezieht sich unser Brief. Es wurde
dem alten Rektor begreiflicher Weise nicht leicht sich in die
neue Ordnung zu finden. Ein späterer Brief Humboldts vom
23. Oktober 1819 an Ilgen geht mit teilnehmendem Bedauern
auf die Beschwerden desselben ein; er sucht ihn von der Absicht abzubringen eine Professur in Berlin zu suchen und das
Rektorat von Pforta niederzulegen. Dass Ilgen diese Absicht
dennoch weiterverfolgte, sieht man aus seinem Briefe an Böttiger vom 1. März 1821 (Jahrbücher für Philologie und Päda-
gogik 142, 543). Humboldt war nach wie vor dagegen. Von
Neuem macht er dem alten Freunde unterm 16. August 1821
Vorhaltungen dagegen und rät dem Unzufriedenen, Verstimmten
sich durch Dinge, die im Geschäftsleben unvermeidlich seien,
nicht in seinem Gemütsleben stören zu lassen, empfiehlt Ent-
gegenkommen gegen die Wünsche der Regierung und verweist
ihn auf den Segen, den er in Pforta stifte; „diese innere Beloh-
nung der Arbeit ist doch immer das Höchste". Unwillkürlich
wird man durch die Geduld, mit der Humboldt den guten Schul-
rektor von Pforta verständig zu beraten und zu beschwichtigen
nicht müde wird, an die noch langmütigeren und undankbareren

Vorstellungen erinnert, mit denen er den Eigensinn und die Anmassung seines grossen Freundes Wolf zu brechen versuchte.

23.

Die zehnjährige Lücke zwischen diesem und dem vorigen Briefe erklärt sich daraus, dass Humboldt jetzt in Berlin mit Nicolovius vereint, ja dass beide Hausgenossen waren (Denkschrift auf Nicolovius S. 319). Erst seit 1830 geben wieder einzelne Briefe zwischen Tegel, wohin Humboldt sich seit Frühjahr 1829 zurückgezogen hatte, und Berlin hin und her; die humboldtschen sind nun nicht mehr von dessen eigner Hand geschrieben, sondern nur unterschrieben. Von einem, Tegel, 14. Februar 1830 datierten Schreiben liegen mir nur zwei Ausschnitte vor. Der eine erbittet eine Auskunft über das Pensionsreglement, das zu Ungunsten des erblindeten, Michaelis 1830 quieszierten Ilgen geltend gemacht wurde; der andere bildet den Schluss des Schreibens: „Ich höre, dass in der Kirchenzeitung ein Artikel über Goethes Briefwechsel mit Schiller steht, in welchem auch ich genannt sein soll. Könnten Ew. Hochwohlgeboren mir nicht dies Blatt auf einen Tag verschaffen?" Auf beide Angelegenheiten kommt unsre Nummer zurück. Der Artikel der Evangelischen Kirchenzeitung erstreckt sich durch die Nummern vom 3., 6. und 10. Februar 1830. In der von Humboldt treffend charakterisierten Weise sind darin die Zitate gehäuft, aus denen hervorgehen soll, dass die beiden Briefsteller die Kunst mit ihren Personen identifiziert, dass sie das Publikum gescholten und doch zugleich als einen Götzen verehrt, dass sie die Würde des dichterischen Berufs durch die Rücksicht auf materielle Vorteile heruntergezogen hätten. Auf dieses Gericht über die Moralität der beiden Dichter folgt das über ihre ablehnende Stellung zum Christentum mit der schliesslichen Behauptung, dass sie, wo sich ja etwas von religiösem Bedürfniss in ihnen geregt habe, dasselbe „durch die vergötternde Anschauung ihrer eignen Naturen" befriedigt gefühlt hätten. Dabei bewahrt der Artikel den Schein kühler Objektivität. Die Scheite zu dem Autodafé werden aus den Briefen und gelegentlich aus

den Werken der Inquisiten zusammengeschichtet und nur hie
und da wird in die Zwischenräume dieses Materials zu besserer
Förderung des Brandes einiges Öl hinzugegossen. Die Evange-
lische Kirchenzeitung war es auch, die durch den denunzia-
torischen Artikel des Landgerichtsdirektors von Gerlach „Der
Rationalismus auf der Universität Halle" in den Nummern vom
16. und 20. Januar 1830 die vom König am 14. Februar befoh-
lene Untersuchung gegen die halleschen Professoren Gesenius
und Wegscheider veranlasst hatte, über deren Ausgang Schrader,
Geschichte der Universität Halle 2, 165 berichtet.

51, 20] Über die Herausgabe des schiller-humboldtschen
Briefwechsels (1830) geben am vollständigsten Auskunft die Briefe
28 bis 36 an Körner (S. 141), ausserdem Karoline von Wolzogen, Literarischer Nachlass '2, 55.

24.

52, 13] Zu Nicolovius' Erkrankung im Sommer 1834 vgl.
Denkschrift auf Nicolovius S. 317.

52, 21] Ilgen starb am 17. September 1834.

26.

54, 14] Uhdens Todestag war der 21. Januar 1835.

54, 27] Bunsen war seit 1824 nach Niebuhrs Abgang erst
Geschäftsträger, dann Ministerresident in Rom.

27.

In den Staatsrat, dem Humboldt seit dessen Gründung im
März 1817 angehört hatte und aus dem er zugleich mit der Ver-
abschiedung als Minister am 31. Dezember 1819 entlassen worden war, war er durch Kabinetsordre vom 15. September 1830
zurückberufen worden. Zwei Tage vor unserm Briefe schreibt
er an seine in Berlin weilende Tochter Gabriele von Bülow:

„Ich bin in meinen Projekten nach Berlin zu kommen auf einmal sehr erschüttert worden, da nicht nur Nicolovius in Rusts Namen und Karoline mir ernstlich dagegen schrieben, sondern mir auch, ehe ich diese Briefe bekam, heute, wo ich des Wetters wegen oben spazieren ging, plötzlich vor dem Spiegel, in dem ich mein Gesicht selten jetzt sehe, mit Lachen einfiel, dass es doch ein sonderbarer Gedanke sei einen so krummen Gang und ein so wunderbares Gesicht ohne alle Not vor 50 bis 60 Personen zur Schau zu stellen" (Gabriele von Bülow S. 346). Rust, der berühmte Chirurg, in dessen Hause die humboldtsche Familie in Berlin wohnte, Humboldts Arzt (Briefe an eine Freundin 2, 1, 22), war seit 1829 Präsident des Kuratoriums der berliner Charité. Die Stelle unsres Briefes „Ich bin kein Leidender" bis „glückliches Leben" ist schon von Alfred Nicolovius in der Denkschrift auf seinen Vater S. 319 mitgeteilt.

56, 10] Das stägemannsche Gastmahl fand zur Feier von dessen fünfzigjährigem Staatsdienstjubiläum statt (vgl. Neuer Nekrolog der Deutschen 18, 1172).

Zwei Namen in dem Text unsrer Briefe bedürfen einer nachträglichen Berichtigung. Statt Roukner ist 6, 1 Roeckner zu lesen: denn gemeint ist offenbar Nicolovius' Universitätsfreund, der nachherige Konsistorialdirektor Röckner in Marienwerder (vgl. Denkschrift auf Nicolovius S. 133), derselbe, der, damals Feldpropst, im Jahre 1808 Schön mit seiner zweiten Frau in der Kirche zu Arnau traute (vgl. Aus den Papieren Schöns 1 Anlagen S. 72). — Für Hochenächter 53, 14 ist zu setzen: Hochwächter.

ANHÄNGE.

Anhang 1.

Jugendbriefe Humboldts
an seinen Freund Beer.

1.

⁵ Sie sprachen letzthin mit mir über die Theilbarkeit der Körper, liebster Freund. Ich hatte damals nicht recht Zeit, Ihnen meine Meinung darüber zu sagen. Es ist Ihnen vielleicht nicht unangenehm, wenn ich diese Materie zum Inhalte dieses ¹⁰ Briefes mache.

Jeder Körper ist, oder richtiger scheint uns ausgedehnt, und insofern läßt sich auf jeden Körper der Beweis anwenden, den man von der bis ins Unendliche gehenden Theilbarkeit des Raumes führen kann. Nur fragt es ¹⁵ sich: ob der Körper keine andere Eigenschaften hat, als der leere Raum, und ob, wenn er die hat, auch auf sie

der obige Beweis anwendbar ist? Denn wenn dies nicht
wäre, so, sehen Sie leicht, brauchen wir entweder einen
neuen Beweis für die Theilbarkeit der Körper bis ins
Unendliche, oder wir müssen zugeben, daß wir endlich auf
einfache Theile kommen. Ohne uns nun auf die gewiß
auch dem größesten Metaphysiker unauflösbare Frage:
worin eigentlich das Wesen der Körper besteht? einzulassen, finden wir doch Einen Unterschied zwischen den
Körpern und dem leeren Raum, der keinem Zweifel
unterworfen sein kann: den nämlich, daß der leere Raum
eine bloße Idee, ohne Kräfte und positive Eigenschaften
ist, die Körper hingegen entweder selbst Kräfte sind, die
nur vor unsren Sinnen diesen Schein, diese Phänomene
hervorbringen, oder doch wenigstens Kräfte besitzen. Dies
wird Ihnen unmöglich jemand abläugnen können, oder
er muß läugnen, daß sie wirkliche Dinge sind. Wenn
nun ein zusammengesetztes, theilbares Wesen, wie ein
Körper, eine Kraft besitzt; so muß diese Kraft entweder
bloß in den einzelnen Theilen liegen, oder nicht in den
Theilen, sondern in der bloßen Zusammensetzung. Die
bloße Zusammensetzung nun kann wohl den Kräften
der einzelnen zusammengesetzten Theile eine andere Richtung geben, aber ganz neue, vorher nicht vorhandene
Kräfte bringt sie nie hervor. Viel laues Wasser giebt
nie heißes. Den ferneren Beweis dieses Satzes, vorzüglich in Rücksicht auf den von der Harmonie und Symmetrie hergenommenen Einwurf bitte ich Sie im zweiten
Gespräch des Phädon selbst nachzulesen. Wenn also die
Kraft der Körper nicht in der Zusammensetzung liegt,
so liegt sie in den einzelnen Theilen, und wenn wir uns
nicht im Zirkel herumdrehen und dieselbe Frage wiederholen wollen, so müssen die einzelnen Theile, worin diese

Kraft liegt, nicht mehr zusammengesetzt, sondern einfache sein. Wenn aber das ist; so sind die Körper nicht bis ins Unendliche theilbar. Nun lassen Sie mich kurz das Gesagte wiederholen: Der leere Raum, die bloße Aus-
5 dehnung ist bis ins Unendliche theilbar; aber die Körper sind es nicht, weil in dem Begriff eines Körpers außer der Idee der Ausdehnung noch die Idee der Kraft liegt. Oft nun, wenn wir vom Körper reden, stellen wir ihn uns nur vor, insofern er ausgedehnt ist, oder mit anderen
10 Worten wir stellen uns bloß den Sinnenschein vor; und weil sich bei dieser Vorstellungsart Körper und leerer Raum nicht mehr von einander unterscheiden, so halten wir jenen eben so gut, wie diesen, für bis ins Unendliche theilbar.
15 Dies ist meine Meinung hierüber, liebster Freund. Wie lieb würde es mir sein, wenn Sie mir Ihre Gedanken darüber schriftlich mittheilen wollten. Es ist so angenehm, mit Ihnen über philosophische Dinge zu reden, und mündlich, wissen Sie, haben wir so wenig
20 Gelegenheit. Nun leben Sie recht wohl, bester Freund, und schreiben Sie mir bald.

von Humboldt.

Ich habe deutsch geschrieben, weil ich nicht recht viel Zeit hatte. Es ist Ihnen ja auch wohl einerlei.

25

2.

Bei Tage, sehe ich wohl, liebster Freund, find' ich kein Stündchen Muße Ihnen zu antworten; eine Arbeit, eine Beschäftigung folgt immer der andern. Es sei

Ihnen also immerhin ein Theil der Nacht gewidmet. Gern möchte ich Ihnen das recht hoch anrechnen, gern es als eine recht große Aufopferung in Ihren Augen gelten lassen; aber umsonst. Ich empfinde zu sehr, daß diese paar Stunden, die ich jetzt dem Schlaf entziehe, mir mehr Vergnügen gewähren werden, als ich alle die langen Tage der vorigen Woche hindurch genossen habe. Untersuchungen von der Art, als Ihr Aufsatz enthält, haben schon an sich selbst soviel Reiz; und sie mit Ihnen gemeinschaftlich anzustellen, dies ist ein Vergnügen, dem in meinen Augen nur sehr wenig andre gleich kommen. Wie gut mir Ihr Aufsatz im Ganzen gefallen hat, was ich überhaupt genommen davon denke, das erfahren Sie nicht. Auch die strengste Wahrheit wird so leicht für Schmeichelei gehalten, und am leichtesten von den besten Menschen. Darum hievon kein Wort; nur noch meinen herzlichen Dank für das Vergnügen, das Sie mir verschafft haben, und die eben so herzliche Bitte, mir doch recht oft, so oft Sie können, ein ähnliches zu verschaffen.

Ich glaube mit Ihnen, mein Bester, daß jede Möglichkeit von dem Wesen, in dessen Wirklichkeit sie gegründet ist, gedacht werden muß. Wie kann ich meine Hand aufheben, ohne daß die Möglichkeit dieses Handaufhebens, wie gehen, ohne daß die Möglichkeit dieses Gehens von meiner Seele vorher gedacht wird. Ich glaube daher auch, daß Ihr Beweis nicht bloß sehr scharfsinnig — denn diese Eigenschaft spricht ihm gewiß niemand ab — sondern daß, was noch mehr ist, Scharfsinn bei weitem nicht sein einziges Verdienst ist, daß sich seine Richtigkeit auf eine völlig befriedigende Art zeigen läßt. Zwar sehe ich wohl einige Einwürfe, die man ihm machen könnte, aber ich glaube auch im Stande zu sein, diese Einwürfe

zu widerlegen. Wie ist es denn, könnte man einwenden,
mit den unwillkürlichen, uns oft unbemerkbaren Veränderungen, die jeglichen Augenblick in unsrem Körper
vorgehn? Wie kann ihre Möglichkeit schon vorher von
der Seele gedacht werden, wenn ihre Wirklichkeit selbst
nicht einmal von ihr empfunden wird? Allein hier ist
der Ausweg leicht. Man muß das Wort: denken, wie
Sie und Mendelssohn es hier brauchen, nicht in jenem
strengen, logischen Sinne nehmen, wo man bloß deutliche
Vorstellungen damit bezeichnet. Hier soll es, dünkt mich,
nur soviel als vorstellen überhaupt heißen. Ob die Vorstellung dunkel sei, oder klar, oder deutlich, gilt hier gleich
viel. Nun aber ist es ein in der neueren Seelenlehre
nicht mehr unbekannter Satz, daß sich unsre Seele immerfort den ganzen Zustand ihres Körpers vorstellt, daß
aber diese Vorstellungen nur selten zum Bewußtsein gelangen. Also kann sich ja die Seele auch die Möglichkeiten jener unwillkürlichen Bewegungen vorher vorstellen, und doch diese Veränderungen selbst in der Folge
vielleicht nicht bemerken? Einen stärkeren Einwurf
könnte man von den Veränderungen hernehmen, die in
den leblosen Körpern vorgehn. Diesen pflegt man gewöhnlich keine Vorstellungskräfte zuzuschreiben. Wer
denkt also bei ihnen die Möglichkeit der Veränderungen?
Allein auch hiegegen, sehen Sie leicht, könnte man sich
mit Hülfe des Idealismus oder der Monadenlehre vertheidigen. So, glaube ich daher, ist Ihr Beweis gegen
alle Angriffe gesichert. Dennoch aber, gesteh' ich Ihnen,
bleiben mir noch Zweifel übrig, die ich auf keine Weise
zu lösen vermag. Es scheint mir noch immer, als wäre
der Mendelssohnsche Satz doch nicht ganz richtig, als
könnte es doch noch Möglichkeiten geben, vielmehr aber

noch Wirklichkeiten, die auch von keinem Wesen gedacht würden. Ich will Ihnen, wenn Sie erlauben, meine Gedanken nach der Reihe vorlegen. Ihr Urtheil darüber soll mir sagen; ob ich sie für wahr, oder für falsch halten darf. Denn noch bin ich völlig zweifelhaft.

So richtig mir auch, wie ich schon oben gesagt habe, Ihr Beweis dünkt, so ist es mir doch — verzeihen Sie mir, liebster Freund, vielleicht habe ich Sie nur nicht recht verstanden — aber es ist mir, sag' ich, als wenn er doch nicht allgemein genug wäre, als wenn er den Mendels= sohnschen Satz nicht in seiner ganzen Ausdehnung bewiese. Er erstreckt sich, soviel ich sehe, nur auf die Möglichkeit der Veränderungen, die mit schon vorhandenen wirklichen Wesen vorgehn. Nur auf diese, dünkt mich, paßt der Schluß: ihre Möglichkeit muß doch wenigstens von dem Wesen gedacht werden, in dem sie liegt. Dies aber ist nur eine einzelne Gattung der Möglichkeiten. Es giebt noch eine unendliche Menge andrer. Ich kann mir z. B. völlig eigne, für sich bestehende und doch bloß mögliche Wesen denken. Und wenn ich nun dies thue, wird Ihr Beweis dann auch für diesen Fall noch gelten? Und wenn er gilt, wie werd' ich ihn führen müssen? Wo werd' ich das Wesen finden, in dessen Wirklichkeit diese Möglichkeiten gegründet sein, von dem sie vorher gedacht werden müssen?

Ein Beispiel wird mich verständlicher machen. Ein geflügeltes Pferd ist eine Möglichkeit. Denn ich sehe weder einen inneren noch einen äußeren Widerspruch, der mich hinderte, die Ideen Pferd und Flügel mit einander zu verbinden. Muß nun aber auch diese Möglichkeit gedacht werden? Und wenn sie es muß, läßt sich diese Nothwendigkeit auf die obige Art darthun? Ich sehe hier nicht das Wesen, in welchem die Möglichkeit des geflügelten Pferdes liegen, und von dem sie folglich gedacht werden müßte. —

Aber, hör' ich Sie sagen, sollte auch die obige Beweisart nicht für diesen Fall gelten, so finden Sie ja den Beweis, den Sie suchen, im Mendelssohn selbst. Freilich wohl, mein Bester, allein so ungern ich mich von diesem wahrhaftig großen Weltweisen entferne, so sehr ich meine Uebereinstimmung mit seinen Meinungen für den richtigsten Maßstab meiner eigenen Fortschritte in der Philosophie halte; so habe ich mich dennoch nie von der Richtigkeit der Sätze überzeugen können, die er in den letzten Kapiteln seiner Morgenstunden vorträgt. Sie sollen meine Gründe oder besser meine Zweifel — denn Gründe darf ich es wohl nicht nennen — dagegen hören. Sehen Sie zu, was Sie damit anfangen können.

Jede Wirklichkeit, sagt Mendelssohn, muß, als wirklich, gedacht werden. Denn jede Wirklichkeit kann gedacht werden. Dies Können ist nichts weiter, als eine Möglichkeit. Nun aber muß jede Möglichkeit gedacht werden. Folglich u. s. w.

Gegen diese Schlußfolge, dünkt mich, läßt sich nichts einwenden, sobald nur der Satz richtig bewiesen ist, daß jede Möglichkeit gedacht werden muß. Aber hier, glaub' ich, liegt der Knoten. Mendelssohn führt seinen Beweis auf folgende Art. Die Möglichkeit, sagt er, kann kein objectives Prädicat sein. Denn sonst entstünde die Ungereimtheit, daß etwas zu gleicher Zeit bloß möglich, und doch auch wirklich wäre. Sie ist also nur der Gedanke, daß irgend ein Ding bei veränderter Beschaffenheit, auch anders modificirt sein könnte; folglich nur etwas Subjectives.

Hier, dünkt mich, liegt die Idee zum Grunde, daß die Möglichkeit ein positives Prädicat ist. Nehme ich dies an; so ist der Beweis völlig richtig. Denn alsdann muß dies positive Prädicat entweder etwas Objectives sein, oder etwas Subjectives. Das erstere ist unmöglich; folglich ist es das letztere. Mir aber scheint, gerade umgekehrt, die Möglichkeit kein positives Prädicat zu sein, sondern ein negatives. Denn was heißt es anders: ein Ding ist möglich, als: es enthält keinen Widerspruch? Die Möglichkeit an sich ist also etwas Negatives, wenn gleich der Gedanke der Möglichkeit eines Dinges, als Modification eines denkenden Wesens, etwas Positives ist. Folge ich nun dieser Idee, so heißt die Frage: Giebt es eine Möglichkeit, die von keinem Wesen gedacht wird? nicht mehr als: Liegt in irgend einer Sache kein Wider= spruch, und wird das, daß kein Widerspruch darin liegt, doch von keinem Wesen gedacht? Und diese Frage kann, glaub' ich, mit Recht bejaht werden. Denn, da ich ein= mal annehme, daß Möglichkeit nichts Positives, sondern etwas ganz Negatives ist; so kann ich auf keine Weise in die Absurdität verfallen, die Möglichkeit zu einem wirklichen Prädicate zu machen; und hierin bestand doch die ganze Stärke des Mendelssohnschen Beweises. Wenn ich also z. B. die Möglichkeit nehme, daß ein sitzender Mensch aufsteht; so ist diese Möglichkeit nichts Positives, sondern besteht nur darin, daß die Organisation seines Körpers der Bewegung des Aufstehens nicht widerspricht. Fragt man mich nun, ob es nothwendig sei, daß irgend ein Wesen sich das denke, daß hierin kein Widerspruch liegt? so antworte ich: nein, und fürchte nicht in die Absurdität zu verfallen, die Möglichkeit zu einem wirk= lichen Prädicate zu machen, da ich mich schon erklärt habe, daß diese Möglichkeit ganz und gar nicht einmal etwas Positives ist. Fragt man mich aber weiter: was ist sie denn nun aber eigentlich? etwas Objectives? oder etwas Subjectives? so antworte ich: die Möglichkeit an sich selbst kann weder eins noch das andre sein, denn an sich selbst ist sie ja ganz und gar nichts Positives. Insofern sie aber von einem denkenden Wesen vorgestellt wird, ist sie etwas Subjectives. Jedoch dies, daß sie vorgestellt werde, ist nicht absolut nothwendig. Mich dünkt, unsre Einbildungskraft, und die Begierde, uns Alles, auch das Abstracteste zu versinnlichen, schadet uns hier am meisten. Wir wollen uns die Möglichkeit unter irgend einem Bilde, auf irgend eine Art sinnlich vorstellen. Nun aber können wir uns das Nichts, die bloß negative Idee: hier liegt kein Widerspruch, ohnmöglich sinnlich vorstellen. Wir denken uns also die Möglichkeit als etwas Positives, und nun gerathen wir in Verlegenheit, wohin wir sie setzen sollen, wenn sie weder etwas Objectives sein kann, noch auch von irgend einem Wesen gedacht werden, und also auch nichts Subjectives sein soll. Und da wir uns hier nicht zu helfen wissen; so nehmen wir lieber an, daß eine von keinem Wesen gedachte Möglichkeit keine Möglichkeit ist. Darum verschwindet schon zum Theil die Schwierigkeit dieser Untersuchung, wenn man nur die Frage etwas anders faßt. Frage ich: Giebt es eine Möglichkeit u. s. w., so verführt mich das schon zu sehr, die Möglichkeit für etwas Positives anzusehn. Frage ich hingegen: Kann es wohl zwei Ideen geben, die noch von keinem denkenden Wesen mit einander verbunden worden sind? so dünkt mich, wird sich niemand weigern, dies zu bejahen, und thut man dies, so giebt es doch Möglichkeiten, die nicht

7*

gedacht werden. Denn die Verbindung zweier Ideen, die keinen Widerspruch enthalten, ist doch offenbar eine Möglichkeit. Ist es aber nicht nothwendig, daß jede Möglichkeit gedacht werde, so braucht auch nicht jede Wirklichkeit gedacht zu werden. Denn dieses wurde nur durch jenes bewiesen. Und das scheint mir nun auch noch offenbarer. Warum sollte nicht ein Wesen existiren können, ohne daß es von irgend jemand gedacht würde? Wäre denn die Existenz dieses Wesens nicht Wahrheit? wenn gleich niemand diese Wahrheit dächte? Mendels-sohn sagt es freilich. Aber ich sehe doch den Grund, die Nothwendigkeit davon nicht ein! —

Dies ist es, was mir für jetzt über diese Stelle der Morgenstunden einfällt. Glauben Sie nicht, daß ich es niedergeschrieben habe, weil ich es für richtig hielte. Es sind nur Zweifel, und Zweifel, die mich zwar hindern, den Mendelssohnschen Satz anzunehmen, mir aber doch nicht hinreichend scheinen, ihn gänzlich zu läugnen. Das einzige, was mich tröstet, ist, daß, wie Sie Sich er-innern werden, der Hofrath mir auch schon einmal sagte: Mendelssohn hätte den Fehler begangen, die Möglichkeit für etwas Positives anzusehn. Aber die Anwendung, die er hievon machte, war doch, dünkt mich, anders. Der Zustand des Zweifelns, sagt Cartes, ist ein unbe-haglicher Zustand. Ich befinde mich jetzt darin. Helfen Sie mir heraus, liebster Freund; Sie können es ja viel-leicht. Sollte ich selbst über kurz oder lang durch eignes Nachdenken, oder durch Unterredungen mit andern besser über diese Materie belehrt werden; so ver-spreche ich Ihnen, sollen Sie es erfahren; müßte ich gleich alles das wieder zurücknehmen, was ich hier ge-sagt habe.

Es ist schon sehr spät, mein Bester. Sie werden doch
nicht böse, wenn ich die Beantwortung der übrigen Punkte
Ihres Briefes mir für ein andermal vorbehalte? Es
würde mir heute in der That zu viel werden. Leben
5 Sie also nun wohl, liebster Freund, und verzeihen Sie,
ich bitte Sie recht sehr darum, alles das Unbestimmte,
Halbichte und Falsche, was auf diesem Blatte stehen
mag. Bitten Sie auch Ihre vortreffliche Freundin, dies
zu thun. Sie will sich ja einmal durch alle meine War-
10 nungen nicht abschrecken lassen, diese Zeilen zu lesen, und
in der That, wenn sie eben so streng richtet, als sie gut
richten kann; so zittre ich. Bitten Sie ja für mich. Und
dann schreiben Sie mir recht bald wieder, lassen Sie aber
ja wieder etwas von dem Briefe abschneiden, wenn Sie
15 auch ein wenig böse werden sollten. Ich will Sie gewiß
wieder gut machen. Nun leben Sie wohl, und bleiben
Sie mein Freund.

Ganz

der Ihrige

20 —   Wilhelm.

3.

Wenn wir uns nicht zu genau kennten, liebster Beer,
und uns nicht gegenseitig zu gut wären, um einander
noch mißzuverstehn; so würde ich fürchten, daß Sie über
25 mein langes Stillschweigen böse wären, und es einem
Mangel an Freundschaft in mir zuschrieben. Aber so
würde ich Unrecht haben, Ihr Herz eines solchen Arg-
wohns zu beschuldigen. O! wie oft, bester Freund, hab'
ich schon an Sie gedacht seit ich hier bin; wie oft mich

an die frohen Stunden zurückerinnert, wo ich bei Ihnen
oder Sie bei mir waren, und wo wir uns so manchmal
über philosophische Gegenstände unterhielten; wie oft
diese Stunden zurückgewünscht! Und nicht bloß diese
Trennung, Lieber, macht mir Kummer; nein, vorzüglich
der Gedanke, der nur bei Gelegenheit dieser Trennung
lebhafter in mir wurde, daß wir uns einmal auf längere
Zeit, ach! vielleicht auf immer werden trennen müssen.
Vergessen Sie mich nur dann nicht, bleiben Sie nur auch
dann noch mein Freund! Auf die Aeußerungen der
Freundschaft hat die Abwesenheit wohl Einfluß, aber
auf die Freundschaft selbst muß sie keinen haben. Doch
von einem Herzen, wie das Ihrige, brauche ich nichts
zu fürchten. Wenn Sie mir jetzt gut sind, und das sind
Sie mir doch? so werden Sie es mir auch gewiß bleiben;
so lange bleiben bis ich selbst es nicht mehr verdiente.
Was machen Sie denn, mein Bester? befinden Sie Sich
wieder besser? oder leiden Sie noch an Ihren Kopfschmerzen? Studiren Sie nur nicht zu viel, ich bitte Sie
recht sehr darum. Bedenken Sie, daß Sie Ihrer Gesundheit, und dadurch Ihren Studien selbst den größten
Schaden thun. Vorzüglich studiren Sie nicht des Nachts;
nichts auf der Welt greift so an. Verzeihen Sie mir,
daß ich einen Augenblick Ihren Arzt spiele. Aber Sie
können es dem Freunde nicht verargen, wenn er um Sie
besorgt ist, wenn er Sie sich recht lange zu erhalten
wünscht. Und Ihr Fleiß macht mir bange; Sie haben
schon diesen Sommer die schlimmen Folgen davon für
Ihre Gesundheit erfahren. Raubt Ihnen Ihr Brodstudium auch, wie mir, alle Zeit, lieber Beer, oder können
Sie noch mitunter philosophische Bücher dabei lesen?
Schreiben Sie mir doch, was Sie lesen, und wenn Ihnen

etwas aufſtößt, worüber Sie einem andren gern Jhre
Gedanken mittheilen wollten; o! ſo laſſen Sie mich dieſen
andren ſein. Jch will Jhnen gewiß auch meine Meinung immer recht ausführlich darüber ſchreiben. Dann
werde ich durch Sie, und Sie durch mich manchen Irr-
thum verbeſſern. Denn man lernt doch allemal gegen-
ſeitig, wenn man gemeinſchaftlich arbeitet. Jch arbeite
auch hier einige Stunden wöchentlich mit Dohna und
Keverberg zuſammen. Nichts, dünkt mich, knüpft ſo
feſte freundſchaftsbande, als gemeinſchaftliches Studiren.
Um ſo mehr freue ich mich, künftigen Sommer mit
Jhnen zuſammen griechiſch zu lernen. Jch ſage zu
lernen. Denn wenn ich gleich eine Art von Lehrer bei
Jhnen vorſtellen ſoll; ſo werde ich doch gewiß ebenſoviel
dabei lernen, als Sie. Und wer weiß, ob nicht mehr?
Denn der Schüler eines ſchlechten Lehrers iſt immer
ſchlimm dran.

Jch, lieber freund, kann nicht eben ſagen, daß ich
hier ſehr vergnügt lebte. Jch kann Berlin noch nicht
vergeſſen. Wenn ich nur Einen freund hier hätte, wie
Sie, beſter Beer! Dohna und Keverberg ſind recht gute
Leute. Aber das ſind ſie mir doch lange nicht, was
Sie mir waren, mein Theuerſter, und werden es mir
auch nie werden.

Nun leben Sie wohl, guter lieber Beer, vergeſſen Sie
Jhren abweſenden freund nicht, und werden Sie nicht
böſe, wenn er Jhnen einmal in einer längeren Zeit, als
Sies wünſchen, nicht ſchreibt. Sein Herz iſt gewiß nicht
Schuld daran, nur ſeine Geſchäfte. Jch habe ſchrecklich
viel zu thun.

Den 14ten October 1787.

Humboldt.

4.

Tausend Dank, mein Bester, für Ihren lieben Brief.
Er hat mir sehr viel Vergnügen gemacht. Ich habe
jetzt einen Augenblick Zeit, da will ich ihn auch gleich
beantworten. Denn von den drei Uebeln, die Sie, wie
Sie schreiben, vom Unterhalten mit Ihren Freunden abhalten, hab' ich zwar nur eins, und nicht einmal immer,
ich meine Kopfschmerzen; aber ich habe dafür andre und
unangenehmere als wenigstens die Metaphysik. Warlich,
lieber Beer, wenn ich Ihnen nicht so oft schreibe, als
ichs gern will, so ist nur Ueberhäufung mit Arbeiten,
oder wenigstens mit Beschäftigungen daran Schuld. Sie
wissen selbst, wieviel man arbeiten muß, um nur etwas
fortzukommen, und Sie arbeiten doch gewiß schneller als
ich. Denn ich arbeite erstaunt langsam.

Sie schreiben so traurig, lieber Freund. Das ist
doch nicht so ganz recht. Daß Sie Sich einmal werden
von Ihren Freunden trennen müssen, ist freilich schmerz-
haft; aber es muß Sie nicht muthlos machen. Ihre
Lage ist nicht so unglücklich, als Sie denken. Geld und
Unterstützung machen nicht immer glücklich. Sie haben
einen Kopf, der es gewiß mit jedem andren aufnehmen
kann; Sie haben einen eisernen Fleiß. Sie besitzen alles,
um künftig ein nützlicher Mann zu werden; Sie werden
es sein. Und das ist doch eigentlich die Freude, die, ich
möchte fast sagen, einzig eines Mannes recht würdig ist.
Wenigstens kann er, wenn er gut ist, keine andre recht
genießen, so lange ihm diese noch fehlt. Die Welt ist
auch gewiß nicht so schlimm, als Sie sagen. Es giebt
überall gute Menschen, und wer selbst gut ist, findet sie
bald. Und gegen die schlechten schützt Klugheit und

weifes Mistrauen. Nur Schade, daß dies Mistrauen
gerade den edelsten Herzen am sauersten wird.

Sie fragen mich nach den Professoren. Aber leider
kann ich Ihnen davon nur sehr wenig sagen, und am
wenigsten von Darjes und Behrends, nach welchen Sie
am meisten fragen. Ich habe Darjes nur Einmal besucht, und bei diesem Besuch nun eben weiter nichts bemerkt, als daß es ein alter Mann ist, der gern spricht,
und am liebsten von sich. Gehört hab' ich ihn noch
gar nicht. Sein Vortrag aber soll nicht schlecht sein.
Behrends hab' ich noch gar nicht gesehn. Er wird aber
erstaunt gelobt. Keverberg und Dohna hören Metaphysik und Physiologie bei ihm, und sind ganz entzückt
davon. Die Physiologie wenigstens hätt' ich gern mit-
gehört, aber ich hatte nicht Zeit. Mein Bruder würde
Ihnen vielleicht mehr von diesen Leuten sagen können.
Er ist herumgegangen hospitiren, wie mans nennt. Ich
war nur bis jetzt noch zu beschäftigt dazu; aber ich thus
gewiß auch noch.

Wollen Sie wissen, wie ich meinen Tag zubringe,
Lieber? Um 5 Uhr oder etwas später, doch immer vor
6 steh ich auf, und arbeite bis 10 Uhr. Dann hab ich
bis Mittag eine Stunde Kirchengeschichte, und eine
andere Reichsgeschichte. Um 12 wird gegessen bis etwa
halb zwei. Dann lauf ich allein spazieren, oder gehe zu
Keverberg bis 2. Nachher bin ich wieder bis 6 in
Collegien, einem ökonomischen und 5 juristischen. Nach
6, wenn ich nicht ausgebeten bin, was, so selten es auch
ist, mir doch noch zu oft kommt, arbeit ich wieder bis
gegen 8. Von 8 bis 10 wird gegessen, und gewöhnlich
bei Löfflers etwas vorgelesen. Dann arbeit ich noch
bis 11 manchmal auch später, und so endigt sich mein

Tag. Wenn Sie nun die Zeit bedenken, die zum eignen
Studiren bei dieser Eintheilung übrig bleibt; so sehn Sie
wohl, daß sie zum Vorbereiten und Wiederholen aller
dieser Stunden ziemlich klein ist. Und doch wird mir
die Zeit lang. Es ist mir, als wär ich schon ein Jahr
hier. Eine recht vergnügte Stunde hab' ich hier noch
nicht gehabt, oder wenigstens war es nicht Frankfurt,
das mir sie machte. Indeß bin ich mit meinem Aufenthalt hier doch immer nicht unzufrieden. Ich lebe in
einer glücklicheren Lage, als irgend ein andrer Student
hier, und ich bin hier, um zu lernen. Man muß seiner
Bestimmung folgen, lieber Beer, sie sei, welche sie wolle.
Ich werde unglücklich sein, wenn sie mich einmal in eine
entferntere Gegend führt. Aber ich werde gehn, und den
Gram in mir verzehren.

Leben Sie wohl, mein theurer, bester Freund. Vergessen Sie mich nicht, und lassen Sie uns Freunde bleiben,
wie weit uns das Schicksal auch trennen mag. — Ich
schreibe Ihnen durch die Hofräthin. Er möchte es übel
nehmen, daß ich Ihnen und nicht zugleich ihm schriebe.
Und so gern ichs thäte, so hängt das doch noch mehr
von Zeit und Stimmung ab. Antworten Sie mir durch
eben diese Gelegerheit. Leben Sie wohl!

Freitag.   Ihr

                                        Humboldt.

5.

Dienstag Abend.

Wäre es unter Freunden, wie wir sind, möglich, lieber
Beer, uns noch so sehr miszuverstehn, daß wir einer

des andren längeres Stillschweigen einem Mangel an
Liebe zuschrieben; so würde ich mich jetzt weitläuftig ent-
schuldigen müssen, daß ich Ihren letzten freundschaftlichen
Brief erst heute beantworte. Aber so kennen Sie mich
gewiß zu gut, als daß Sie von mir glauben sollten, daß
meine Freundschaft für Sie durch Abwesenheit, oder durch
irgend einen andren Umstand abnehmen könnte. Wozu
also die Entschuldigungen? Sie denken sie Sich gewiß
alle so gut hinzu, als ich sie Ihnen sagen könnte. Denn
sie liegen so natürlich in meiner Lage, die darin gewiß
sehr viel Aehnliches mit der Ihrigen hat. Darin ist
unsre Lage freilich ähnlich, daß wir beide viel zu thun
haben. Aber auf der anderen Seite ist eine sehr große
Verschiedenheit. Ich muß in Frankfurth sitzen, und Sie
können in Berlin in dem besten Hause, unter den edelsten
Leuten leben. Wie gern möcht' ich mit Ihnen tauschen
können! — Unsre Freundin schreibt mir, sie hätte die
Metaphysik aufgegeben. Ich bedaure Sie, mein Lieber.
Sie haben eine treffliche Gesellschafterin an ihr verloren,
die Ihnen gewiß, indem sie Ihnen bald Ihre Zweifel
löste, bald Ihnen andre entgegensetzte, viel Nutzen ge-
schafft hat. Indeß hat sie Recht, die Metaphysik zu verlassen, dünkt mich, so außerordentlich auch ihr Kopf ist.
Es ist kein rechtes Studium für eine Dame, wenigstens
kann sie gewiß mit mehr Glück in einem andren fortkommen. Scheint das Ihnen nicht selbst so, bester
Freund? Von den hiesigen Professoren wüßte ich Ihnen
nichts zu sagen. Denn die, die Sie interessiren, Berends
und Hartmann, kenne ich nicht. Eine Doctorpromotion
hab' ich hier gesehn. Wenn Sie jemand wissen, der gern
Doctor werden will, und nichts gelernt hat, schicken Sie
ihn nur her. Hier braucht er nichts als eine Stunde

lang zu stehn, und zu thun, als wollte er disputiren.
Denn der Professor macht nicht bloß die Disputation
für ihn, er hält sie auch hernach. Ich habe einer mit
beigewohnt, wo der Doctorirende nicht Ein Wort sprach.
Ueben Sie Sich auch, lieber Beer, in Ihren lateinischen
Stunden im Schreiben und Sprechen? Thun Sies doch
ja. Sie müssen doch auch einmal disputiren, und da
brauchen Sie es nothwendig. Gute Nacht, lieber Freund,
schlafen Sie wohl und antworten Sie mir bald wieder;
aber doch nicht eher, als Ihre Geschäfte es erlauben.
Leben Sie wohl!

Ewig Ihr Freund

Humboldt.

Alexander grüßt Sie; er wundert sich, daß Sie ihm
nicht antworten.

Eben sagt mir Alexander, daß er Ihnen auch in
seinem Briefe von der Art der hiesigen Disputationen
geschrieben hat. So hören Sie also dasselbe zweimal.
Nehmen Sies nicht übel, Bester, ich habs nicht gewußt.

6.

Göttingen, den 15. Junius.

Wie gern, lieber Beer, hätte ich Ihnen schon neulich
geschrieben, als ich dem Hofrath schrieb. Aber Sie wissen
ja aus eigner Erfahrung, wie man immer so viel zu
thun hat, daß man selbst an den liebsten Beschäftigungen
gehindert wird, und so geht es mir auch jetzt häufig.
Jedoch, hoff ich, wird mir Ihre Freundschaft verzeihen.
Ich habe in den zwei Monaten, die ich nun wieder von
Berlin abwesend bin, recht viel angenehme Tage gehabt.

Ich habe so viele neue merkwürdige Gegenstände gesehn, so manchen interessanten Mann gesprochen, daß mir die Zeit, ich weiß nicht wie, dabei verstrichen ist. Und auch jetzt, da ich eine neue ziemlich einförmige Lebensart hier führe, bin ich recht heiter. Es ist wirklich hier sehr gute Gelegenheit zum Studiren, und ich wünschte wohl, daß Sie einmal sie benutzen könnten. Die Studenten sind beinah durchgängig fleißig, und es herrscht ein sehr guter, gar nicht studentenmäßiger Ton unter ihnen. Gegen Frankfurth habe ich einen außerordentlichen Unterschied gefunden. Dabei hat man die vortreffliche Gelegenheit, die Bibliothek zu benutzen, so daß es einem nicht leicht an irgend einem Hülfsmittel zum Studiren fehlt. Ich arbeite hier ziemlich viel, doch habe ich meine Zeit so eingetheilt, daß es meiner Gesundheit gewiß nicht schädlich sein wird. Sie arbeiten doch auch nicht zu viel, mein Bester? Es war sonst immer Ihr Fehler, noch weit mehr, als der meinige. Thun Sie es doch ja nicht; Sie sind noch so jung, und haben doch wirklich schon so viel Kenntnisse. Sie können, auch bei einem gemächlicheren Studiren, noch sehr viel leisten. Und bei dem gar zu angestrengten ist wirklich kein Vortheil weder für Leib noch Seele. Denn die Seele ist doch nun einmal so an den Leib gefesselt, daß Schlaffheit der Nerven des Körpers auch die Nerven der Seele schwach macht, mögen Sie nun diesen Zusammenhang, auf welche Art Sie wollen, erklären. Ich lese jetzt den Kant. Ich habe mir vorgenommen, ihn recht sorgfältig zu studiren. Ich schreibe mir jedesmal das, was ich gelesen habe, wieder selbst auf. In einem halben Jahre komme ich doch vielleicht mit der Kritik zu Ende. Sie ist sehr schwer, das muß ich gestehn, aber soweit ich nun gelesen habe, belohnt sie doch auch die Mühe sehr. Und daß Kant eigentlich so dunkel schriebe, das finde ich nicht. Er schreibt vielmehr sehr bestimmt, definirt, und dividirt sehr genau. Die Schwierigkeit liegt wohl nur in den Sachen, und in der neuen, ungewohnten Darstellungsart. Daß er sich eine neue Terminologie bildet, dünkt mich, verringert eher die Schwierigkeit, als daß sie dadurch größer werden sollte. Es ist doch besser, daß man ein Dutzend neue Wörter lernt, als daß man die alten braucht, die oft durch ihre unbestimmte Bedeutung eine große Verwirrung anrichten. Ich hoffe, Sie werden, wenn Sie einmal selbst den Kant lesen, das, was ich Ihnen hier sage, bestätigt finden. Wir dachten ja sonst über philosophische Gegenstände gewöhnlich einig.

Was machen, was studiren denn Sie jetzt, mein Lieber? Denn Studiren muß doch eigentlich in dem Alter, in dem wir noch beide sind, das wahre Leben die einzige Freude sein. Und wie sollte sie es Ihnen nicht sein, da Sie durch Ihre schnellen Fortschritte schon so früh sich belohnt sehn. Glauben Sie nicht, daß nur meine partheiische Freundschaft Ihnen das sagt; sollte auch Ihre Bescheidenheit Sie selbst das weniger fühlen lassen, so sagten es Ihnen ja doch so viele andre, deren Urtheile sie glauben können.

Antworten Sie mir doch, so bald es Ihnen eine müssige Stunde erlaubt. Denn Sie von irgend einer nützlichen Arbeit zurückzuhalten, dazu ist meine Freundschaft, wie begierig sie auch ist, etwas von Ihnen zu hören, zu gewissenhaft.

Grüßen Sie tausendmal den Hofrath, die Hofräthin, und die Veit und ihren Mann. Auch den jungen Mendelssohn vergessen Sie nicht.

Leben Sie wohl und behalten Sie lieb
Ihren

Humboldt.

7.

8. Mai, 89.

Glücklicherweise, lieber Beer, haben Sie unter Ihren Brief kein Datum gesetzt, er ruft mir also meine Schuld weniger lebhaft ins Gedächtniß zurück, Ihnen so viele Monate lang eine Antwort schuldig geblieben zu sein. Was werden Sie von mir denken? Sie schreiben mir im October, und ich, ich antworte Ihnen im Mai. Denken Sie immer jede Hypothese, die Sie machen mögen, nur die eine machen Sie nie, daß ich Sie vergessen hätte, daß ich mich nicht oft und lebhaft an Sie erinnerte. Wir haben zu viel frohe Stunden mit und durch einander genossen, sind zu nah durch gemeinschaftliche Studien und gemeinschaftliche Freuden verbunden, als daß wir je aufhören könnten, uns sehr viel zu sein. Wenn ich Ihnen also so lange nicht schrieb, so rechnen Sie es theils Arbeiten, Krankheiten, Zerstreuungen, theils aber, ich will lieber geradezu meine Schuld gestehn, meiner Nachlässig- keit im Briefschreiben zu. Es ist so etwas entsetzlich Langweiliges um das Ideen mittheilen durch Briefe. Man muß, wenn man sich auch noch so oft schreibt, auf eine Entfernung von 40 Meilen doch immer so lange auf Antwort warten, daß die Ideen darüber ihr Interesse verlieren. Darum freue ich mich recht herzlich, Sie nun bald wiederzusehn. In 6, 7 Monaten bin ich nun wieder bei Ihnen, und dann wollen wir im Gespräch

nachholen, was wir im Briefwechsel versäumten. — Daß
Sie krank und so gefährlich krank gewesen waren, erfuhr
ich erst, als ich mich schon wieder über Ihre Besserung
freuen konnte. Sie studiren zu viel, lieber Beer. Thun
Sie es nicht, schonen Sie Ihre Gesundheit mehr. Es
giebt doch nichts Wichtigeres auf Erden, als Stärke und
Heiterkeit des Geistes, Fähigkeit, leicht und schnell auch
schwere Gegenstände durchdenken zu können, und diese
Fähigkeit wird gewiß durch übermäßiges Studiren, und
häufige Krankheiten außerordentlich geschwächt. Ich
habe das drückende Gefühl des Unterliegens der Seele
unter dem Körper sehr stark gehabt. Ich war eine Zeit
lang nach meiner Krankheit erstaunlich schwach, mein Gedächtniß war fast ganz verschwunden, und auch des
kleinsten Nachdenkens war ich nicht fähig. Ich empfand
eine unausstehliche Leere in mir, ich fühlte, daß alle
meine Freunde Langeweile bei mir haben müßten, und
doch erinnerte ich mich, sonst von solcher Schwachheit
frei gewesen zu sein. — Bing, dessen Bekanntschaft Sie mir
verschafft haben, gefällt mir sehr gut. Er ist in der
That ein sehr fähiger Kopf, und über alle Beschreibung
fleißig. Selbst was mir sonst nicht an ihm gefiel, eine
gewisse Selbstgenügsamkeit, die er mir zu haben schien,
hat sich beinah ganz verloren. Ich habe ihn ziemlich
oft gesehn, und gern, sehr gern hätte ich ihn noch öfter
besucht, wenn ich nicht mit Arbeiten gar zu sehr überhäuft gewesen wäre. Es ist ja auch ein Friedländer und
zwei Wolfs hier angekommen. Sie kennen ja wohl
schon diese Menschen. Schreiben Sie mir doch etwas
von ihnen. Der älteste Wolf hat so etwas Entscheidendes
in seinen Urtheilen, das ich nicht gern mag, der jüngste
scheint besser und bescheidner. Kenntnisse haben sie wohl

beide? Friedländer scheint fleißig und von sehr gutem, sanftem Charakter. Was macht denn sein Onkel in Berlin? Er wird mir nun auch bald einen Brief 6 Monate lang schuldig sein. Für mich geht nun jetzt mit dem Sommer wieder die angenehme Jahreszeit an. Im Winter sollten Sie Göttingen nur einmal sehn. Es herrscht immerfort ein so dicker Dunst darin, daß es warlich eines Musenschwinges bedarf, um sich darüber zu erheben. Daß ich meinen Bruder wieder bei mir habe, macht mir unendlich viel Freude. Er hat sich in dem Jahr unsrer Trennung noch sehr gebildet, und ich habe mich gewundert, so viele und so mannigfaltige Kenntnisse bei ihm zu finden. Unsren lieben, theuren Professor grüßen Sie tausend-tausendmal von mir; sagen Sie ihm nur, daß ich ihm sehr für seinen lieben Gruß dankte, den mir Stich gebracht hätte. Ich wüßte es sehr wohl, daß ich ihm noch einen Brief schuldig wäre, aber ich stäke so tief in Briefschulden, daß ich mir nur durch einen Bankerott zu helfen wüßte. Der Professorin und Madame Veit empfehlen Sie mich angelegentlichst. Und nun leben Sie wohl, mein lieber theurer Freund, bleiben Sie mir gut und zweiflen Sie nicht, daß die kostbaren Stunden des Freundschaftsgenusses nicht wiederkehren würden, die uns manchmal so glücklich machten.

Ewig

Ihr

Humboldt.

Die Originale der vorstehenden sieben Briefe befinden sich im Besitz der Familie Lehfeldt in Berlin und sind mir von dieser vor langen Jahren zu freier Benutzung überlassen worden. Gerichtet sind sie an den Studiosus der Medizin Beer, mit dem als einem Hausgenossen des Hofrat Herz die Brüder Humboldt

sich innig befreundet hatten und der später bis zu seinem Tode
als praktischer Arzt in Glogau lebte, wo ihn noch immer gelegentlich Briefe von Henriette Herz aufsuchten. Noch aus dem
Juni 1833 liegt mir ein solcher vor. Von Alexander von Humboldts Briefen an ihn sind zwei aus dem Jahre 1787 und einer
aus dem Jahre 1806 von Julius Löwenberg in Bruhns' Alexander
von Humboldt 1, 56 und 416 veröffentlicht worden. Einige noch
vor Alexanders Abgang zur Universität in hebräischer Kurrent-
schrift geschriebene lohnen ihrer Inhaltslosigkeit wegen die
Mitteilung nicht; denn lieber als „über irgend eine philosophische
Materie", die der Freund zu behandeln so gut verstehe, möchte
jener „sein Herz reden lassen": müsse er sich doch, so oft er
über etwas nachdenke, immer alle mögliche Mühe geben zu
verhindern, „dass nicht die subjektive Reihe meiner Ideen immerfort die objektive unterbricht". Es war anders bei dem älteren
der beiden Brüder. Zwischen ihm und Beer begründeten die
gemeinschaftlichen philosophischen Interessen ein noch näheres
Verhältniss. Ganz um diese Interessen drehen sich die beiden
ersten der hier mitgeteilten Briefe. Sie sind leider undatiert,
weisen aber durch ihren Inhalt deutlich auf die Zeit, in welcher
beide Freunde in Berlin noch mündlich mit einander verkehrten.
In der wolfschen Philosophie war Wilhelm von Humboldt „ge-
säugt und grossgezogen worden" (an Jacobi S. 6 Leitzmann).
Kein Andrer als Mendelssohn war es, der ihn in dieselbe ein-
weihte. Auch den Vorlesungen Engels zwar verdankte er ohne
Zweifel für seine philosophische und ästhetische Bildung mannig-
fache Anregungen; aber gewiss nicht dieser, wie ich selbst
früher deutete (Wilhelm von Humboldt S. 9) und neuerdings
Leitzmann (Briefe an Jacobi S. 101) wiederholt, sondern Mendelssohn ist gemeint, wenn er in der Einleitung zu der Übersetzung
xenophontischer und platonischer Stellen über die Gottheit, Vor-
sehung und Unsterblichkeit (jetzt Gesammelte Werke 3, 103)
sich auf den aufmunternden Beifall eines Mannes beruft, „in
dem Deutschland schon längst nicht bloss einen seiner scharf-
sinnigsten Philosophen, sondern auch einen seiner feinsten
Schriftsteller verehrt und dem ich den grössten Teil meiner
Bildung schuldig zu sein mit innigster Dankbarkeit bekenne".
Für seinen ältesten Sohn Josef hielt Mendelssohn jene philo-

sophisch-religiösen Vorträge, die dann 1785 unter dem Titel „Morgenstunden" für den Druck ausgearbeitet wurden. Auch die Brüder Humboldt sollen bei diesen Vorträgen zugegen gewesen sein (vgl. Kayserling, Moses Mendelssohn S. 422. 426; Löwenberg bei Bruhns 1, 29); die Schriften Mendelssohns, wie unsre Briefe bezeugen, wurden von Wilhelm von Humboldt eifrig studiert und boten ihm und seinen Freunden reichen Stoff zu mündlicher und schriftlicher Debatte. Ganz wie ein philosophisches Exerzitium nimmt sich der erste Brief aus, der die Frage über die unendliche Teilbarkeit der Körper im Sinne der leibnizischen Monadologie von der Annahme aus verneinend entscheidet, dass das Körperliche ein Phänomenon zu Grunde liegender Kräfte sei. Eine Auseinandersetzung Mendelssohns im zweiten Gespräch von dessen Phädon, auf die sich der Briefsteller ausdrücklich beruft, muss den Beweis vervollständigen. Dort nämlich (Mendelssohn. Gesammelte Schriften 2, 150) hatte der moderne Sokrates in Wiederholung der Ansicht, die Seele dürfte am Ende nichts als die Harmonie des Körpers sein, den Satz umständlich begründet, „dass niemals durch die Zusammensetzung eine Kraft oder Wirksamkeit erhalten werden kann, deren Ursprung nicht in den Grundteilen zu suchen ist." — Der Brief ist „deutsch geschrieben" (93, 23), d. h. nicht in hebräischen Lettern. —

Einen schon etwas andern Charakter zeigt der zweite Brief. Obgleich noch ganz im Bannkreis jener formalistischen Begriffsphilosophie, zu der er durch Mendelssohn geschult worden war, findet sich der Briefsteller doch durch seinen eignen Scharfsinn bis zu einem Punkte fortgetrieben, wo ihm die Berechtigung logische Erkenntniss als reale zu behandeln zweifelhaft werden muss. Er ist auf dem besten Wege zu der Stimmung, von der er in seinem ersten Briefe an Jacobi spricht. „Ich gestehe Ihnen," schreibt er da. „dass ich in der Zwischenzeit, da ich Wolf nun so ziemlich gefasst hatte und ehe ich Kant las, beinahe einen Widerwillen gegen meine Metaphysik empfand. Es kam mir Alles so trocken, so blosses Gerippe ohne Geist und Leben vor. Ich demonstrierte und demonstrierte und nie brachten doch die Resultate eigentlich Überzeugung hervor" (an Jacobi S. 2). Im 16. Abschnitt der Morgenstunden nämlich (Gesammelte Schriften 2, 376) hatte Mendelssohn einen neuen Beweis für das

Dasein Gottes von dem Satze aus zu führen gesucht, dass alles
Wirkliche von einem denkenden Wesen als wirklich gedacht
werden müsse; er hatte daraus geschlossen, dass, da unser
Verstand ein eingeschränkter sei, ein vollkommener Verstand
existieren müsse, der den Inbegriff und Zusammenhang aller
Wirklichkeit in der höchsten Deutlichkeit sich vorstelle. Jenen
grundlegenden Satz nun hatte Beer in einem besondern Aufsatz
weiter zu begründen versucht; gegen eben diesen Satz trägt
Humboldt seine Zweifel vor. Der wohlgeschulte Dialektiker beseitigt zunächst einen naheliegenden Einwand, der gegen den Satz
erhoben werden könnte, mit Hülfe der im leibnizischen System
gegebenen psychologischen und metaphysischen Annahmen, die
er somit zu den seinigen macht. Mit einem andern Einwand
dagegen weiss er nicht fertig zu werden und erklärt daher
bis auf Weiteres in jenem nach Cartesius (*Meditatio* 1 Schluss)
so unbehaglichen Zustande des Zweifels verharren zu müssen
(vgl. an Jacobi S. 8). Dieser andre Einwand hat in der Tat guten
Grund. Er richtet sich gegen den Ausgang, den Mendelssohn
von dem Begriffe des Möglichen genommen. Alles Wirkliche,
hatte dieser behauptet, wenn es wahr sein soll, muss von
irgend einem Wesen als wahr erkannt und begriffen werden;
denn schon jede Möglichkeit muss als Gedanke in einem denkenden Wesen idealisches Dasein haben. In diesem letzteren Satz
eben deckt Humboldt den Irrtum auf. Das bloss Logische hatte
sich dem Verfasser der Morgenstunden in etwas Metaphysisches
verwandelt; er hatte Möglichkeiten schlechtweg als objektive
„Fähigkeiten" behandelt, die in dem Wirklichen begründet seien.
Mit Recht kennt dagegen sein scharfsinniger Kritiker auch
andre Möglichkeiten, Möglichkeiten, die in keiner Wirklichkeit,
sondern lediglich in dem Satz des Widerspruchs begründet sind,
die nichts bedeuten als Widerspruchslosigkeit, deren es also
unendliche geben kann und die keineswegs aktuell von irgend
einem Wesen gedacht zu werden brauchen. — Der „Hofrat" (100.
20), der in ähnlichem Sinne Mendelssohn den Fehler vorgeworfen,
dass er die Möglichkeit für etwas Positives angesehen habe, ist
natürlich Markus Herz, waldeckischer Hofrat, der in den folgenden Briefen auch als der „Professor" figuriert. Die schöne
und kluge Henriette, seine Frau, erscheint am Schlusse unsres

Briefes (101. 8) als die „vortreffliche Freundin", die das philosophische Blatt gleichfalls lesen und darüber richten wird. --·

Die nun folgenden Briefe aus Humboldts Studienzeit bilden
eine kleine Ergänzung zu den gleichzeitigen an Henriette Herz.
die aus Varnhagens Nachlass (Briefe von Chamisso, Gneisenau,
Haugwitz 1, 53) veröffentlicht worden sind, und zwar gehören
Nummer 3 bis 5 der frankfurter Zeit an. Mit ihrem Hofmeister,
dem trefflichen Kunth, waren beide Brüder Humboldt im Herbst
1787 nach Frankfurt gezogen und dort am 1. Oktober immatrikuliert worden, um Jura und Kameralia zu studieren. Sie wohnten
in dem Hause des Theologen Löffler, der, früher Prediger in
Berlin und Wilhelms erster Lehrer im Griechischen, seit 1782
Professor und Prediger in Frankfurt war, von wo er 1789 als
Generalsuperintendent nach Gotha ging.

Als erster Brief aus Frankfurt charakterisiert sich durch
seinen Inhalt der vom 14. Oktober. Er besteht fast ganz aus
Freundschaftsergüssen und altklugen Warnungen vor über-
triebenem Fleiss, die sich seltsam genug im Munde des jungen
Mannes ausnehmen, der sich selbst ganz in sein „Brodstudium"
vertieft hat. Er erwähnt ausserdem zweier auch im folgenden Briefe genannter Kommilitonen, die freilich gegen Beer
zurückstehen müssen. Es ist Graf Alexander von Dohna-
Schlobitten, der von 1786—88 in Frankfurt studierte, derselbe,
in dessen Ministerium Humboldt später die Leitung der Kultus-
und Unterrichtssektion übernahm, und ein gewisser Keverberg,
den als Studiengenossen der beiden Brüder auch Löwenberg (Bruhns
1, 62) erwähnt und der nach Wilhelms Brief an Henriette Herz
vom 25. Mai 1788 (Briefe von Chamisso, Gneisenau, Haugwitz
1, 98) auch zu dieser in Beziehung stand.

Nummer 4, wie es scheint, Antwort auf Beers ersten Brief,
berichtet etwas eingehender über die Zeiteinteilung, die Studien-
und Lebensweise des fleissigen, aber ganz auf seine Fachstudien
beschränkten Studenten. Die Philosophie ruht. Er kann die
Fragen nach Darjes und Berends nur ungenügend beantworten,
ebenso im folgenden Briefe die über Hartmann. Joachim Georg
Darjes ist der durch glänzendes Lehrtalent ausgezeichnete philosophische Eklektiker, der, vielfach von Wolf abhängig, doch in
einigen wichtigen Lehrstücken gegen Wolf polemisierte (vgl.

Erdmann, Grundriss der Geschichte der Philosophie' 2, 214;
Zeller, Geschichte der deutschen Philosophie seit Leibniz S. 280).
Er war der Nachfolger Baumgartens auf dem frankfurter Ka-
theder und, 1714 geboren, jetzt „ein alter Mann"; er starb 1792.
Der Mediziner Berends las nicht nur über alle Teile der praktischen Medizin, sondern unter Zugrundelegung von Platners
Grundriss auch über Logik und verband damit empirische Psychologie (vgl. Hausen, Geschichte der Universität und Stadt Frankfurt an der Oder S. 113 und Bruhns. Alexander von Humboldt
1, 53). Über den Mediziner Hartmann giebt dem berliner Freunde
Alexander von Humboldt einige Auskunft bei Bruhns 1, 53. —
Sehr begreiflich übrigens, dass Frankfurt den durch Berlin ver-
wöhnten Humboldt wenig anmutete. Er schreibt am 7. März 1810
nach einem dreitägigen Aufenthalt in Frankfurt, bei dem er
die Erinnerungen seines dortigen Studienlebens auffrischte, an
Johanna Motherby, wie er sich vor 22 Jahren von dort nach Berlin
gesehnt und „alle Tage und Stunden gezählt" habe (Briefe an
Johanna Motherby S. 52).

Diese Stimmung bestätigt auch unser fünfter Brief, in dem die
„Freundin" (107, 17) natürlich wieder Henriette Herz ist. Das
Datum des Briefes — November oder Anfang Dezember 1787 —
erhellt aus der Bezugnahme der Nachschrift auf Alexanders an Beer
gerichteten Novemberbrief, der, zuerst in den Preussischen Jahr-
büchern 3, 613 veröffentlicht, sich jetzt bei Bruhns 1, 56 findet. —

Ohne den Hofmeister und ohne seinen Bruder, der den
nächsten Sommer und Winter wieder in Berlin zubrachte, ging
nun Wilhelm nach einem Ferienaufenthalt in Berlin Ostern
1788 nach Göttingen, wo er am 23. April immatrikuliert wurde.
Zu den aus Varnhagens Nachlass (Briefe von Chamisso, Gneisenau, Haugwitz 1, 91) und von Schwenke in der Deutschen
Rundschau 1891, 258 veröffentlichten Dokumenten aus der göttinger Zeit bringen die beiden hier mitgeteilten Briefe Nr. 6
und 7 nur wenig Neues. Am bedeutendsten ohne Zweifel ist
die Notiz über das begonnene Studium Kants und das Urteil
über die Kritik der reinen Vernunft. Erst jetzt also, nicht
schon in Frankfurt, wo er Darjes' und Berends' Vorlesungen
unbeachtet liess, hat er die Bekanntschaft des grossen Kritikers
gemacht, in dessen Schriften er sich fortan immer mehr vertiefte

(Leitzmann, Briefe an Jacobi S. 101). Über die zu Anfang des Briefes (108, 28) erwähnte Reise, die er von Göttingen aus Mitte Mai mit Laroche machte, vgl. Schwenke a. a. O. S. 262, wonach die falsche Namensauflösung in den Briefen von Chamisso, Gneisenau, Haugwitz 1, 92 zu berichtigen ist. Die am Schluss des Briefes (110, 31) mit Grussbestellungen bedachte Madame Veit ist die an den Bankier Veit verheiratete, später von ihm getrennte Dorothea, die Tochter Mendelssohns, der junge Mendelssohn aber ist Josef, der älteste Sohn des Philosophen.

Erst elf Monate später (der Brief ist lateinisch und mit kleinen Anfangsbuchstaben der Substantiva geschrieben) giebt Humboldt dem alten berliner Freunde wieder ein Lebenszeichen. Die Entschuldigung, dass sich schriftlich über Ideen nicht gut verhandeln lasse, ist wenig stichhaltig. Die Wahrheit ist, er hatte in der Zwischenzeit in Jacobi einen Philosophen kennen lernen, mit dem es sich nach der neuen Anregung, die er durch Kant empfangen, mehr verlohnte Gedanken auszutauschen und Zweifel zu erörtern, wie es die von Leitzmann veröffentlichten Briefe bezeugen. Von der ernsten Krankheit, die ihn Anfang 1789 auf längere Zeit lähmte, schreibt er auch an Jacobi (S. 5), an Georg Forster (Gesammelte Werke 1, 274) und an Laroche (Schwenke a. a. O. S. 271). Der 112, 19 erwähnte Bing wird auch in den Briefen von Chamisso, Gneisenau, Haugwitz 1, 60 und bei Bruhns 1, 75 genannt. Mit dem Onkel des jungen Friedländer ist David Friedländer, der Freund Mendelssohns, der eifrige Vorkämpfer für die Emanzipation seiner jüdischen Glaubensgenossen, gemeint, ein Glied des jüdischen Kreises, in dem sich die Humboldts in Berlin bewegten. Mit andern Urteilen über seinen Bruder aus dieser frühen Zeit stimmt auch das hier ausgesprochene. Seit Ostern 1789 setzte auch Alexander seine Studien in Göttingen fort. Auf einem Umweg hatte er sich dorthin begeben und Wilhelm war ihm, um ihn einzuholen, nach Braunschweig entgegengereist (Bruhns 1, 80).

Anhang 2.

Acht Briefe Humboldts aus den Jahren 1809 und 1810.

1. An Achim von Arnim.

Königsberg, den 9. Junius 1809.

Ihr Brief vom 13. vorigen Monats hat mir eine so herzliche Freude gemacht, daß ich Ihnen nicht lebhaft genug dafür danken kann. Ich schmeichelte mir bei weitem keiner so günstigen Antwort von Savigny, und zweifle jetzt nicht, daß wenn nun überhaupt bei uns etwas zu Stande kommt, das des Anbietens werth ist, wir auch ihn besitzen könnten. Dies aber ist, allen meinen Bemühungen ungeachtet, noch unentschieden. Da aber alle meine einleitenden Schritte geschehen sind, und ich nun ein Ja! oder Nein! schlechterdings verlange, so kann die Ungewißheit höchstens noch

einige Wochen dauern. Ich möchte Savigny nicht gern
eher schreiben, als bis sie aufgehört hätte. Schreiben
Sie ihm aber, ich bitte Sie herzlich, sogleich, sagen Sie
ihm meine Freude, meine Ungeduld eine Unterhandlung
mit ihm anknüpfen zu können, versichern Sie ihm, daß
gewiß nur ich Curator der Universität seyn würde, und
daß mir der Werth, den er auf diesen Punkt lege, unend=
lich schmeichelhaft sey. Empfehlen Sie ihm aber noch
einmal Stillschweigen. — Ich muß hier schließen. Was
auch ist auf der Welt noch zu sagen? Nie haben wir
in niederschlagenderen Zeiten gelebt! Adieu! Ganz
der Ihrige

H.

2. An Friedrich August Wolf.

Königsberg, den 31. Julius, 1809.

Lieber theurer Wolf, Ihr Fieber fängt mich an fast
zu beunruhigen, ich begreife nicht, wie Sie, der Sie sonst
stark und gesund sind, es nicht los werden können;
schonen Sie Sich ja recht, ich bitte Sie. Sie werden mit
letzter Post wieder einen Brief von mir bekommen haben,
und auch ein officielles Schreiben der, wie Sie es nennen,
furchtbaren Art. Aber laffen Sie es Sich nicht schrecken.
Erstlich höre ich, daß Heindorf jetzt wieder wankend wird,
wie man es bei Charakteren dieser Art erwarten muß;
dann fordert er, sagt man mir, 500 Thaler Reisegeld,
die ich ihm zu geben nicht im Stande bin. Allein auch
wenn er geht, hängt es von Ihnen ab in der officiellen
Antwort nun den, oder die, welche Sie vorschlagen, zu
nennen, und mir alles Nähere in unsern Privatbriefen zu

sagen. Da sieht und erfährt es niemand. Bleibt Heindorf, so geht die Noth aufs Neue für hier an, und ich
muß Sie um eine zweite Medietatem ersuchen. Mit
Schultz soll es sich sobald entscheiden, als ich von Augusti,
und das muß in wenig Tagen seyn, Antwort habe.

Ich kann von mir sagen, daß ich jetzt durchaus in
unserm Geschäft lebe. Je mehr ich hineinkomme, desto
mehr sehe ich ein, daß meine Vorgänger eigentlich von
dem Umfang des ihnen anvertrauten Geschäfts keinen
Begriff hatten. Sie dachten nicht einmal daran, sich
Mitarbeiter zu schaffen, und Stellenbesetzungen und meist
noch sehr kleinliche Geldarrangements war alles, worauf
sie sich einließen. Damit allein aber ist wenig gethan.
Es muß Einheit in den Bestrebungen und ein guter
lebendiger Geist herrschen; es müssen Grundsätze fest-
gestellt, ausgeführt und durch die Ausführung selbst
wieder berichtigt werden, und darum kommt es erstaunlich darauf an, nicht die krummen und einseitigen Ansichten eines Einzelnen, sondern das gemeinschaftliche
Nachdenken Mehrerer an die Spitze zu stellen. Darum
behandle ich mit jedem Tage die Section mehr als Section,
räume, ohne es auszusprechen, der gemeinschaftlichen
Meynung den Vorzug vor den einzelnen, selbst den
meinigen, ein, und vertilge, so viel ich kann, das fatale
ehemalige Ministerwesen, wo man nur den Einzelnen als
allmächtig für sein Fach ansah, und seine Räthe höchstens als Leute betrachtete, die das Recht hatten, in den
Wind zu reden. Sehr natürlich waren denn auch diese
Räthe von einem Geiste beseelt, wie wir ihn gekannt
haben. Jede Meynung war modificirt durch den Gedanken, ob sie auch bei dem Chef ausführbar seyn werde,
und selbst Subalternen, wie z. B. Schröder hatten manch-

mal mehr Gewicht, als die wenigstens zum Rathgeben
Bestellten. Bei uns ist dies um so nöthiger, weil viele
doch noch immer die Eitelkeit besitzen, lieber unter Einem
sogenannten Chef, als unter einem ordentlich und fest
organisirten Collegio zu stehen. Selbst die passion unmittelbar unter den König gesetzt zu seyn, was gerade
ebensoviel heißt, als von dem Menschen abzuhangen, der
diese oder jene Cabinets Ordre schreibt, vergeht den Leuten
noch nicht, und die Academie hätte nie, wie sie jetzt, wie
ich höre, thut, aus ihrem allerdings sehr engherzigen und
enggeistigen scripto diese bestimmte Bitte herausgelassen,
wenn ich nicht in der Fehde mit Sack wegen der Kunst-
Academie einen so entschiedenen Sieg davon getragen, und
mit Einem Schlage allem Curatorunwesen ein Ende gemacht hätte.

Darum eben, lieber Freund, liegt mir nun auch so
sehr daran, die Collegien, mit denen ich arbeite, so gut,
als möglich zu machen, was zwar vorzüglich von den
Personen, aber auch sehr viel und fast mehr von dem
Geist abhängt, den man wirklich mit nicht schwerer Mühe,
sobald man sich nur über Aeußerlichkeiten und Egoismus
hinwegsetzt, hineinbringen kann. So wie ein Mensch
fühlt, daß seine Stimme gilt, ist es ihm mehr Ernst um
die Sache und handelt er selbst wenigstens mit voller
Kraft. Die beiden Collegien, auf die ich rechne sind die
Section selbst und die wissenschaftliche Deputation. Den
Cultus lasse ich bei Seite liegen, und berühre ihn hier
nicht. In der Section rechne ich für das, was eigentlich
in höherem und tieferem Sinne Unterrichts- und Erzie-
hungs Grundsatz ist, auf Sie, Süvern und ich denke hin-
zufügen zu können auf mich, und ich glaube nicht, daß
wir dazu eines Mitgliedes mehr bedürfen. Mit Süvern,

gegen den Sie mit Unrecht sprechen, bin ich sehr zufrieden. Er hat viel Ernst, in eigentlich pädagogischen Dingen gute und tiefere Ansichten, gerade die Arbeitsamkeit, die nöthig ist, und dabei kann man denn andre Kleinigkeiten wohl übersehen. Zu den ökonomischen Angelegenheiten suche ich jetzt noch einen Mann, und dann kann es mit der Section vollkommen gehen.

Die wissenschaftliche Deputation liegt mir ebensosehr, fast noch mehr am Herzen. Fichte darf nicht hinein, wenigstens nicht als besoldetes Mitglied. Die unbesoldeten sind mehr oder weniger Ehrenmitglieder und incommodiren wenig. Wegen Tralles bin ich auch Ihrer Meynung. Nur habe ich zwei Bedenken: Tralles ist eigensinnig, spitzig, und nicht immer sehr artig. Das betrift Sie vorzüglich als Director, sehen Sie also ehe wir ihn nehmen, wohl zu, ob Sie auch mit ihm fertig zu werden hoffen. Dann kommt es, da die meisten Examina doch zu Schulstellen sind, auch darauf an, daß einer nicht bloß Mathematiker, sondern auch geübt ist die Gabe des mathematischen Unterrichts zu beurtheilen. Wären diese Bedenken wirklich gegründet, so könnte Fischer, oder ein anderer, besoldetes, Tralles außerordentliches, und nur, wo tiefere Kenntniß nöthig wäre, zuzuziehendes Mitglied seyn. Mit Mannert wäre es wohl recht gut. Fürs Erste aber dürfen wir hierbei nicht auf Ausländer denken. Wer kommt für 500 Thaler! Das geht erst, wenn man zugleich eine Universitäts Professur anbieten kann. Vielleicht ists aber bis dahin besser, nur interimistisch gegen Remuneration Personen zu dem Geschäft zuzuziehen, und die Plätze offen zu lassen. Mehr philosophischer Geist, als Mannert besitzt, wäre auch da, wo Sie ihn vorschlagen, wenigstens wünschenswürdig.

Ehe ichs vergeſſe ſagen Sie mir doch ja mit um-
gehender Poſt, was Sie von Spangenberg in Göttingen
halten. Man könnte ihn als Juriſten hierher berufen.

Wie Sie zu der Idee kommen, daß Sie u n t e r Uhden
ſtehen ſollen, iſt mir unbegreiflich. Sie ſollen Mitglied
der Section und Director der Deputation (letzteres mit
Uhden) alſo überall ſein College ſeyn. Selbſt Ihr Stehen
unter m i r wird, mein Beſter, nur ſo viel zu ſagen haben,
daß es Ihre Pflicht ſeyn wird mich in den Sie betreffenden Sachen zu leiten. Es wäre wirklich höchſt traurig,
wenn es mir am wenigſten gelänge, Sie, den ich am
meiſten liebe, zufrieden zu ſtellen.

In dem, was Sie mir bei Gelegenheit der Academie über Uhden ſagen, liegt bloß Misverſtand. Die
Academie hat keinen Grund zur Klage, und die Beſſeren
darin ſind auch ganz mit den neuen Einrichtungen zufrieden. Uhden unterzeichnet nie anders, als indem m e i n
Titel vorſteht, und ausdrücklich die Worte: i n A b -
w e ſ e n h e i t d e s S e c t i o n c h e f s dabeiſtehen. Er verfügt bloß in eilenden, oder ganz unbedeutenden Fällen
ſelbſt; an die Academie hat er noch nie geſchrieben,
immer nur ans Directorium. Daß dieß in ſeinen Finanz-
ſachen einer Leitung bedarf, fühlen die Mitglieder am
meiſten ſelbſt. Allein auch dieſe wird nur in dem Tone
geübt, der ſich für eine ſolche Geſellſchaft geziemt. Da
nun die Section einmal nicht in Berlin iſt, ſo muß ſie
einen Bevollmächtigten haben. Als Sack verreiſte, verfügte, wie Uhden jetzt für mich, ein kleiner unbekannter
Kriegs Rath für ihn. Hier verfügt und ganz ohne den
Miniſter nur zu nennen, Nagler für das ganze Departement der auswärtigen Angelegenheiten. Alſo iſt das
mit Verfaſſung und Gebrauch übereinſtimmend. Gab

es ehemals weniger Fälle der Art, so kam es nur daher, weil das Bedürfniß nicht eintrat. Auch hätte jeder Unrecht, der sich an solchen Aeußerlichkeiten stoßen wollte. Die Frage ist nur, ob wer unterzeichnet, wenn er nicht der wirklich Selbstständige ist, seine Vollmachten überschreitet, und darin kann ich Uhden bis jetzt auch nicht den leisesten Vorwurf machen. Bei den Kammern und Tribunalen war es immer hergebracht, daß bei Krankheit des Praesidenten der älteste Rath unterschrieb. — Der Magistrat höre ich, hat, gegen Bellermanns Willen, und eine schlechte Wahl getroffen. Es ist mir höchst fatal und mit eine üble Folge meiner Abwesenheit. Allein (unter uns) ich denke darauf, die Rechte der Magistrate zu beschränken. Es ist sonst kaum möglich, daß etwas Vernünftiges aus den Gymnasien wird.

Leben Sie herzlich wohl, mein theurer guter Freund! Mit inniger Freundschaft

Ihr

H.

3. An Wolf.

Königsberg 8. August 1809.

Heindorf geht, wie Sie wissen, nun nicht hierher, und ich denke, Sie freuen Sich ebensosehr, als ich, darüber. Er hätte hierher nie getaugt. Jetzt aber ist die Noth um eine neue Wahl. Ich habe Sie officiell nicht plagen mögen, weil Sie da ungern antworten. Aber mir werden Sie Ihren Rath privatim nicht versagen. Ich weiß wirklich eigentlich keinen. Gotthold soll, denke ich, hier Rector werden, und hat als solcher, schon viel zu thun.

Nach einem Aufsatz, den er mir geschickt, halte ich ihn auch für das Schulfach, wo er wirklich nicht einseitige Ansichten hat, sehr tauglich, und vielleicht mehr als bloß in Philologie. Schneider ist zu jung und in Berlin
5 zu brauchbar. Becker kommt nicht. Schultz für Philologie, wie Sie sagen, unangemessen. Nun muß man doch auf die alten Vorschläge zurückkommen, oder neue machen. So in gelehrten Zeitungen sind mir neulich Matthiac in Altenburg, Erfurdt in Naumburg, Gernhard in Merse-
10 burg u. s. f. vorgekommen. Aber was ist ohne nähere Kenntniß davon zu halten? Diffen haben Sie, wenn ich mich nicht irre, mir selbst gelobt. Noch ein Dietz in Ratzeburg war neulich mit Lob genannt. Thun Sie mir die Liebe mir bald ein bestimmendes Wort zu sagen.
15 Ich habe heute keine Zeit, mehr hinzuzufügen. Zeller, der hier ein Bildungs Institut für Schullehrer anlegt, ist angekommen, ich habe gestern ziemlich die letzte Hand an die Umformung eines Waisenhauses gelegt, das in sein Institut übergeht, was mich viel Mühe und Zeit
20 gekostet hat. Indeß ist es auch etwas Lebendiges, was in rerum natura dasteht. — Jetzt reformire ich die hie- sigen gelehrten Schulen, verwandle drei in Bürgerschulen und verbessere die andern. Der Plan, den ich allein ge- macht, aber mit Benutzung Ihres Aufsatzes über den
25 Unterschied der Bürger und gelehrten Schulen, ist fertig, und in dieser Woche noch halte ich eine Conferenz mit Magistratsgliedern, um bedeutende Zuschüsse der Stadt zu erhalten, und dann an die Ausführung zu gehen. Schlägt dies nicht fehl, so wird es ein Beispiel für andere
30 Städte werden, und in Elbing bereite ich schon jetzt das Gleiche vor. Ende künftiger Woche mache ich vielleicht eine kleine Reise nach Litthauen auf einige Tage. Auch

da müssen mehrere Schulen zu Bürgerschulen heruntergesetzt werden, und mit Einer ists schon geschehen. So, sehen Sie, lieber theurer Freund, daß ich nicht unthätig bin. Ueber Berlinische Dinge hoffe ich auch bald im Stande zu seyn, Ihnen etwas Gutes zu sagen. Wer wäre wohl ein tüchtiger Mann zum Rector der Liegnitzer Ritter Academie? Leben Sie herzlich wohl! Mit inniger Freundschaft

Ihr

H.

4. An Arnim.

Erfurt, 24. December 1809.

Ich danke Ew. Hochwohlgeboren herzlich für den gütigen Wink, den ich auf der Stelle benutzt habe. Ich habe Savigny heute geschrieben, und ihn gefragt, ob er noch Lust hat, nach Berlin zu kommen? Einem Manne, wie er, sind die Rücksichten auf die Wissenschaft die ersten und wichtigsten. Ich habe ihm offen und ausführlich gesagt, was man hierin bei uns erwarten kann. Habe ich hierauf Antwort von ihm, so werden wir leichter über die äußeren Bedingungen fertig werden. — Sehr richtig ist, was Sie über die Erbsünde unsres Staats sagen. Aber die Gründung einer Universität kann aus vielen Gründen so schnell nicht gehen, und muß es nicht. Man muß reiflich überlegte Organisationsplane, und sorgfältig gewählte Männer haben. Mein ernstes Streben ist einiger vorzüglicher Männer in jedem Fach gewiß zu seyn. Um und durch diese gestaltet sich das Uebrige leichter. — Leben Sie herzlich wohl, bis ich Sie selbst in Kurzem wiedersehe! Ganz

der Ihrige

H.

5. An Wolf.

Es ist eine Ewigkeit, daß wir uns nicht gesehen haben. Warum treffen wir nicht einmal zusammen bei Frau von Berg?

Ihr Bericht ist abgegangen, und das Nöthigste ist nun unmittelbar auf Becker oder einen andern für die Anstalt zu denken. Haben Sie die Güte die nöthigen Schritte zu thun; sobald ich durch Sie weiß daß Becker annimmt, schreibe ich ihm officiell. Mit dem Gehalt beim Joachimsthal verhält es sich folgendergestalt: es war außer einigen Naturalien 550 Thaler: Aber man kann da 150. eine bedingte auf nicht mehr vorhandne Ueberschüsse angewiesene Zulage waren, so ist gewiß nur auf 400 Thaler zu rechnen. Wollen Sie eine genauere designation, so schreibe ich sie Ihnen unverzüglich.

Ich bin zehnmal bei diesen Zeilen unterbrochen worden. Von Herzen

l.   Ihr

H.

6. An Wolf.

Ich muß also Ihre Eingabe officiell machen, und thue es, da Sie nicht anders wollen, übermorgen.

Was Zedlitz einmal für Sie gethan hat, weiß ich nicht. Warum werden Sie auch so räthselhaft? Was ich nur irgend kann, thue ich für Sie gewiß, mein liebster Freund.

Sie müssen die interimistische Instruktion der Deputation officiell empfangen haben. Da Sie bei Ihrem Beschluß beharren, muß ich sie mir baldmöglichst zurück ausbitten.

Meinen erſten freien Mittag bringe ich bei Ihnen zu.
Mit herzlicher Freundſchaft

21.   Ihr

H.

7. An Arnim.

Ich zeige Ihnen, liebſter Freund, mit herzlicher Freude
an, daß Savigny nach einem Briefe vom 30. April,
ſeinen Abſchied erhalten hatte, zwei Tage darauf abgehen
wollte, jedoch nicht vor Mitte Junius hier eintreffen zu
können gedachte.   Mit aufrichtiger Hochachtung

17.   Ihr

H.

8. An Wolf.

Es würde mir noch ungleich mehr leid thun, theuerſter
Freund, eine Unterbrechung in unſern für mich ſo be-
lehrenden Zuſammenkünften zu ſehen, wenn ich nicht
ſelbſt Ihnen hätte mit künftiger Woche eine Unterbrechung vorſchlagen müſſen, da ich nach Tegel, und von
da mehr in die Ferne, nemlich nach Burgörner gehe.
Ich beſuche Sie gewiß noch vor meiner Abreiſe. Leben
Sie indeß herzlich wohl, und haben Sie meinen innigſten
Dank daß Sie Sich durch die Dienstage und Freitage
abermals ein ſo großes Verdienſt um die Verhütung
grammatiſcher Ungenauigkeit in mir erworben haben.

12.   Ganz der Ihrige

H.

Die Originale der vorstehend abgedruckten acht Briefe
Humboldts aus den Jahren 1809 und 1810 befinden sich im Besitz der königlichen Bibliothek in Berlin, der ich für Übersen-
dung ihrer Humboldtiana herzlich zu Danke verpflichtet bin.
Die drei Briefchen an Achim von Arnim und die beiden grossen
Schreiben an Friedrich August Wolf gehören zum Nachlass
Varnhagens: jene betreffen die Berufung Savignys, des Schwagers
von Arnims Freund Brentano, an die berliner Universität; diese
wird man als neue Zeugnisse der praktischen Grundsätze Humboldts während seiner Leitung des preussischen Unterrichtswesens im Jahre 1809 und seines Zusammenarbeitens mit Wolf
nach Gebühr schätzen. Die drei kleinen an Wolf gerichteten
Billete endlich entnahm ich dem grossen Bande, in dem die
Gesamtmasse der Briefe Humboldts an seinen alten philolo-
gischen Freund vereinigt ist. Als nach Wolfs Tode 1824 sein
Schwiegersohn und Biograph Körte Humboldts Briefe im Nachlass vorfand, übergab er sie diesem zur Einsicht und näheren
Angabe dessen, was etwa öffentlich davon mitzuteilen, was
zurückzubehalten wäre. Bei dieser eingehenden Durchsicht, die
im September 1825 in Burgörner stattfand, hat nun Humboldt
sehr viel, teils ganze Briefe, teils ganze und halbe Bogen ausgemerzt, an deren Stelle jetzt gekürzte Abschriften eingereiht
sind, während die Originalblätter in Tegel verwahrt werden.
Nach diesem halb originalen, halb abschriftlichen Text sind die
Briefe dann 1846 im fünften Bande von Humboldts gesammelten
Werken gedruckt worden: eine Kollation, die ich angestellt
habe, hat nicht nur zahlreiche kleinere Ungenauigkeiten ergeben,
sondern ich fand auch ausser den obigen drei Billeten noch zwei
bisher unbekannte Briefe vom 12. September 1802 und 24. September 1806, von denen wenigstens der zweite nicht uninter-
essante Notizen enthält; die Ergebnisse der Vergleichung des
Abdrucks mit den Originalen gedenke ich ein andermal vorzu-
legen. Alle acht Briefe gehören der Periode von Humboldts
Tätigkeit an, die auch die ersten Schreiben an Nicolovius
charakterisieren. Im Einzelnen bemerke ich zur Erläuterung
folgendes.

120, 10] Über Savigny vgl. oben zu 14, 30 und Humboldt an
Wolf Gesammelte Werke 5. 270. 275. 279. 281. 289.

9*

121, 16] Vgl. an Wolf Gesammelte Werke 5, 268.

121, 20] Dieser Brief ist der Gesammelte Werke 5, 271 abgedruckte vom 28. Juli.

121, 23] Ludwig Friedrich Heindorf (1774—1816), einer der Lieblingsschüler Wolfs, seit 1796 Subrektor am kölnischen Gymnasium in Berlin, wurde 1809 Professor an der Universität daselbst, 1811 in Breslau, 1816 in Halle; vgl. Bursian Allgemeine deutsche Biographie 11. 385 und Humboldt an Wolf Gesammelte Werke 5, 165. 270. 271.

122, 4] David Schulz (1779—1854), ebenfalls ein Schüler Wolfs, 1806 Privatdozent der Philologie in Halle. wurde 1809 Nachfolger Steinbarts in der theologischen Fakultät in Frankfurt und ging 1811 nach Breslau; vgl. Tschackert Allgemeine deutsche Biographie 32, 739 und Humboldt an Schleiermacher Aus Schleiermachers Leben 4, 171.

122, 4] Über Augusti vgl. oben zu 14, 30 und Humboldt an Schleiermacher Aus Schleiermachers Leben 4. 170. 171.

123, 12] Johann August Sack (1764—1831), seit 1798 geheimer Oberfinanzrat, war seit 1806 Zivilgouverneur von Berlin; vgl. Petrich Allgemeine deutsche Biographie 30, 152. Über die „Fehde wegen der Kunstakademie" kann ich Näheres nicht angeben.

123, 30] Über Süvern vgl. oben zu 10, 10; ferner Humboldt an Goethe S. 233; an Wolf Gesammelte Werke 5, 277. 278. 279; an Welcker S. 52; an Schleiermacher Aus Schleiermachers Leben 4, 170.

124, 9] Über Fichtes Stellung zu den humboldtschen Reformen vgl. Fichtes Leben und literarischer Briefwechsel[2] 1, 415.

124, 22] Ernst Gottfried Fischer (1754—1831), seit 1787 Professor am grauen Kloster in Berlin, wurde 1810 Professor der Mathematik an der Universität; vgl. Cantor Allgemeine deutsche Biographie 7, 62. Er war einer der Jugendlehrer der Brüder Humboldt gewesen (Bruhns, Alexander von Humboldt 1, 26).

124, 24] Konrad Mannert (1756—1834), seit 1796 Professor der Geschichte in Altorf, seit 1805 in Würzburg. war seit 1807 in Landshut; vgl. Wegele Allgemeine deutsche Biographie 20, 199.

125, 2] Ernst Peter Johann Spangenberg (1784—1833) war seit 1808 Assessor in Göttingen, von wo er 1815 nach Zelle ging; vgl. Eisenhart Allgemeine deutsche Biographie 35, 41.

125, 4] Über Uhden vgl. oben zu 10, 15 und Humboldt an Goethe S. 183.

125, 30] Karl Ferdinand Friedrich von Nagler (1770—1846) war seit 1809 Kabinetssekretär der Königin und geheimer Staatsrat; vgl. Kelchner Allgemeine deutsche Biographie 23, 233.

126, 10] Johann Joachim Bellermann (1754—1842) war seit 1804 Direktor des kölnischen Gymnasiums in Berlin; vgl. Bellermann Allgemeine deutsche Biographie 2, 307 und Humboldt an Wolf Gesammelte Werke 5, 271. 277.

126, 28] Friedrich August Gotthold (1778—1858), seit 1806 Prorektor in Küstrin, wurde 1810 als Direktor an das Friedrichskollegium in Königsberg berufen; vgl. Kaemmel Allgemeine deutsche Biographie 9, 485 und Humboldt an Wolf Gesammelte Werke 5, 270. „Dass Ihnen Gotthold gefällt, ist mir ungemein lieb; sein Äusseres ist von der Art, dass es Vertrauen einflössen muss, und ich hoffe, dass ihm auch diese empfehlende Eigenschaft in seinen Schulverhältnissen nützlich sein soll" schreibt Humboldt am 19. April 1810 an Motherby (Dorow, Faksimile von Handschriften 2, 3).

127, 4] Friedrich Konrad Leopold Schneider (1786—1821) wurde 1809 Professor der alten Sprachen am Joachimsthal in Berlin; vgl. Hoche Allgemeine deutsche Biographie 32, 110 und Humboldt an Wolf Gesammelte Werke 5, 270.

127, 5] Immanuel Bekker (1785—1871), ein Schüler Wolfs, wurde 1810 Professor in Berlin; vgl. Halm Allgemeine deutsche Biographie 2, 300 und Humboldt an Wolf Gesammelte Werke 5, 296. Ein Brief Humboldts an ihn vom 3. November 1809 ist Preussische Jahrbücher 29, 566 gedruckt.

127, 8] August Matthiae (1769—1835) war seit 1802 Direktor des Friedrichsgymnasiums in Altenburg; vgl. Hoche Allgemeine deutsche Biographie 20, 626.

127, 9] Karl Gottlob August Erfurdt (1780—1813), seit 1807 Konrektor in Merseburg, wurde 1810 Professor in Königsberg; vgl. Bursian Allgemeine deutsche Biographie 6, 195.

127, 9] August Gotthilf Gernhard (1771—1845) war seit 1800 Subrektor in Naumburg: vgl. Eckstein Allgemeine deutsche Biographie 9, 37.

127, 11] Georg Ludolf Dissen (1784—1837), seit 1808 Privat-dozent in Göttingen, ging 1812 als Professor nach Marburg, 1818 nach Göttingen zurück; vgl. Mähly Allgemeine deutsche Biographie 5, 254.

127, 12] Johann Christian Friedrich Dietz (1765—1830) war Rektor der Stadtschule in Ratzeburg.

127, 15] Über Zeller vgl. oben zu 5, 8.

127, 24] Dieser 1803 verfasste Aufsatz ist gedruckt bei Körte, Friedrich August Wolf über Erziehung. Schule, Universität S. 95.

128, 6] Zu Humboldts Reform der liegnitzer Ritterakademie vgl. seinen Aufsatz Gesammelte Werke 5, 344 und seinen Brief an den breslauer Professor Reiche vom 4. Juni 1809 Blätter für literarische Unterhaltung 1847, 478.

128, 12] Vom selben Tage sind die Briefe an Wolf Ge-sammelte Werke 5, 276 und an Nicolovius oben S. 10.

128, 23] „Humboldt ist von seiner Erbschaftsreise endlich zurück; er scheint wirklich ernsthafte Anstalten zur Universität zu machen; leider sind nur die Finanzen jetzt mit dem Innern in grossen Differenzen" schreibt Arnim am 8. Februar 1810 an Dorow (Dorow, Reminiszenzen S. 105).

129, 1] Das Billet ist wahrscheinlich vom 1. März 1810; vgl. an Wolf Gesammelte Werke 5, 278, wo die Nr. 73 jeden-falls auf den 19. Februar zu datieren ist.

129, 3] Frau von Berg erwähnt Humboldt auch an Jacobi S. 89 und an Wolf Gesammelte Werke 5, 278.

129, 20] Dies Billet dürfte auf den 21. März 1810 zu datieren sein und gehört inhaltlich aufs engste zu der wahrscheinlich am 13. März geschriebenen Nr. 72 Gesammelte Werke 5, 276.

129, 23] Karl Abraham Freiherr von Zedlitz (1731—1793) war 1771 bis 1788 Kultus- und Unterrichtsminister, der Vor-gänger Wöllners.

130, 5] Als Datum für das Billet ist der 17. Mai 1810 an-zusetzen. Savignys Abschied aus Landshut wird eingehend in Bettineus Briefen geschildert.

130, 13] Das Datum dieses Billets kann ich näher nicht bestimmen, doch scheint es mir später als alle früheren geschrieben; in dem Sammelbande der humboldtschen Briefe ist es zwischen Nr. 78 und 79 eingereiht.

130, 22] Dienstags und Freitags fanden die Sitzungen der Sektion für Kultus und Unterricht statt: vgl. oben 18, 5; an Wolf Gesammelte Werke 5, 278.

REGISTER.

Weimar. — G. Uschmann.

QUELLENSCHRIFTEN

ZUR

NEUEREN DEUTSCHEN
LITERATUR- UND GEISTESGESCHICHTE.

HERAUSGEGEBEN

VON

ALBERT LEITZMANN.

III.

TAGEBUCH

WILHELM VON HUMBOLDTS

VON SEINER REISE NACH NORDDEUTSCHLAND
IM JAHRE 1796.

WEIMAR.
VERLAG VON EMIL FELBER.
1894.

TAGEBUCH

WILHELM VON HUMBOLDTS

VON SEINER REISE NACH NORDDEUTSCHLAND IM JAHRE 1796.

HERAUSGEGEBEN

VON

ALBERT LEITZMANN.

WEIMAR.

VERLAG VON EMIL FELBER.

1894.

Inhalt.

Die Herausgabe des vorliegenden Reisetagebuches von Wilhelm von Humboldt bedarf keiner Entschuldigung und keiner Rechtfertigung. Ein Mann voll der reinsten Begeisterung für alles Grosse und Schöne, voll der innigsten Empfänglichkeit für alle Eindrücke in Natur und Menschenleben schildert hier seine Empfindungen und Erlebnisse auf einer Reise in das nördliche Deutschland. Nach meinem Gefühl verdienen seine Schriften einen der ersten Plätze in dem Bücherschatze aller Derjenigen, die die grosse vergangene Epoche unsrer Literatur noch warm am Herzen tragen und von einer Vertiefung in ihren Geist heilsame Wirkungen für unsre Zukunft erhoffen. Die Persönlichkeit Wilhelm von Humboldts mit ihrer gleich warmen Begeisterung für Deutschtum und Griechentum, ihrer kräftig und selbständig ausgestalteten, doch immer innig in den Tiefen der Gefühle wurzelnden Gedankenfülle wird, wenn mich nicht alles täuscht, für uns Deutsche noch zu einer grossen idealen Führerrolle bei einer Wieder-

geburt unsres Geistes berufen sein, die wir sehnlichst
erhoffen und erstreben. Je besser wir Humboldt verstehen und würdigen, je tiefer wir eindringen in sein
Wesen und seine Werke, desto freier, reicher und
glücklicher werden wir uns entwickeln. —

Das Original des nachfolgenden Tagebuchs befindet
sich in Humboldts Nachlass im Schlosse zu Tegel.
Die Erlaubniss zur Veröffentlichung verdanke ich der
verehrten Besitzerin und Hüterin des tegeler Haus-
archivs, Humboldts Enkelin, Frau Majorin Konstanze
von Heinz, geb. von Bülow. Ihres nun schon durch
Jahre hindurch mir bewiesenen freundschaftlichen und
bereitwilligen Entgegenkommens durfte ich mich auch
bei dieser Arbeit wie bei so mancher früheren in
herzlicher Dankbarkeit erfreuen.

Auf die Zusammenstellung der Erläuterungen ist
besondere Sorgfalt verwendet worden. Die Auffindung
und Abschrift des im Anhang abgedruckten Theeliedes
der Frau Reimarus danke ich Herrn Direktor Karl
Redlich in Hamburg; einige pommersche und rügische
Personalien haben mir die Herren Doktoren Rudolf
Baier in Stralsund und Martin Wehrmann in Stettin
auf meine Bitte freundlichst zugesant.

Jena, 24. Juli 1894.

Albert Leitzmann.

Reise
nach
Stettin, Straßund, Rügen, Rostock, Lübeck und Hamburg.
1796. 3. August bis 17. September.

[1.
Stationen und Meilenzahl.]

2.
Tagebuch.

3. August bis Schwedt gefahren. (von 4. Morgens bis 12. Nachts.)

4. August bis Stettin gefahren. (von 12. Mittags bis 9. Abends.)

5. August in Stettin. — Gallerie des Schlosses. — Statue des Königs. — Wall. — Fahrt zu Wasser nach Frauendorf. — Abendessen beim ConsistorialRath Brüggemann.

6. August Wasserfahrt nach der Sanneschen Mühle. — Reise nach Schöningen.

7. August. In Schöningen. — Rückreise nach Stettin.

8. August bis Anclam. (von 5. Morgens bis 7. Abends.)

9. August nach Greifswalde (von 4. bis 9. Morgens) — in Greifswalde. Akademisches Gebäude. — Bibliothek. — Wall. — Nicolai Kirche. — nach Stralsund. (von 1. bis 6. Abends.) — an der Fährbrücke am Strand.

10. August in Stralsund. — Nicolai· — Jacobi· — Marien Kirche. — Wall. — Castadie. — Ueberfahrt nach Alten Fehr. — von da nach Bergen. — Rugard.

11. August nach Sagard über die Prora. — Brunnen anstalten. — Dobberwort. — Fahrt nach Bobbin und Quoltiz. — Cabinet des Pastors Franck. — Tempel berg. — Quoltizer Berg.

12. August nach der Stubbenkammer über Hoch Selow. — Herthaburg. — Burgsee oder schwarzer See. — Stubbenkammer. — Königsstuhl. — Wasserfahrt nach Saßenitz. — Rückfahrt nach Sagard. — Abendessen bei dem Pastor von Wyllich.

13. August nach Altenkirchen. — von da über Vitte nach Arcona. — Mittagessen bei Kosegarten. — zurück nach Bobbin — Abendessen bei Pastor Frank. — zurück nach Sagard.

14. August nach der Herthaburg und Stubbenkammer. — Abendessen bei Pastor von Wyllich.

15. August Rückfarth nach Stralsund über Putbus und Poseritz. — Putbusser Garten.

16. August in Stralsund.

17. August nach Rostock. (von ½ 6. Morgens bis 7. Abends.)

18. August in Rostock. — Wall. — Strand. — Marien-Kirche. — nach Doberan. — Seebad.

19. August in Doberan. — Kirche. — Jungfern- und Büchenberg. — nach Wismar.

20. August nach Lübeck. (½ 7. Uhr Morgens bis ½ 7. Abends.)

21. August in Lübeck. — Wall. — nach Eutin. (½ 4 Nachmittags bis 9. Abends.)

22. August

23. August fahrt nach Sielbeck. } in Eutin.

24.—26. August

27. August nach Ploen. — Schloßgarten. — Barmüllers Koppel. — Mittag bei Hennings. — nach Aschberg zu Graf Ranzau. — Garten. — nach Segeberg.

28. August nach Tremsbüttel zu Graf Christian Stolberg.

29. August nach Wandsbeck. — Mittag bei Graf Schimmelmann.

30. August in Wandsbeck. — Fahrt nach Hamburg. — Mittag beim D. Reimarus.

31. August nach Flotbeck zu Voght. — Tempel. — Garten. — Bibliothek und physikalische Instrumente. — nach Neumühlen zu Puhl und Sieveking.

1. September in Neumühlen. — Garten. — Dänische Fregatte.

2. September nach Hamburg. — Besuche dort. — nach Wandsbeck zurück.

3. September

4. September fahrt nach Billwerder zu Kaufmann Schubach. } in Wandsbeck.

5. September

6. September Nachmittag nach Hamburg. — Komödie.

1*

7. September Kaufmannsläden. — Besuch bei Klopstock. — zurück nach Wandsbeck.

8. September

9. September

10. September Fahrt nach Hamburg. — | in Wandsbeck.
Baumhaus. — Hafen. — Club.

11. September

12. September nach Neumühlen.

13. September nach Hamburg. — Fortifications Haus. — zurück nach Wandsbeck.

14. September bis Lübthen gefahren. (von 6. Uhr Morgens bis 11. Uhr Abends.)

15. September bis Kyritz gereist. (von 6. Uhr Morgens bis wieder 5. Uhr Morgens.)

16. September nach Tegel zurückgekommen. (von 5. Uhr Morgens bis 9. Uhr Abends.)

17. September nach Berlin.

3.

Der Weg von Berlin bis Schwedt wenigstens stellenweis sehr sandig. Gegen Neustadt Eberswalde hin auch steinigt. Neustadt hat eine hübsche Lage. Zwischen Neustadt und Angermünde schöne Buchwälder. Corin ein ehemaliges Kloster. Der Anfang der Ukermark ist durch die größere Festigkeit und Fruchtbarkeit des Bodens, die größere Güte des Viehes, die verschiedene Art des Anspannens u. s. w. sehr kenntlich.

4.

Schwedt. Hübsche Aussicht von der Oderbrücke, links auf Wiesen und kleine Gebüsche, rechts auf Wälder und

Berge. Dieselbe Aussicht vom Schloßgarten, der übrigens weder groß noch schön ist. Das Schloß gewährt einen schönen Anblick von jenseits der Oder, und hat nach der Stadt zu einen großen, schön bepflanzten Hof. Die Stadt selbst ist ziemlich angenehm, und in einigen Straßen sind Alléen. — Wirthshaus bei Torganis. — Viel Tobacks-bau um Schwedt herum.

5.

Weg nach Stettin. — Großentheils, vorzüglich die erstere Hälfte, sehr sandig. Auf der ersten Hälfte auch viel Kienwälder, in denen aber viel Eichen sind. Hinter Vierraden macht die Wels die Gränze von Pommern. In der Ferne rechts sieht man Gartz; die Oder nirgends; überhaupt hat der ganze Weg keinen einzigen angenehmen Punkt. Vor Stettin ist eine vierfache schöne Lindenallée; sonst ist die Gegend sandig, und unangenehm. Die Thürme der Stadt sieht man wohl schon 1½ Meilen vor der Stadt.

6.

Stettin. 55° 22' 10" Breite. 32° 22' 10" Länge. 1608. Häuser. 15485. Einwohner. Dieß ist Randels An-gabe. Da sich die Bevölkerung noch immer vermehrt, so kann man jetzt, wie mir Brüggemann sagte wohl 20000 rechnen. — Sehr bergigt. — Die Straßen, be-sonders in der Unterstadt eng und winklig. Die Häuser in der Regel schlecht; viel Giebel nach den Straßen zu. Dagegen sind auch die breite und Mühlenstraße und der

Roßmarkt sehr gut bebaut. Die Häuser sollen in sehr hohem Preis seyn. — Der Wall, eine angenehme Promenade, aber die Aussicht sehr durch Bäume verhindert. Man muß ein Wallbillet vom Gouverneur haben. — Die Festungswerke verfallen zum Theil, Außenwerke sind nur sehr wenige. Die Gefangnen sind im Fort Preußen am Berliner Thor. — Die Statue des Königs am Paradeplatz. Sie macht sich sehr gut durch die Wand von grünen Bäumen, vor der sie steht. — Von der Gallerie des Schlosses ist eine überaus schöne Aussicht, vorzüglich nach der Wasserseite hin. Der Dammsche See zur Rechten der Oder macht eine sehr große und schöne Wasserfläche. In denselben fließen zwei Arme der Oder, oberhalb die Pernitz, unterhalb der Dunsch. Zwischen diesen Armen sind große und schöne Wiesen. Ganz in der Ferne sieht man das Haff. Die Oder selbst ist nicht sehr breit, ist aber ganz mit Schiffen bedeckt. Die Ufer unterhalb sind theils Wiesen, theils Aecker, mit einzelnen Baumgruppen, und Häusern. Hinten schließt das Dorf Frauendorf auf einer Anhöhe die Gegend. So wie Frauendorf sich mit seiner Anhöhe auf der Nordseite an die Oder anlehnt; so liegt südwärts an derselben das Dorf Curow, so daß diese beiden Höhen den ganzen Lauf der Oder, soweit man ihn übersieht, sehr gut begrenzen. Oberhalb zu, nach Schwedt herunter ist die Gegend weniger mannigfaltig und fruchtbar. Doch giebt die Oder, die man in einer sehr großen Strecke von Mittag nach Mitternacht übersieht, einen sehr reizenden Anblick. Hinter dem Dammschen See sieht man die Thürme von Damm. — Beim Einbruch des Winters werden die Güter der noch nicht ausgeladenen Schiffe auf Schlitten mit Einem Pferd, deren manchmal 5—600 auf der Oder sind, heraus-

gefahren. In solchen Schlitten kann Ein Pferd auf
20 Centner ziehen. — Es ist hier ein Eisenmagazin,
welches die Versendung des inländischen Eisens nach ganz
Pommern und Preußen zu besorgen hat. Es bekommt
das Eisen größtentheils aus Schlesien. Vor 8 Jahren
ging noch jährlich auf 15000 Centner von hier nach
England. Jetzt hat der Gebrauch des Eisens im Lande
so zugenommen, daß die angefertigte Quantität, trotz des
jetzt größern Betriebs, nicht einmal zur Versorgung des
Landes hinreicht. — Die größesten Kaufmannshäuser sind
hier: Velthusen, der eine Zuckersiederei, Tobacksfabrik,
Weinhandel u. s. f. und Salinger, der Weinhandel und
Tobacksfabrik hat. — Die Gesellschaft soll hier sehr nach
den Ständen abgesondert seyn, und der Adel und die
Kaufmannschaft nur sehr wenig zusammenkommen. —
Das Hospital für königliche Bediente; sie werden verpflegt
und bekommen eine Art von Praebende, hier Pröbe
(von praebere) genannt. Das Gebäude ist neu und
hübsch. — Das Zeughaus in einer ehemaligen Kirche.
Denkmal Barnims 4. des Großen und Guten. Einfache
Inschrift von Barnim 10. — Besichtigung eines Schiffs
von etwa 120. Lasten. Die Matrosen sind hier enrolle-
mentsfrei, sie bekommen 10—15 Thaler monatlich und
freie Kost; der Steuermann noch Einmal, der Schiffer
(capitaine) zweimal soviel. Verschiedene Namen der
Schiffe: Schnaue und Brigge, lange Schiffe mit zwei,
die erstern mit gleich, die letztern mit ungleich hohen
Masten. Galliote mit rundem, Galliasse mit plattem
Hintertheil. Leichter und Jachten, kleinere, meist ein-
mastige Schiffe, welche gebraucht werden, einen Theil der
Güter der größern Schiffe von Swinemünde hieher und
von hier dorthin zu führen, welches man ableichten

nennt, da die größern Schiffe nicht mit voller Ladung
hieher kommen können. Es lagen gerade zwei kleine
Holländische Schiffe hier; sie sind am Bau, und an den
Schilden kenntlich, die sie zu beiden Seiten wie Windmühlenflügel ins Wasser herablassen. Größere seegelnde
Schiffe geben einen majestätischen Anblick. Von hinten
angesehn erhebt sich das Hintertheil, mit den Fenstern
der Kajüte, dem Namen des Schiffs und dem Steuer;
dann sieht man die Masten mit den beiden Raaen, Mast-
körben, Seegeltauen, Seegeln u. s. f. vorn ist der Bog-
spriet, der weit übers Schiff hinaus geht, und auch ein
Paar Seegel hat und die Anker. Das Vordertheil ist
gekrümmter. So klein auch hier die Schiffe vergleichungs-
weise sind, so war es mir, da ich noch nie so große gesehn, doch ein sehr überraschender Anblick. Sie erregen
zugleich die Empfindung der Schnelligkeit und Sicherheit
und das lebhafteste Bild von menschlicher Industrie,
Ordnung und Kühnheit. Inwendig ist jeder Raum, auch
der kleinste zu Schränken, Betten, u. s. f. benutzt; alle
Bewegungen sind so schnell und regelmäßig. Das Klettern
der Matrosen sieht unglaublich kühn aus; hinauf gehn
sie auf Strickleitern, aber herunter gleiten sie an den
bloßen Tauen. — Wasserfahrt nach Frauendorf einem
Dorf links an der Oder eine Stunde weit, der gewöhnliche Ort für Spaziergänge der hiesigen Einwohner. Die
Aussicht vom Weinberg ist sehr schön, und für die mitter-
nächtliche Seite der Gegend um die Stadt, die man vollkommen übersieht, schöner als die von der Gallerie des
Schlosses. Man übersieht besonders den Dammschen See
bei weitem vollständiger. Wenn man sich mit dem
Gesicht nach der Stadt wendet, hat man zur Linken gleich
jenseits der Oder die Podjuchschen Berge, die zweiten in

der Höhe unter allen Pommerschen; an diese stößt noch
weiter links der Dammsche See, der zuerst mit der Oder
parallel geht, sich aber nachher mit ihr vereinigt. Dicht
vor Frauendorf geht ein dritter Arm die Swante von
der Oder in den 8 Meilen langen Dammschen See. Von
den Podjuchschen Bergen und dem Dammschen See an
bis zur Oder sind die schönsten und lachendsten Wiesen,
mit schön gruppirten Gebüschen. Auf dem andern Ufer
der Oder ist Ackerfeld, das sehr gut dagegen absticht,
und von Stettin bis Frauendorf Dorf an Dorf so nah,
daß sich die Gränzen in einander verlieren. Gleich zu=
nächst an der Stadt die UnterWycke, die Vorstadt von
Stettin, dann ein sonderbares Dorf Grabow. Die Häuser
liegen hart an der Oder und 100—200 Schritt hinter
ihnen sind steile Sandhügel. Das ganze Territorium
dieses Dorfs ist der Fleck zwischen ihren Häusern und
diesen Sandhügeln. Die Einwohner nähren sich von
Gärtnerei, und leiden nicht leicht von Ueberschwemmungen.
Frauendorf zeigt sich von der Oder aus sehr romantisch;
die Häuser liegen, von lauter dichtem Gebüsch umgeben,
den Abhang eines Berges hinauf, auf den ein Weg durch
das Gebüsch durch zwischen grünen Hecken führt. Von
der Höhe sieht man Gollnow, Damm, Greiffenhagen und
Stettin. Die Oder hat hier eine merklich grünliche Farbe,
ist aber bei weitem weniger stürmisch und schnell als
der Rhein, und die Elbe. Die Ufer sind durchaus flach. —
Es sind zwei große Schulen hier, das Gymnasium und
die Rathsschule oder das Lyceum. Von beiden gehn
etwa gleichviel junge Leute auf die Universität. Man
arbeitet jetzt an ihrer Vereinigung, die aber, da der König
Patron des ersteren, der Rath des letzteren ist, schwerlich
Statt finden wird. — Eine große Unbequemlichkeit für

die Einwohner iſt es, daß Stettin eine Feſtung iſt. Der
Spaziergang auf dem Wall iſt dadurch gehemmt; die
Thore, außer dem Berliner, und dem Baum werden zu
gewiſſen Stunden geſperrt; und an den angenehmſten
Ufern der Oder in der Gegend der Wycke wird keine
andre Erlaubniß, Häuſer zu bauen ertheilt, als für höl-
zerne, und unter der Bedingung, im Fall einer Belage-
rung niedergeriſſen zu werden. Daher auch nur erſt
ganz neuerlich einige wenige Privathäuſer dorthin gebaut
worden ſind, und bloß ſchlechte und kleine Hütten dort
ſind. — Waſſerfahrt nach der Sanneſchen Mühle. Es
iſt eine Wind-Schneide-Mühle, dergleichen es bei Memel
und Königsberg mehrere geben ſoll. In Pommern iſt
ſie jetzt die Einzige. Eine kleinere, die ſonſt hier ſtand,
iſt nach Spandau gekommen. Der verſtorbene Senator
Sanne hat ſie auf einer kleinen zum Dorfe Curney ge-
hörigen Inſel in der Oder, eine kleine Stunde oberhalb
Stettin vor 15—16. Jahren erbaut. Es ·iſt eine gewöhnliche Holländiſche Windmühle; an der Kuppel ſind die
Windflügel befeſtigt, die mit der ganzen Kuppel bewegt
werden können; in dem Stockwerk drunter iſt die ganz
eiſerne Welle, von welcher 3 Balken heruntergehn, an
deren jedem die Sägen zum Durchſchneiden zweier Blöcke,
die auf Einem Wagen gehen, befeſtigt ſind. Im unterſten
Stockwerk ſind die Sägen ſelbſt. Es ſind 3 Blockwagen,
jeder zu 2 Blöcken, ſo daß 6 auf Einmal geſchnitten
werden. Die Zahl der Sägen wechſelt nach der Stärke
des Windes, und iſt aufs höchſte 48—52. Vorn und
hinten iſt ein Geſchiebe angebracht, durch das die Blöcke
aus dem Waſſer auf die Wagen gebracht, und nachdem
ſie zerſchnitten ſind, wieder heruntergezogen werden. Der
Bau ſoll 24000 Thaler gekoſtet haben. Bei vollkommen

gutem Winde schneidet die Mühle in 24 Stunden: 21
—24 Blöcke, jeden zu 24' Länge. Die meisten hier
geschnittenen Balken und Bretter gehen auswärts und
vorzüglich nach Spanien. Der Hauptvorzug ist der, daß
aller Landtransport dadurch unnöthig gemacht wird.
Die Gegend bis zur Mühle ist zwar nicht ganz so schön,
als die unterhalb der Stadt, indeß doch auch recht an=
genehm. Dicht an der Stadt ist die obere Vorstadt der=
selben, die OberWyck. Hernach kein Ort mehr dicht
an der Oder, aber mehrere in einiger Entfernung. Die
Oder ist hier breiter. — Wir fuhren auf einem Schiff,
das man hier einen Hoyer nennt, einen kleinen Segel
hat und von zwei Menschen, jeder mit zwei Rudern ge=
rudert wird. Noch kleinere Schiffe heißen Pulte und
Boden. Die Frau, die uns fuhr und der das Schiff
gehörte sprach mit Homerischer Naivetät, erzählte viel
von seefahrenden Leuten (ναυπλοι ανδρες) von einem
Schiffer, der so klug und deutlich erzählt und alles aus=
gelegt habe, daß man ihm Tage lang hätte zuhören
mögen, wo sie aber hinzusetzte, daß nicht alle gleiche Gaben
hätten, und freute sich, daß ihre Flagge allein, hinter
dem Adler noch ein Dammbrett habe. Sie brauchte
mehrere ganz ungewöhnliche Ausdrücke. Auffallend durch
seine energische Kürze war mir der: die Breck=see (Brech=
See). Ein Schiffer, sagte sie, sei durch eine Welle vom
Schiff geworfen, durch die Brecksee aber (den Theil der
Welle, der indem sie sich an die nächste vor ihr bricht,
zurückfällt) wieder hinaufgeschleudert worden. Intressant
ist es diese Leute von fernen Ländern reden zu hören.
Von Oporto sagte ein alter Schiffer: am Ende von
Frankreich, in Portugall. Ihr Ideenkreis ist, da ent=
weder sie selbst oder ihre Verwandte Seereisen gemacht

haben, offenbar mehr erweitert, und ihre natürliche Ein-
falt erscheint dadurch noch naiver. Die Matrosen können
hier selten schwimmen. Unsre Schiffsfrau meynte, sie
stürben auch dann nur noch schwerer und quälten sich
länger. — Die Stadt nimmt sich von der Greiffenhagner
Seite, oberhalb besser aus, als unterhalb von Frauendorf,
weil man zugleich die Unterstadt sieht, welche dort durch
die Oberstadt verdeckt wird. — Den Tag unsrer Abreise
ging ein dreimastiges Schiff von 200 Lasten vom Stapel.
Wir sahen es aber nicht, weil wir eine Viertelstunde zu
spät kamen. Dieß Schiff hat allein 6000 Thaler Holz
gekostet. Die übrigen Unkosten rechnet man auf noch
einmal so hoch. — In des OberEmpfänger Wißmanns
Garten steht ein Baum, den die Kaiserin von Rußland,
als ihr Vater, der Fürst von Zerbst, hier Gouverneur
war, selbst gepflanzt hat. Sie pflegt auch von allen
Medaillen, die in Rußland geschlagen werden, an den
hiesigen Magistrat ein Exemplar in Golde zu schenken.
Es sind von denselben jetzt 150. hier, die man als ein
Capital von 6000 Thalern rechnet. — Stettin ist für
seine Größe außerordentlich volkreich und die Zahl der
Einwohner nimmt noch täglich zu. Daher steigt auch
mit jedem Jahr der Preis der Lebensmittel, und vorzüglich der Miethen. Die Quartiere sind außerdem noch
darum seltner, weil die Kaufleute, wie sehr auch die
Größe ihrer Häuser ihre Bedürfnisse übersteigen möchte,
dennoch nie vermiethen, sondern dieß als etwas ihrer
Unwürdiges ansehn. Die Industrie scheint sehr groß,
wenigstens ist besonders auf der Lastadie und an der
Wasserseite überhaupt unaufhörlich viel Leben und Thätigkeit. Der Handel nimmt täglich zu, wobei aber diejenigen
Einwohner die keinen Theil daran haben, wegen der

zunehmenden Theurung eher verlieren, als gewinnen.
Im Ganzen ist viel Reichthum, unter den Kaufleuten,
den Handwerkern, die Materialien zur Schiffarth liefern,
und einigen andern, Brauern, Branntweinbrennern u. s. f.
Die Armuth auf der andern Seite soll doch mäßig seyn,
und durch mehrere milde Stiftungen noch gemildert
werden. In der ungünstigsten Lage in Absicht des Auf-
wandes sind die königlichen Bedienten, die kein eignes
Vermögen haben. Der Luxus soll unter den Kaufleuten
sehr groß seyn, er scheint indeß doch kleinstädtisch. Wenigstens trägt nichts das Ansehn einer großen und luxuriösen
Stadt an sich, die Wirthshäuser sind ganz gut, aber nicht
groß und schlecht meublirt. Miethswagen sind nur ein
Paar, und auch die erst seit einigen Jahren, dagegen
sehr viel Equipagen, da jeder nur irgend bemittelte
Kaufmann eine hält. Der größte Aufwand soll im Essen
und Trinken gemacht werden. Nächstdem in Kleidern,
weniger in Meublen. An diesem mehr kleinstädtischen
Ton ist wohl der Mangel an Durchreisenden und fremden
Schuld. Die Stadt sieht völlig wie eine Provinzialstadt,
und im Ganzen unangenehm aus. Enge, bergigte und
winkligte Straßen; schlechtes Pflaster; sehr ungleiche,
größtentheils schlechte und unreine Häuser, außer den beiden
Paradeplätzen an den Wällen nur zwei äußerst mäßige
Plätze, der Roß- und Heumarkt, seit dem abgetragnen
Marienthurm gar kein großer oder schöner Thurm; gegen
die Enden der Stadt zu giebt der durchaus bepflanzte Wall
einen lachenden Anblick. In den Straßen ist viel Geschäftigkeit und hie und da Gedränge, aber Kutschen sah ich,
wahrscheinlich weil es Sommer ist, fast gar nicht. In
der Tracht der gemeinen Leute sind die übermäßig großen,
weit ausgebognen Striche der Frauenmützen auffallend.

Bekanntschaften: ConsistorialRath Brüggemann. Sehr gefällig, gesprächig, und mit allen hiesigen Merkwürdigkeiten bekannt. Auf seine Topographie ist er einzig durch die Auffoderung und Unterstützung des KammerPräsidenten von Schöning gekommen. Sonst macht er aus der Statistik kein besondres Studium. Seine Hauptbeschäftigung scheint die Literargeschichte der Classiker. Er hat eine schöne Auswahl seltner und prächtig gedruckter Englischer und Italiänischer Ausgaben der Classiker. Er giebt einen Catalogus aller Englischen Bearbeitungen derselben heraus. Er scheint mehr praktische Fähigkeit und Geschäftigkeit, als gründliches und eindringendes Studium zu besitzen. — Dr. Kölpin, Sohn des bekannten Arztes, des Professors, der aber abwesend war. Er hat auf der Dänischen Flotte im letzten Schwedischen Kriege als Chirurgus, und im letzten Französischen Kriege gedient, und wird sehr gerühmt. — BergFactor Gyse sehr gefällig und zu Nachweisungen und zum Herumführen sehr gut.

Ein gewisser Sell, Professor der Geschichte am Gymnasium arbeitet an einer Geschichte von Pommern, wozu er die von Brüggemann gesammelte Bibliothek auf der Landschaft benutzt. — Bielke, Sohn des ConsistorialRaths, ist Verfasser der (empfindsamen) Promenade in der Schweiz.

Wirthshaus: Englisches Haus.

7.

Fahrt nach Schöningen. — Dieß Dorf liegt ¼ Meile rechts von Tantow ab, das die Hälfte des Weges von

Schwedt bis Stettin macht. — Wir sahen hier die ersten großen Weizenfelder auf dieser Reise.

8.

Weg von Stettin bis Greifswalde. — Bis Ueckermünde fast beständig in einem Walde, der zwischen Falckenwalde und Ueckermünde sehr schöne Stellen hat. Zum Theil ist es bloß Laubholz, Buchen und Eichen, zum Theil aber auch Fichten. Ueckermünde ist klein und schlecht. Auf der Uecker lagen einige kleinere Schiffe. Es sollen, wegen der Nähe der Wälder hier viele Schiffe gebaut werden, doch nicht über 40—50 Lasten. Von der Gallerie des Schlosses soll eine schöne Aussicht aufs Haff seyn; aber die Treppe ist unzugänglich und verfallen. Wirthshaus: Englisches Haus. — Hinter Ueckermünde sieht man in großer Nähe einen kleinen Theil des Haffs. Es sieht wie ein großer See aus, nur ist das Wasser mehr dunkelblau. Bei Ueckermünde ist ziemlich viel Sand. Von da bis Greifswalde nimmt der Boden immer an Fruchtbarkeit zu. Zum Theil ist es sehr tief und sumpfigt. Es ist hier überall noch Erndte, und mehreremale sahen wir zu beiden Seiten nichts als Weizengarben, so weit das Auge reichte. Die Gegend ist durchaus flach. Wald ist gegen Greifswalde zu immer weniger. — Anclam, größer, aber fast noch schlechter gebaut, als Ueckermünde. Die Gegend flach und ganz uninteressant. Wirthshaus: bei Karsch, der wie er sagt, ein Verwandter der Dichterin Karschin ist.

9.

Schwediſch Pommerſches Geld. Man rechnet nach Thalern und Schillingen, von denen 48 auf einen Thaler gehn. Die ſogenannten Zweidrittelſtücke (Gulden) gelten 33 Schillinge. Für den Friedrichsd'or bekommt man 4 Thaler 28. Schillinge. Die ⅔ Stücke heißen auch Kronen= thaler. Nur per abusum. Sonſt iſt ein Kronenthaler eine Stralſundiſche Münze von 32. Schillingen. Daß die ⅔ Stücke 33 Schillinge gelten, iſt erſt neuerlich durch ein Edict des Fürſten Heſſenſtein feſtgeſetzt. — Ein Witten, eine Scheidemünze, deren 4 auf 1 Schilling gehn.

10.

Greifswalde. — Ziemlich groß; in ſehr antikem Geſchmack gebaut, doch große und anſehnliche Häuſer. Vorzüglich iſt am Markt ganz Gothiſche Bauart. Sehr viele Zierrathen und die Giebel, die faſt alle nach der Straße zu ſtehn, in eine Menge von Stockwerken abge= theilt. — Die NicolaiKirche hat einen ziemlich hohen, ſonderbar und ganz gothiſch gebauten Thurm. Inwen= dig iſt das Gewölbe ſehr hoch. — Auf dem Wall iſt ein bepflanzter Spaziergang. Die Ausſicht iſt nirgends vorzüglich; indeß doch noch am beſten am Steinbecker Thor, wo der Rücksgraben fließt, und man bis nach der Wyck hinſehn kann. Bei ſehr heitrem Wetter ſoll man Rügen ſehen können. — Das Academiſche Gebäude. Es ſteht an einem großen Platz iſt von 3 Stockwerken und beträchtlicher Länge. Es iſt auf Koſten der Uni=

versität erbaut und kostet 80000 Thaler. Außer zwei
Wohnungen für zwei Professoren sind ein großes und
ein kleines Auditorium, die Bibliothek, eine Sammlung
physikalischer Instrumente und eine Modellenkammer
darin. Die Bibliothek ist Ein großer hübsch eingerich-
teter Saal mit einer Gallerie oben. Außerdem sind noch
einige besondre Zimmer, eins für Manuscripte; zwei
andre für zwei von Professoren legirte besondre Bibliotheken (wovon eine die Ahlwardtische) und eines, welches
bloß Pommern betreffende Schriften enthält. In diesem
stehn auch in einem Schrank die von Professor Gadebusch über Pommern gesammelten schriftlichen Nachrichten. Die Zahl der Bände soll 28000, der Werke
vielleicht 60000 betragen. Das publicistische Fach soll
am beßten besetzt seyn. Wir sahen mehrere kostbare
Kupferwerke. Von Hevelii Cometographia, wovon nur
3 Exemplare existiren, da die übrigen verbrannt sind, ist
eins hier. Auch sahen wir die Ackermannschen Globen,
die (20 Thaler kosten, wohl noch einmal so groß als
die Borlischen, aber nicht halb so sauber gestochen sind.
Das Academische Gebäude ist 1748. zu bauen angefangen
worden. Auch ist es in modernem und gutem Geschmack
aufgeführt. Hinter demselben ist der botanische Garten,
der nicht groß ist, aber reich bepflanzt scheint. Er hat
ein sehr großes Treibhaus.

Professor Möller, Professor der Geschichte und sonst,
jetzt nicht mehr Bibliothekar, ein äußerst sanfter, ge-
fälliger und liebenswürdiger alter Mann. Er hat ein
Schwedisches Wörterbuch geschrieben. — Professor Briß-
mann und Gadebusch und D. Weigel fand ich nicht zu Hause.

Die Universität hat etwa 60 Studenten. Die Preußischen und Mecklenburgischen Verbote, fremde Universi-

täten zu besuchen, sind vorzüglich an dieser geringen Anzahl Schuld. Professoren sind 15 ordinarii, überhaupt aber einige 20. Von den beträchtlichen Einkünften nehmen die Gebäude sehr viel weg. Ein gewöhnliches ProfessorenGehalt ist von etwas mehr als 400 Thaler. Der Bibliotheksfonds 600 Thaler. Vor kurzem ist ein auch im Akademischen Gebäude befindliches Naturalien= (meistentheils Mineralien=) Cabinet für 2000 Thaler angeschaft worden.

Neben der Stadt am Rücksgraben ist ein Salzwerk. Die Sole wird durch Pumpen, die durch Windmühlen= flügel getrieben werden, auf die Gradirhäuser geleitet, auf deren Dächern die Windmühlenflügel angebracht sind.

Wirthshaus: bei Wilhelmi.

11.

Weg von Greifswalde nach Stralsund. — Zeichnet sich durch nichts, als durch die außerordentliche Frucht= barkeit des Bodens aus. Waizen, Gerste und Haber fanden wir vorzüglich von bewundernswürdiger Dicke und Güte. — Auf der Hälfte des Weges, in Reinbergen, wo die Postillone, wie der Greifswalder Wirth sagte, von Natur anhalten, ohne daß man es ihnen ausdrücklich sagt, ist die dicke Linde (nach Zöllners Ausmessung 37½') vor der Kirche merkwürdig. Sie scheint, wenn es Ein Baum ist, in ihrer Jugend vielleicht vom Blitz ge= spalten, und ist hernach wie in zwei Hälften ausgewachsen. Da das Ganze hol ist, so bilden diese beiden Hälften gleichsam zwei Cabinette. Der ganze Baum ist krüppel= haft und nicht schön; bei weitem schöner die ähnliche

Weide (?) bei der Buschmühle bei Frankfurth. Bald
hinter Reinberg und noch besser gegen Stralsund hin
sieht man Rügen und das Meer zwischen der Insel und
der Stadt. Wir mußten ein mehr links gelegnes Thor,
als das gewöhnliche hereinfahren, weil an diesem eine
Brücke gemacht wurde. Von dieser Seite erscheint die
Stadt recht schön. Die grünen bepflanzten Wälle geben
einen lachenden Anblick, und hinter ihnen erheben sich
die Kirchen der Stadt, vorzüglich die MarienKirche,
sehr gut.

Extrapost kostet in Schwedisch-Pommern jetzt noch,
seit der wegen der Theurung vorgenommenen Erhöhung
für Ein Pferd die Meile 20 Schilling. — Man kann
aber statt der Post, ohne Umstände einen Fuhrmann
nehmen. Ich hatte einen von Greifswalde bis Stralsund für 5 Thaler.

12.

Stralsund. — Der Kammerrath Pommer Esche war
nicht wohl, und rieth uns, gleich nach Rügen zu gehen,
da er bei unsrer Rückkunft wohl hergestellt seyn würde. —
Den Abend ging ich an die Fährbrücke, wo die Boote
nach Rügen hin- und herübergehen. Die See war durchaus still und spiegelhell. Der Mond schien herrlich, und
die Masten der Schiffe, die da vor Anker lagen, nahmen
sich prächtig aus. Ein kleines Schiff segelte nach Wittow.
Es schien bei dem wenigen Winde fast still zu stehen,
und verlor sich nur langsam nach und nach aus dem
Gesicht. Ich sprach mit Fährleuten, die eben von Rügen
her landeten. Der eine zeigte mir die Himmelsgegenden

2*

nach den Sternen, unter andern nach der Capella und schien sich den Namen, den ich ihm sagte, sehr angelegen zu merken. Das Reiterchen im Bären nennen die Schiffer hier den Dümken. — Am andern Morgen besahen wir die Kirchen. Die Nicolai und MarienKirche sind bloß wegen ihres hohen Gewölbes, besonders die letztere, merkwürdig. In der JacobiKirche sind zwei Altarblätter von Tischbein, eine Himmelfahrt und eine Kreuzabnehmung Christi. Das letztere ist wohl das beste. — Der Weg unter den Wällen ist bepflanzt und ein hübscher Spaziergang. Oben auf den Wällen dürfen nur Officiere oder solche, die ein Wallbillet haben, gehen. — Die Castadie ist so mit Bauholz angefüllt, daß man kaum durchkommen kann. Es wurden gerade 5 Schiffe gebaut. An dem einen sah man sehr gut die noch nicht bekleideten Ribben. Das Lärmen, Hämmern und Hauen der Zimmerleute macht den Platz sehr lebendig. — An der Fährbrücke lag ein zweimastiges Schiff aus Barth, das schon 5 Reisen nach Amerika gemacht hatte. — Nach dem Mittelländischen Meere bestimmte Schiffe müssen gegen den Fraß der Würmer mit einer eignen fichtenholznen Bekleidung umgeben werden. Dieß nennen die Schiffer eine Haut, auch eine warme Haut und behäuten.

13.

Ueberfahrt nach Rügen und Weg nach Bergen. — Wir kommen zur ungünstigen Zeit nach Rügen, weil jetzt (Anfang August) alles mit der Ernte beschäftigt ist. Vorzüglich geht jetzt in kurzem die GerstenErnte an, die

die vorzüglichste ist. Indeß ist doch die Ernte dieß Jahr
um 8 Tage später als gewöhnlich. Da nun alle Leute
damit beschäftigt sind, so ist es schwer Unterkommen
und Pferde zu finden. Auf Rügen ist keine Extrapost.
Aber die Fährleute, 24 an der Zahl, halten fast sämmtlich Pferde. Diese miethet man auf eine Strecke, und
dann findet man auch im Lande weiter Pferde. Ich
bezahle für 4, die mich den einen Tag bis Bergen, den
andern bis Sagard über die Prora fahren, etwas über
5 Meilen, 5 Thaler 16 Groschen. Der gewöhnliche
Preis ist 12 Schilling für das Pferd die Meile. In der
Ernte aber ist es theurer.

Wir nahmen in Stralsund einen Korbwagen. Dieß
ist angenehmer für die Aussicht, wegen der Leichtigkeit
wohlfeiler, und wegen der engen Wege und tiefen Gleise
auch sichrer. Doch kann man auch überall, außer der
Stubbenkammer, mit einem breiten Wagen hinkommen.

Wir ließen den Wagen im großen Boot vorangehn,
und schifften in einem kleinen nach. Die Ueberfahrt
dauerte eine halbe Stunde und war sehr hübsch. Es war
ein wenig Wind, und die Wellen tanzten und wiegten
das Boot. Zwischen Pommern und Rügen hin sieht
man bei sehr hellem Wetter Hiddensee liegen. Auf der
entgegengesetzten Seite liegt der Dänholm. Die Ufer von
Rügen sind durchaus flach und nehmen sich nicht sonderlich aus. Ein desto schönerer Anblick ist Stralsund von
Rügen aus mit seinen hohen und gothischen Thürmen,
dem wunderbar gebauten Rathhaus, und den vielen
spitzigen Giebeln, mit durchbrochenem Mauerwerk. Die
Schiffe davor und die lebhafte Bewegung am Strande
geben ihm noch ein größeres Ansehn. Beinah mitten
im Strom liegt eine Licentjacht, die darauf wacht, daß

die vorbeifahrenden Schiffe richtig ihre Abgaben geben.
Der eigentliche Strom in diesem Theil der See ist nah
an Rügen. Man sieht ihn als einen weißen Streifen,
und merkt ihn auch an der lebhafteren Bewegung des
Schiffs. Die Ueberfahrt mit den Ruderböten ist immer,
auch bei starkem Sturm gefahrlos, nicht so die mit der
sogenannten Grahlschen Fähre, welche segelt.

Die Rügischen Pferde sind klein, nicht viel größer
als unsre Bauerpferde, aber gedrungen, und sehr gut
bei Leibe. Die Art anzuspannen kann nicht einfacher
seyn. Das Geschirr ein bloßer Brustriem mit der
Stange, und Einem einzigen Riem über den Widerhorst;
die Halskoppel ein bloßer Strick, und ebenso der Zaum
ein bloßer Strick mit einer Trense. Da wir einen leichten
Wagen hatten, fuhren sie uns sehr schnell.

Der Weg nach Bergen geht immer, obgleich sehr allmählig aufwärts. Bergen selbst liegt so hoch, daß das
Fundament der Bergischen Kirche mit der Spitze der
MarienKirche in Stralsund an niveau steht. Die Gegend
von der alten Fähre aus ist gar nicht vorzüglich, aber
sehr fruchtbar und mannigfaltig. Es liegen immer kleine
Felder, mit verschiedenen Getreidearten besäet, an einander, und dazwischen kommen kleine Wiesen und Sümpfe,
wo Torf gegraben wird, den man in kleinen Pyramiden
aufstellt. Gebüsch ist auch hie und da in der Entfernung
zu sehen, am Wege nur ein sehr kleines gegen Bergen
zu. Dörfer sieht man rund herum in großer Menge.
Die, durch die wir durchkamen, waren sehr ordentlich
und hübsch gebaut. Sehr viele Häuser hatten Ziegel-
dächer. Die Kirchen, viele Häuser, und sogar neu gemachte Zäune und Thorwege sind in gothischer Manier
mit spitzen Ecken, und grellen Farben, besonders roth

und weiß. Sehr hübsch liegen einzelne Höfe, mit Wiesen und Gebüschen umgeben. Das ganze Land sieht äußerst cultivirt aus, die Wege und Ackerstücke sind größtentheils mit Weiden umpflanzt, und das Ganze hat ein äußerst mannigfaltiges, buntes und lachendes Ansehn. Die See erblickt man hie und dort von Anhöhen. — Hinter Rambin liegen die 7 Hügel, die man auch die Hünengräber nennt. Es sind sieben kleine in einer schnurgeraden Linie liegende Anhöhen, auf deren einigen Gebüsche stehen. — Wie mir der Wirth in Bergen sagte, rechnet man hier gewöhnlich, eine Getreideart in die andre gerechnet, das 5te bis 6te Korn. Von einer einzelnen, z. B. Gerste, auch wohl hie und dort das 8te. Das 16te würde sehr ungewöhnlich seyn. — Das Rindvieh ist, wie die Pferde, nur klein.

14.

Bergen. — Ein nicht gar großes, aber reinlich und artig gebautes Städtchen an einem Berge. — Es ist hier ein ziemlich gutes Wirthshaus: der Rathskeller. — Der Assessor von Wyllich, Bruder des Pastors in Sagard ist hier Arzt und wird sehr gerühmt. Es ist hier ein Landvoigteigericht, das aber nur aus dem Landvoigt und einem Secretair besteht, und alle 14 Tage einen Gerichtstag hält. Es steht den Rügiern aber frei, sich mit Uebergehung desselben geradezu an das Greifswalder Hofgericht zu wenden. — Garnison ist auf ganz Rügen nicht. — In Bergen selbst ist nichts merkwürdiges. Aber desto schöner ist der Rugard, eine ¼ Stunde davon.

Rugard. — Von der Stadtseite aus ist er eine bloße sehr allmählig ansteigende Anhöhe, so daß Kosegartens:

wo die wogige Scheitel
weitumschauend der Rugard hebt

sehr uneigentlich gesagt scheint. Allein auf der andern
Seite ist er abschüssiger. Eigentlich sind es mehrere
kleine Hügel mit Thälern dazwischen. Diese Anhöhen
sind Ueberreste von Wällen der alten Burg Rugigard,
welche Jaromar I. im 12. Jahrhundert anlegte, von der
aber jetzt keine weitere Spur mehr zu sehen ist. Der
Rugard ist der höchste Berg auf Rügen, und man übersieht von demselben beinahe die ganze Insel von Poseritz
und Mönchguth bis Arcona und Jasmund hinauf. Die
Aussicht ist unbeschreiblich schön. Rund herum lag das
schöne, fruchtbare Land wie ein Garten zu unsern Füßen.
Aecker, Wiesen, Gebüsche, Dörfer und einzelne Höfe
wechseln unaufhörlich mit einander ab. Gegen Süden
schließen die dunkeln Wälder von Putbus den Horizont,
hinter denen sich ein Tannenberg erhebt, hinter welchem
das Schloß Putbus liegt, das man hier aber nicht sieht.
Die Abwechslung des mannigfaltigen Grüns und des
gelben reifen Korns gewährte einen überaus angenehmen
und lachenden Anblick. Vorzüglich schön aber ist die
Seite nach Jasmund und Wittow zu. Das große
Binnenwasser zwischen diesen beiden Halbinseln giebt eine
schöne Wassermasse, die äußerst mahlerisch von den verschiedenen Landengen und Vorgebirgen eingeschnitten ist.
Weiterhin erhebt sich das unendliche Meer wie ein dunkel-
blaues Gebirge, und zwischen demselben und dem Binnenwasser ziehn sich die beiden Landengen wie schmale Striche
hin. Das Schönste bei dieser Aussicht ist, daß rund
herum von Stralsund an, bis gegen Putbus zu das Meer
sie umschließt. Besonders verliert sich Wittow und Arcona in dämmernder Ferne, und läßt die Phantasie weit

in die ungemeſſene Meeresfläche hinausſchweifen. Ueber
dem Theil des Meeres gegen Stralſund zu neigte ſich die
Sonne dem Untergang. Die See leuchtete, daß das Auge
ihren Glanz nicht ertragen konnte. Bald darauf ſtieg
eine Gewitterwolke herauf, hinter der ſich die Sonne verbarg. Nun erſchienen alle Gegenſtände beſtimmter, und
die See funkelte nur noch wie ein ſilberner Saum unter
der dunkeln Wolke. Das Eigenthümliche dieſer gewiß
in ihrer Art einzigen Ausſicht iſt die Mannigfaltigkeit der
Gegenſtände die ſie darbietet: die fruchtbare, durchaus
bebaute Ebene, die mit Dörfern, Städten und Häuſern
überſäet iſt, das wunderbare Spiel, in dem nach Yas-
mund und Wittow zu Waſſer und Land in ewiger Abwechslung neben einander hinlaufen, die einzelnen ſchönen
Gruppen von Bergen und Wäldern, vorzüglich die beiden
kleinen Halbinſeln Pulitz und Tiſſow und endlich der
Blick auf das Meer, in die unendliche Ferne hin. Man
überſchaut auf einmal ein ganzes, eignes und abgeſon-
dertes Land, in welchem die wunderbare Geſtalt, die ihm
die Natur gegeben hat, und der Fleiß ſeiner arbeitſamen
Bewohner die Einbildungskraft gleich thätig beſchäftigen.
Am meiſten aber feſſelte uns der Anblick des Meeres,
von dem wir uns lange nicht losreißen konnten.

Auf dem Rugard machten wir die Bekanntſchaft der
Gräfin Putbus, die eine überaus große Herrſchaft im
Süden der Inſel und in Pommern beſitzt. Sie admini-
ſtrirt ſie eigentlich nur für ihre beiden Söhne. Die Einkünfte ſollen 36 000 Thaler jährlich betragen.

15.

Weg nach Sagard über die Prora. Es giebt zwei Wege dahin, einen über die Prora, den andern nähern über die Nasmunder Fähre. Auf diesem letzteren soll der Anblick von Nasmund noch überraschender seyn, da man von steilen Sandbergen auf Einmal die fruchtbare Halbinsel übersieht. Ich hätte besser gethan, diesen zu wählen, weil ich auf der Rückreise von Sagard nach Putbus die Prora doch noch einmal passiren muß. Allein ich war in diesem letzteren Plan noch nicht völlig gewiß. Der Weg über die Prora gleicht bis Kikut dem von Alten sehr nach Bergen. Nur ist er steinigter, geht immer bergeinwärts, und man sieht nicht so viele Dörfer und Höfe als auf jenem. Hinter Kikut bis vor die Prora hin, geht er dicht an dem Binnenwasser lang. Da der Wind westlich war, so war es sehr bewegt, und die Wellen warfen viel Meerschaum ans Ufer. Die Prora selbst ist eine gute Viertelstunde lang, und eine Kette nicht sonderlich beträchtlicher Anhöhen, die mit kleinem Gebüsch ganz dicht bewachsen sind. Durch diese führt Ein einziger, aber nicht allzuschmaler Holweg, erst bergauf, hernach noch tiefer bergab. Doch ist der Weg nirgends jäh oder gefährlich. Als wir auf der Höhe waren, bestiegen wir die eine Anhöhe zur linken Seite, und genossen wieder des schönen Anblicks der ofnen See, des mannigfaltig eingeschnittenen Binnenwassers, und des schmalen Landes dazwischen. Hinter der Prora kommen noch einige Häuser. Dann, von Heidekrug an geht die schmale Heyde an, die bis gegen Wostewitz hin fort- dauert. Hier ist die Gegend vollkommen öde. Man sieht auf der Heide selbst weder Bäume noch Gebüsche, nur wenig niedriges Gesträuch, und nur hie und da ein kleines Stückchen Ackerfeld. Dagegen ist sie stellenweis mit ganzen Haufen kleiner Steine, welche das Binnen-wasser und die See auswerfen, überdeckt. Wie mir Pastor Frank sagte, kommen diese Steine nicht vom Meer, sondern vom Ufer. Wo das Ufer nicht dergleichen hat, sieht man sie auch nicht, wie auf der Wittowschen Heide. Selbst auf dem Wege liegen deren sehr viele, und da sie klein und festgefahren sind, so machen sie gleichsam eine natürliche Chaussée. Die Aussicht ist hier nichts weniger als schön. Zur Rechten verdecken kleine Sandhügel den Anblick des Meeres, und nur zur Linken wird das Auge durch die dicht mit Wald bewachsnen Berge von Pulitz ergötzt. Je weiter man indeß kommt, desto mehr naht sich der Weg der See, und endlich erscheint sie selbst ganz und gar dem Blick. Wir stiegen hier aus, gingen mit einiger Mühe über die hohen, immer den Füßen ent-rollenden Steinlager an dem Ufer, und standen nun dicht an den ersten Wellen, des bezaubernden Anblicks besser zu genießen. Da der Wind vom Lande herkam, so war das Meer nur so eben gekräuselt, und seine bläuliche Fläche erhob sich allmählig gegen den Horizont zu, wo es sich in einer geraden scharf begränzten Linie von dem Himmel schied. Gegen Nasmund zu lagen ein Paar Schiffe vor Anker, und eins segelte ostwärts vor uns hin. Die Steinlager am Ufer bestehen aus kleinen, viel-fach geformten Steinchen, von mancherlei Farben, und zwischen ihnen sieht man häufig ein schwarzes, wie ver-branntes Meergras, hier Tank genannt. Die Steine sollen meist Kiesel seyn. Ich kostete einen Schluck des Wassers, konnte aber den salzigen Geschmack lange nicht aus dem Munde verlieren. Sobald man weiterhin über ein Paar Berge gekommen ist, und die See wieder aus dem Gesicht verloren hat, verändert sich plötzlich die Scene. Man ist nun in Jasmund und die unfruchtbare Heide wechselt mit den fruchtbarsten Fluren ab. Fast nirgends noch sahen wir so dicken und schönen Waizen. Zwischen diesen Feldern fuhren wir nun bis Sagard fort, und übersahen eine Menge dicht an einander liegender Ortschaften. Auf einem großen Theil dieses Weges sieht man immer Bergen, als den höchsten Punkt dieser Gegend, und den Rugard liegen, der sich in sehr verschiedenen Richtungen zeigt. Eine schöne Eigenthümlichkeit von Rügen ist es, daß man hier so viele verschiedene Gegenstände zusammen findet, die man sonst nur zerstreut antrift, fruchtbare und bebaute Fluren, öde Heiden, Landengen, Vorgebirge, Meerbusen, Gebirge, Wälder u. s. f. und daß alles dieß doch so nah an einander gedrängt ist, so schnell abwechselt, und so überraschend dem Auge erscheint.

16.

Sagard. Ein Marktflecken und Gesundbrunnen, der vor einigen 30 Jahren häufig besucht worden ist, hernach aber im siebenjährigen Kriege eingegangen, und seit wenigen Jahren wieder durch die Bemühungen des Pastors von Wyllich hergestellt ist. Er gleicht im Geschmack dem Pyrmonter, enthält viel Eisentheile (auf der Oberfläche des Quells fließt immer Eisenblüthe) und soll gegen Nervenschwäche und Krämpfe vorzüglich wirksam seyn. Der Pastor von Wyllich hat auf seine eigenen Kosten die nöthigen Gebäude aufführen, und die Spazier-

gänge anlegen lassen, worauf er 1600 Thaler verwendet.
Die sogenannte Brunnenaue ist auf einer zur Pfarre ge-
hörenden Koppel. Er hat mit der ersten Brunnengesell-
schaft des vorigen Jahres ein Reglement aufgesetzt, wonach verfahren wird, und das von jeder ersten Brunnen-
gesellschaft jedes Jahres verändert werden kann. Vermöge
dieses Reglements sind nicht nur Taxen für die Bäder
festgesetzt, sondern jeder Badegast zahlt auch für seinen
Aufenthalt eine bestimmte Summe. Durchreisende geben
einen freiwilligen Beitrag. Don diesem Gelde entschädigt
sich der Pastor von Wyllich für die Zinsen des vor-
geschossenen Capitals und unterhält die Anstalt. Quartiere
sind bei den Einwohnern des Orts eingerichtet, und in
einem großen Speisesaal kann gemeinschaftlich gegessen
werden. Die Brunnenaue ist ein artig angelegter und
bepflanzter Plaz, der aber nirgends eine schöne Aussicht,
oder sonst etwas Vorzügliches hat. Einige Inschriften
entstellen ihn mehr, als sie ihn verzieren. Dieß Jahr
sind auf 300 Gäste hier gewesen, doch wohl mehr der
Gegend, als der Kur wegen. — Der Dobberwort. Ein
runder Hügel vor dem flecken. Er hat, wie alle ähnliche Höhen dieser Art, und auch die 7 Hügel hinter
Rambin, wohl zum Opferplatz in heidnischen Zeiten gedient, nicht aber, wie man gewöhnlich sagt, zu einem
Grabe. Die Gräber sind an einer vierechten Mauer, die
mehrere Schuhe in die Erde hinein geht, und zwei darauf
gelegten Deckelsteinen kenntlich, und haben keine Hügel.
Ein solches Grab sahen wir bei Quoltiz. Diese Höhen
sind, wie auch ihre regelmäßige Gestalt verräth, durch
Menschenhände gemacht. Dom Dobberwort hat man
eine schöne Aussicht nach dem Binnenwasser und Wittow
zu. — Ueber die fruchtbarkeit sagte uns der Pastor

von Wyllich: in Pachtanschlägen nehme man das 6te Korn an. Dieß sei aber der geringste Satz. In mehreren Gegenden könne man wohl das 10te annehmen. Das 16te—24te vielleicht einmal in einzelnen Fällen, nie wohl aber als Regel in irgend einem Theil der Insel. — Auf Jasmund (wie auch auf Wittow) sind nur zwei Pfarren, in Sagard und Bobbin. Doch hat Jasmund 5000 Einwohner. 2000 machen die Gemeine von Sagard aus. Aber diese kommen nicht nur allein nach Sagard in die Kirche, sondern verrichten auch hier die meisten übrigen gottesdienstlichen Handlungen, und werden alle auf dem Sagardschen gar nicht großen Kirchhof dicht unter den Fenstern des Pfarrhauses begraben. Der Vorschlag, einen großen Gemeindeplatz von dem Ort zum Gottesacker zu nehmen, dringt bis jetzt nicht durch. Man muß hier schon die Todten tiefer begraben, um einen Sarg über den andern zu stellen, um nur Platz zu gewinnen. — Die 4 Pfarren auf beiden Halbinseln sind die besten. Sie stehen zwischen 2000—3000 Thaler. Die Prediger sind sehr mit der Wirthschaft beschäftigt. Nur Kosegarten, der die beste hat, hat, und zwar sehr schlecht verpachtet. — Von Sagard aus wollen wir einige Excursionen in die Nachbarschaft machen.

17.

Bobbin. — Hat nur 5 Häuser. — Prächtige Aussicht vom Tempelberg, auf dem die Kirche steht, vorzüglich gegen Arcona hin. — Pastor Franck hat ein seltnes Naturalien- und AlterthumsCabinet, das sich

meistentheils auf Rügen bezieht. Der größte Theil besteht aus sehr schönen Versteinerungen, die auf Rügen
auf den Steinlagern am Meer, oder sonst gefunden sind.
Es sind bloß versteinerte Conchylien, aber von der sel-
tensten Art. Unter den Alterthümern ist eine auf Wittow
ausgegrabene Urne, die noch ganz unversehrt ist, merkwürdig. Sie ist von Thon, der aber viel Kieselstein enthalten soll. Drin ist ein geschärfter Kiesel zur Streitart,
ein andrer ähnlicher mit einem Loch zum Stiel, dergleichen
nur Vornehme hatten, andre Kleinigkeiten, Ueberreste
von Knochen, und Asche. In einer andern Urne lagen
mehrere ganz unkenntliche Dinge. Ein Paar geheime
Amulete, ein andres zerbrochnes, kleine mit Zeichen be-
mahlte Metallplatten, vielleicht ist es die Urne eines
Priesters oder Zauberers. Ein ganz erhaltenes Opfer-
messer von Stein. Eine Art eiserner Bande, die um
einen Schädel befestigt gewesen sind. Pastor Frank hält
dieß für eine Strafe der Blasphemie vielleicht. Außer
den Rügenschen Produkten hat er andre, besonders Schwe-
dische Mineralien. — Spicker neben Bobbin hat eine
prächtige Lage am Wasser.

18.

Quoltiz. Hinter diesem Dorfe liegt ein Berg, den
ein Denkmal des Alterthums und seine wunderschöne
Aussicht merkwürdig macht. — Das erstere ist ein Granitblock von ungeheurer Größe, in einer öden, einsamen,
gebüschreichen Gegend. Diese Lage, und seine offenbar
durch Menschenhände gebildete Form bezeichnen ihn als

einen Opferstein der ehemaligen Heiden. Die Stelle, wo
das Opferfeuer gebrannt hat, scheint sich noch auszu-
zeichnen. Querüber ist eine tiefe Rinne ausgehauen, in
der, wie Pastor Frank vermuthet, das Blut des Opfer-
thiers geflossen ist. Auf den Seiten sind runde Plätze,
vielleicht zu Priestersitzen, durch Einschnitte, abgesondert.
Nicht weit davon ist ein Grab, und noch weiter am
Berge hinauf soll ein noch größerer Granitblock liegen,
der von mehreren Gräbern umgeben ist. Der Pächter
dieses Stücks soll damit umgehn, jenen Opferstein sprengen
zu lassen, um die Steine zu brauchen. — Die Aussicht
von der obersten Höhe erlaubt keine Beschreibung. Sie
übertrift die vom Rugard an Größe und Majestät.
Man hat Wittow, Rügen und Hiddensee vor sich, Arcona läuft in die unendliche See hinein, und von da aus
verliert sich der Blick in die blaue unermeßliche Flut. Das
Meer erscheint hier in einer überaus großen Strecke.
Noch über Wittow hinaus sieht man es, als einen
schmalen dunkelblauen Streifen, der beim Untergang der
Sonne hell funkelte. In diesem erkennt man mit bloßen
Augen ganz deutlich Moen. Daß man Stralsund, Greifs-
walde, Bergen und einen großen Theil der Insel über-
sieht, versteht sich von selbst. Nur nach Stubbenkammer
zu ist die Aussicht durch Berg und Wälder beschränkt.
Die Sonne ging prächtig unter. Sie verbarg sich erst
hinter einer Thauwolke, die einen dunkeln, violetten
Schatten aufs Meer warf, und vergoldete ihren Rand.
Dann kam die feurige Scheibe wieder hervor, und tauchte
sich nach und nach hinter Wittow ins Meer. In der
Gegend von Arcona und über Wittow hinaus segelten
Schiffe. — Diese Aussicht und den Opferstein hat Pastor
Frank bei Gelegenheit einer Jagd entdeckt.

19.

Die Stubbenitz ist ein Buchwald, aus dem Jasmund und Wittow sich mit Holz versehn. Sie gehört der Krone, jeder Landeigenthümer auf beiden Halbinseln aber kann gegen eine kleine Abgabe sein Holz daher nehmen. In derselben ist die Stubbenkammer ein Ort am Ufer der See, der eine wunderbare Lage und schöne Aussicht hat. Wir besuchten sie zweimal; das erstemal fuhren wir zu Wasser über Sassenitz zurück, das zweitemal zu Lande. Der Pastor von Wyllich hat auch hier Veranstaltungen zur Bequemlichkeit und dem Vergnügen der Reisenden gemacht, Ruheplätze angelegt, einen eignen Boten dahin bestellt, Küchen und andres Geräth, das man, um dort zu essen, gebraucht, angeschaft, und für die Fuhre und den Boten eigne Taxen festgesetzt, damit die Leute nicht unbillige Fodrungen machen können. Dafür bezahlt jeder Reisende einen Beitrag, dessen Summe freiwillig ist, und von dem die dazu nöthigen Sachen bestritten werden. Dieser Beitrag wird in einem Buch eingezeichnet, in dem man zugleich die ganze Einrichtung beschrieben antrift.

Auf dem Wege dahin sind die Anhöhen bei Hoch-Selow bemerkenswerth. Sie haben eine prächtige Aussicht über Jasmund und Wittow, das Binnenwasser und die See bis Arcona hin. Die Stubbenitz selbst ist sehr schatticht, und schön. Der ganze Weg steigt bergan, und ist nicht wohl für andre, als für die hiesigen schmalen Wagen zugänglich, indeß gar im geringsten nicht gefährlich.

Zuerst gelangt man an die Herthaburg und ihren See. Ein ovalrunder nicht gar großer See liegt auf

einer beträchtlichen Höhe gegen das Ende des Buchwalds,
aber mitten von seinen Bäumen umschattet, da. Er ist
sehr still und selbst bei lebhaftem Winde kaum ein wenig
gekräuselt, sein Wasser ist wenn nicht schwarz, doch
dunkler, als gewöhnlich, und ebenso auch seine Fische
dunkelblau. Man nennt ihn daher auch außer dem
Berg= oder Burgsee, gemeinhin den schwarzen See. Er
ist sumpfig, und gleich vom Ufer an ungemein tief.
Deswegen und weil die Fische einen schlechten morigten
Geschmack haben, wird er jetzt fast gar nicht mehr be=
fahren. An seiner rechten Seite, so wie man herankommt,
erhebt sich ein beträchtlich hoher Wall, und beugt sich
in halbmondförmiger Gestalt herum, bis er an der andern
Seite wieder an ihn anstößt, so daß ein völliger Halb=
zirkel zwischen dem See und dem Wall abgeschnitten ist.
Der Wall ist oben schmal und so regelmäßig, daß selbst
seine kleineren Erhöhungen Symmetrie zu verrathen
scheinen. Er sowohl, als der Raum zwischen ihm und
dem See ist dicht mit Buchen besetzt. Das Ufer des
Sees zwischen den Enden des Walls ist hoch und steil.
In der Mitte aber geht ein Fußsteig in einer Art von
Vertiefung zum See herab. In der Gegend des Walls
weiter hin im Walde sollen zwei andere Denkmäler des
Alterthums stehen, der sogenannte PfennigKasten und
die Steinkiste. Von ersterem soll indeß jetzt nur noch Ein
Stein zu sehen seyn; letztere kannten weder der Pastor
von Wyllich, noch Frank als durch Erzählungen. —
Man erklärt diesen Ort für den See und Hain, in dem
nach Tacitus (Germania c. 40.) die Göttin Hertha ver=
ehrt wurde. In dem Raum zwischen dem Wall und
See soll ihr Tempel gestanden haben; den Fußsteig in
der Mitte hinab sollen die Sklaven und der Wagen ge=

führt worden seyn. Man bringt den Pfennigkasten und die Steinkiste (die ich aus einer vom CammerRath PommerEsche abgeschriebenen Stelle eines Manuscripts einer Rügianischen Historie des Predigers Mildahn kenne) damit in Verbindung, und beruft sich darauf, daß die Lage des Orts mit Tacitus Beschreibung durchaus übereinkomme. Allein wenn man erwägt, wie unbestimmt diese ist, so verliert dieser Beweis sehr viel von seiner Stärke, und schwerlich dürfte man einen andern dafür anführen können. — Unläugbar ist indeß der Wall von Menschenhänden gemacht, und da er unmöglich zu einer Festung irgend einer Art gedient haben kann, so sind See, Wall und Hain höchst wahrscheinlich zu irgend einem Gottesdienste bestimmt gewesen. Dieß verstärkt den mächtigen Eindruck, den die wunderbare Natur dieses Platzes schon an sich nothwendig macht. Der einsame, nie bewegte, schwärzliche See, die dichten schön belaubten Buchen, die gänzliche Stille, die nur durch das Rasseln des tiefen Buchenlaubs unter den Füßen des Wandrers unterbrochen wird, und die geheimnißvolle Bedeutung des zwischen dem Wall und See eingeschlossnen Raums versenken die Seele in einen heiligen und stillen Schauer. Schwerlich dürfte noch ein andrer Ort einen solchen Charakter der Heiligkeit und der Ehrfurcht an sich tragen. Indeß muß man nicht den Beschreibungen trauen, welche das Dunkel des Hains zur Nacht, die Farbe des Sees pechschwarz und das Ganze fürchterlich und grausend machen. Man findet nichts weniger als das, vorzüglich da die meisten Buchen noch junge Bäume sind, und ich mich kaum erinnere, eine oder die andre außerordentlich große und starke gesehn zu haben. Der Platz enthält ganz und gar nichts schreckenerregendes, erinnert nicht an barbarische

3*

Sitten und verſenkte Sklaven, er flößt ſtille Ehrfurcht,
ſanften Frieden, und fromme Heiligkeit ein. Don einigen
Theilen des Walls erblickt man die dunkelblaue See
durch das grüne Laub, und von der einen Spitze ſieht
man Arcona in die Flut hinüberragen. Aus einem
engen, befangnen und einſamen Raume ſchaut man in
die unendliche Ferne, und das unruhige Meer.

Don der Herthaburg an ſteigt man noch immer
höher und höher. Nach und nach ſieht man die See
durch die Bäume ſchimmern, und plötzlich ſteht man am
Rande einer ſchwindelerregenden Tiefe im vollen Anblick
derſelben. Zwei fünftehalbhundert Fuß hohe Kreidewände
lagern ſich in vielfachen Seulen einander gegen über,
und in der Oeffnung die ſie bilden, liegt das Meer vor
dem Auge in ſeiner unermeßlichen Größe da. Dieß iſt
die Stubbenkammer. Es iſt nicht möglich einen einfacheren
und erhabeneren Anblick zu finden, eine bloße Oeffnung
ins Meer, aber die unendliche Ebene ſo frei und groß
daliegend, und der Schauplatz, von dem man ſie ſieht
ſo kühn und feſt gegründet, ſo wunderbar geſtaltet durch
die Ecken und Winkel der Felſen, ſo abſtechend von
Farben mit den weißen Kreidewänden gegen das blaue
Meer, und ſo freundlich und ſchauervoll heilig durch den
grünen, ſchattichten Wald, aus dem man nur ſo eben
hervortritt. Lange bleibt man bei dieſem Anblick ſtehn,
ehe man weiter etwas unterſucht, und offenbar iſt er
auch das Eigenthümlichſte und Schönſte an der Gegend.
Zwiſchen den beiden Felſenwänden ohngefähr auf der
Mitte der Höhe erheben ſich zwei kleinere viereckte Pfeiler,
die eine mäßige Oeffnung zwiſchen ſich laſſen; die Seitenwände ſind durchaus ſchroff und unzugänglich, in der
Mitte aber geht es ſchräger herunter, obgleich auch hier

das Herauf- und Hinuntersteigen mit großer Beschwerde
und einiger Gefahr verknüpft ist. Das ganze Ufer zur
Linken und zur Rechten gewährt die mannigfaltigsten
Aussichten, da die Seitenwände, das Meer und die Pfeiler
immer in verschiedenen Richtungen und Gestalten erscheinen.
Vorzüglich sieht man die letztern bald ganz, bald halb
geschlossen, und bald zeigt sich das Meer durch ihre freie
Oefnung. Die höchste Erhöhung zur Rechten heißt der
Königsstuhl. Von hier sieht man auch, wenn man sich nach
links umbeugt, Arcona. Auch giebt das weitere Ufer
zur rechten Hand, die kleine Stubbenkammer, eine gleich
steile Kreidewand, einen romantischen Anblick. Durch die
Schiffe, die oft in großer Zahl hier vorbeisegeln, erhält
die Scene Leben und Bewegung. Von Vögeln sahn wir
nur Uferschwalben, und hie und da eine Meve über die
See hin fliegen. Außer dem Murmeln des Meeres, wenn
es Sturm ist, und dem Rauschen der Buchen herrscht eine
feierliche Stille. Zur Rechten durch den Wald geht ein
ziemlich bequem gemachter Fußsteig ans Ufer des Meeres
hinab, der mehrere schöne Aussichten auf das Meer und
die gegenüberliegenden Felsen gewährt. Von unten stieg
ich bis zu den mittelsten Pfeilern in die Höhe (der Weg
von den Pfeilern bis hinauf soll der beschwerlichste und
gefährlichste seyn) um zu sehen, ob ich Spuren einer Höle
daselbst bemerkte. Ich fand indeß nichts. Der Sage
nach sollen nemlich die beiden Seeräuber Störtebeck (Claus
Sturzenbecher) und Göte Micheel (Gödeke Michael) ihr
Raubnest und ihre Wohnung hier gehabt haben. Das
erste Drittel der Höhe von unten und das letzte von oben
ist grün, und mit Gebüsch bewachsen, in der Mitte aber
ist bloße zerbrökelte Kreide. Neben dem Fußsteig fließt
ein Quell mit gutem, aber auch etwas eisenhaltigem

Wasser. Die Pfeiler sollen noch vor 20 Jahren höher gewesen seyn. So nimmt überall die Größe der Natur= gegenstände nach und nach ab, und man wird die wilde und furchtbare Natur künftig immer weiterhin gegen Norden zu suchen haben. — Der Name der Stubben= kammer soll von dem Slavischen Worte Camen, ein Fels, herrühren. Die Etymologie von Stube und Kammer der beiden Räuber scheint abgeschmackt.

Die Fahrt zur See nach Saffenitz war bezaubernd schön. Der Anblick der hohen See zur Linken, der roman= tischen Ufer zur Rechten, das Wiegen des Boots, der Schlag der Ruder, oder die Stille beim Seeglen, wenn, wie bei unserer Abfahrt, völlige Windstille ist, und wieder das Rauschen und Anschlagen der Wellen bei stärkerm Winde, wie wir nachher bekamen. Zugleich begegneten wir mehrern Schiffen, worunter ein Paar finnische waren, zwischen denen wir ganz nahe hin fuhren. An mehrern Stellen dieser Ufer und besonders auf der Herthaburg ist ein sehr schönes Echo.

Den Rückweg von Saffenitz nahmen wir durch die Linß einen andern gleichfalls sehr schönen Buchwald, der mit Eichen untermischt ist.

20.

Weg nach Altenkirchen von Sagard aus. — Er geht über Bobbin und bei Spicker vorbei durch die Wittowsche Haide. Spicker, ein Schloß des Grafen Brahe, hat eine reizende Lage an einer Ecke des Binnenwassers. Rund herum mit Bäumen umpflanzt gleicht es einem Garten,

und das weiße Schloß ragt überaus lachend zwischen
dem grünen Laube hervor. Nicht sehr weit hinter Spieker
fängt die Wittowsche Haide an. Sie gleicht an ödem
und unwirthbarem Ansehn der schmalen Haide, die nach
Jasmund führt, und übertrift dieselbe noch an Sand
und Unfruchtbarkeit. Die Meerufer sind nicht, wie dort
mit Steinlagern angefüllt, man findet nur wenige Steine
mitten auf der Haide. So schmal diese auch auf der
Karte aussicht, so kann man doch nirgends zugleich das
Binnenwasser und die ofne See überblicken. Dennoch
war uns die Fahrt sehr anziehend und schön durch den
Anblick des Meeres, an dessen tosenden Wellen wir dicht
hinfuhren. Es war von einem lebhaften Ostwind stark
bewegt und stürmte mit Heftigkeit gegen die flache Küste
zu. Schnell und furchtbar rollten die schwarzen Wellen
heran, und noch an dem Ufer lösten sie sich in Schaum
auf, der sich rechts und linkshin verbreitete, das Ufer
sprützend bespülte, und dann mit Ungestüm zurückflog.
Das Getöse rief mir zum erstenmal lebendig das Donnern
des Rheinfalls und des Reichenbachs zurück. Außer dem
immer erneuten murmelnden Geräusch, hallte noch ein
unaufhörlicher zürnender Donner darunter. Von dem
Meere her kam ein schweflichter Pulvergeruch, der immer
vorhanden seyn soll, sobald das Meer bewegt ist, und
der, wie man sagt, vorzüglich durch den ausgeworfenen
Tang erregt wird. An einigen Stellen des Ufers saßen
ganze Schaaren von Meven. Sie gingen erst langsam
auf und ab, dann erhoben sie sich mit ihren großen
busigten Flügeln, und tauchten sich endlich in die Flut,
die sie bald hin und her wiegte, bald auch ganz und gar
überdeckte. Die schöne weiße Farbe am Bauch und Hals
macht einen sehr angenehmen Anblick. Auch einige

Uferschwalben sahen wir. Das Meer war bis zum äußersten Horizont fast durchaus schwarz. Stellenweis erhob sich weißer hoch sprützender Schaum. Ganz in der dunkeln Ferne lag Arkona in kühner Größe da. An das Ende der Haide schließt sich das fruchtbare Wittow wieder unmittelbar an.

21.

Altenkirchen. — Nur durch D. Kosegarten merkwürdig, der dort Prediger ist. Er besuchte mit uns Arcona, und wir aßen den Mittag bei ihm. Er ist groß, mager, und hat ein kränkliches Ansehn. Im Gesicht hat er mit Moritz einige, doch immer ziemlich entfernte Aehnlichkeit. Er trägt offenbar das Gepräge des Genies an sich, doch hat er einen tief unglücklichen, gedrückten Zug besonders in den Augen und um den Mund. Ueberhaupt fehlt es seinem ganzen Wesen an Haltung und Harmonie; und er hat etwas Wildes und Verstörtes, was durch sein schwarzes Haar und seinen nachlässigen Anzug noch vermehrt wird. Sein Gang ist überaus heftig, so wie alle seine Bewegungen, er hat eine Unruhe, die es schwer macht, ihn eigentlich, auch nur physisch zu firiren. Seine Stimme hat etwas Holes und Singendes. Seine Bildung ist offenbar merkwürdig, und verräth eine große Natur, der es aber nicht gelungen ist, sich rein und vollkommen zu entwickeln. Im Gespräch äußert er viel Gutmüthigkeit und Herzlichkeit und scheint sich leicht anzuschließen. Auch wird sein Charakter selbst von denen, die die Blößen und Lächerlichkeiten, die er freilich unläugbar giebt, gern bespötteln, dennoch gerechtfertigt, und was ihm als

Schlechtigkeit ausgelegt werden könnte, als Unbesonnenheit
und Präcipitanz erklärt. Eines großen Egoismus und
vieler Eitelkeit beschuldigt man ihn dennoch. Ich kann
nicht sagen, große Spuren davon bemerkt zu haben.
Im Gespräch habe ich ihn die wenigen Stunden hindurch nicht sonderlich interessant gefunden. Er scheint
mit der neuern Philosophie vertraut, hat eine ziemlich
ansehnliche (hier ordentlich groß reputirte) Bibliothek
und ist gewiß nicht ohne Sprach- und andre gelehrte
Kenntnisse. Er ließ sich aber nicht ein, über irgend etwas
ausführlich zu raisonniren. Er besitzt sicherlich ein feines
und zartes Gefühl für das Schöne, aber an Geschmack
und Beurtheilungskraft fehlt es ihm ebensogewiß. Die
Sonderbarkeiten in seinem Aeußern, seinem Benehmen
und selbst in seinem Ausdruck lassen sich großentheils
aus seinem abgesonderten einsamen Leben erklären. Hagemeister, der Hauslehrer bei dem Praepositus Schwarz in
Wyck ist, ist jetzt sein einziger Umgang. Richter in Hoff
ist sein vorzüglichster Liebling; „der Blutsfreund seines
Herzens". Auch weiß er ihm kaum einen einzigen
Tadel. — Seine häusliche Lage ist unglücklich, da er
eine Frau geheirathet hat, die ihm in keiner Art genügen
kann. Auch mit seinen Finanzen soll es schlecht stehn,
wodurch seine Schreibseligkeit erklärbar wird. Denn er
benutzt seine Pfarre, die sonst die beste auf Rügen ist,
sehr schlecht und unverständig. — In der Art, seinen
Körper zu tragen, seinem Gang, und in dem kränklichen
Aussehn hat er in manchen Augenblicken eine auffallende
Aehnlichkeit mit Schiller, die sich aber freilich bei genauerer
Prüfung, keineswegs erhält. Man kann sagen, daß er
in seinem Aeußern vom Genie nur die Naturkraft, und
mehr die verzehrende heftige, als eine fruchtbare und

wohlthätige hat. Seine Compositionen, sagte er mir, arbeitet er ganz im Kopf aus, trägt sie lang mit sich herum, und schreibt sie nur auf einen äußern Anstoß auf. Daher vergesse er auch manche ganz (mag wohl übertrieben seyn.) Selbst seine Prose arbeite er auf ähnliche Weise aus. Ob und wieviel in seinem Benehmen Affectation und Wahrheit seyn mag, dürfte nicht leicht zu entscheiden seyn. Der sichtbarste Beweis seiner Geschmacklosigkeit war mir der Vorzug, den er einem seiner Gedichte beilegte, das äußerst mittelmäßig und oft unnatürlich ist. Ich meyne sein Arcona, das im Musenalmanach 1796. erscheinen soll. Bei seiner Gemeine ist er, nach des KammerRaths PommerEsche Zeugniß sehr beliebt.

22.

Arcona. — Die nördlichste Spitze Deutschlands, ein ziemlich hohes, kahles Vorgebirge, von dem man rund herum das hohe Meer überschaut. In dieser Eigenthümlichkeit besteht auch zugleich seine Schönheit. Wenn man auf Arcona steht, ist nur der Anblick des Meeres anziehend und erhaben. Arcona selbst erscheint ungleich vortheilhafter, wenn man es von ferne, am schönsten vielleicht, wenn man es von der Herthaburg sieht. Es schreitet mit so zuversichtlicher Kühnheit ins Meer hinein, und da es ganz öde und kahl ist, so läßt es den Blick nirgends ausruhn, sondern treibt ihn in die unendliche Ferne hinaus. Jasmund, ein Theil der Stubbenitz und Wittow selbst erscheinen recht schön von Arcona aus, aber diese Schönheit verschwindet gegen die Größe des Schauspiels, das das Meer darbietet.

Kosegarten führte uns über Vytte, ein kleines Dorf, das von Fischerei, vorzüglich vom Heringsfang lebt, am Ufer des Meeres hin, nach Arcona. Die Küste ist dort überall steil, es gehn aber von Zeit zu Zeit Schlünde zum Meere hinab, die man hier Liten nennt, von denen einige recht mahlerisch, und eine der Stubbenkammer durch zwei einander gegen überstehende Kreidepfeiler ähnlich ist. Vytte liegt sehr romantisch in einer dieser Klüfte. Da sich die Einwohner nicht gut zur Zeit des Heringsfangs abmüssigen können, so werden dieses Dörfchens wegen zu dieser Zeit 8 Uferpredigten unter freiem Himmel im Angesicht des Meeres gehalten. Kosegarten hat einige der dort von ihm gehaltenen drucken lassen. Vor Vytte noch findet man ein Denkmal des Alterthums. Sehr große Steine liegen in einem Viereck, das ziemlich geräumig ist, herum, und in der Mitte sind noch einige andere. Kosegarten nennt es ein Grabmal. Aber der hierin weit besser unterrichtete Pastor Frank hält es für einen Richtplatz, und die Steine rund herum für die Sitze der Richter. (Siehe 26, 34.) Wenigstens soll man anderwärts ähnliche Plätze finden, und die Grabmäler keine Steine um sich her gehabt haben.

Arcona selbst ist ein Kreidevorgebirge. Die eigentliche Spitze des Vorgebirges von einer Seite der See zur andern ist durch einen hohen Wall abgeschnitten der Erhöhungen und Vertiefungen, die wohl Schießscharten gewesen sind, hat. Daß dieß der Wall der alten Burg Arcona sey, ist nicht glaublich. Pastor Frank hält es für eine Verschanzung, welche die Dänische Flotte im 30jährigen Kriege gegen das Innre des Landes anlegte. Bei Wyck soll eine vollkommen ähnliche seyn. Siehe 27, 37.

23.

Sagard und Bobbin. In Sagard ist von Wyllich, in Bobbin Franck Prediger. Beide sind äußerst zuvorkommend gegen Fremde, vom ersten Augenblick an gefällig und beim weitern Umgang freundschaftlich und herzlich.

Wyllich ist bloß Geschäftsmann, und giebt sich mit den Wissenschaften nicht weiter ab. Er hat durch die mancherlei Einrichtungen in Absicht des Bades zu Sagard und der Reise nach Stubbenkammer ein großes Verdienst um die bequeme Besuchung dieser Gegenden.

Franck, der ein vorzüglich natürlicher und herzlicher Mann ist, beschäftigt sich mit Mineralogie und der Alterthumskunde seines Ländchens. Seines Cabinets ist im Vorigen gedacht worden. Er hat Schweden sehr genau, und in mineralogischer Hinsicht bereist, und besitzt eine mineralogische nach den Beobachtungen des Bergraths Engström aufgenommene Karte dieses Landes.

Beide und ihre Familien schließen einen engen freundschaftlichen Kreis, mit dem man bald bekannt wird.

24.

Putbus. — Der Weg von Sagard dahin geht über die Prora, dann über Zirkow und Vilmnitz. Das Schloß von Putbus, das beträchtlich groß, aber nicht eigentlich schön ist, liegt auf einer Anhöhe und hat eine ungemein schöne Aussicht auf die See hin. Wir sahen hier eine ganz neue Gegend, den Theil des Meeres zwischen Rügen

und Schwedisch-Pommern, von letzterem den ganzen Strich
zwischen Wolgast und Greifswalde, von Rügen die Südliche und Südöstliche Seite, vorzüglich Mönchguth, im
Meer die kleine Insel Vilm. Die Herrschaft Putbus ist
sehr groß und wird auf 600000 Thaler wenigstens
geschätzt. Der Garten ist ganz im französischen Geschmack,
und die Aussicht abgerechnet, auf keine Weise sehens-
werth. Angenehm ist ein kleines Hölzchen dicht hinterm
Schloß, die Wusternitz, wo sehr große Buchen und Eichen
stehen, die sonst auf Rügen eine Seltenheit sind. Eine
schöne Bibliothek, die ich aber nicht sah, soll auch im
Schlosse vorhanden seyn.

Wir aßen den Mittag bei der Gräfin Putbus, die
eine gebohrne Gräfin Schulenburg aus dem Preußischen,
äußerst höflich und gefällig ist, und auch gut unterrichtet
scheint. Sie verwaltet das Vermögen ihrer Kinder und
scheint mit der Verfassung des Landes sehr bekannt.

25.

Poseritz. — Der Weg von Putbus geht über Gartz,
das ein hübsch gebautes Städtchen ist.

In Poseritz ist bloß der D. Pistorius, der dort Prediger ist, bedeutend. Ich sah ihn nur eine kleine Stunde
und fand an ihm einen heitern, gefälligen, und gesprächigen
alten Mann, ohne daß ich sagen könnte, daß er mich
sehr interessirt hätte. In der speculativen Philosophie
ist er, wie er mir sagte, jetzt ganz mit Platner und
Aenesidemus einverstanden. An der Allgemeinen Deutschen
Bibliothek arbeitet er noch. Er ist ein leiblicher Schwager

des alten Spalding in Berlin. Sein Aeußeres ist etwas
unangenehm und zurückstoßend.

.

26.

Rügen. — Man braucht Rügen nur auf der Karte
anzusehn, um seine sonderbare Gestalt zu bemerken. An
seinem östlichen Theile fast ganz von Meerbusen eingeschnitten, hängt es nur durch sehr schmale Landengen
mit Jasmund und Wittow zusammen. Beide sind wohl
unstreitig ehemals Inseln gewesen, und ihre Verbindung
ist nicht durch eine plötzliche Revolution, sondern nach
und nach dadurch, daß das Meer Sand angespült hat,
entstanden. Von Wittow sagt es Saxo Grammaticus
ausdrücklich. Auch scheint es ein Steinlager zu bezeugen,
das den übrigen an den Seeküsten gleicht und queer über
die Wittowsche Heide geht. Wittow ist also wohl jünger,
als Jasmund verbunden. Noch jetzt werden die Heiden
beständig breiter. Auch der Gellen bei Hiddensee soll
sich, trotz der dagegen angewandten Mühe von Jahr
zu Jahr mehr versanden, so daß die Postjachten nur bei
hohem Wasser durch denselben fahren können. Vielleicht
entsteht auch hier mit der Zeit einmal eine Verbindung. —
Felsen hat Rügen gar nicht, nur Kreidegebirge, und einzelne Granitblöcke, wie die bei Quoltiz. — Die Fruchtbarkeit ist außerordentlich groß, am größesten in Wittow.
An Holz ist Mangel, es ist bloß auf Jasmund und im
Putbusischen im Süden der Insel. Dafür wird auf Rügen
und besonders Hiddensee Torf gegraben. — Das Ansehen
der verschiedenen Theile der Insel ist sehr verschieden:
Rügen selbst und zwar sein nördlicher Theil fruchtbar,

bebaut und holzleer, mit kleinen aber unbedeutenden Erhöhungen; der südliche Theil weniger fruchtbar, aber
wälderreich und mehr und höhere Berge; Wittow überaus fruchtbar aber durchaus kahl von Bäumen, die
wegen der Kälte des Bodens und der Stürme schlechterdings nicht fortkommen sollen, übrigens auch eine durchaus flache Ebene; Jasmund unstreitig der schönste Theil
mit der meisten Abwechslung, fruchtbaren Fluren, schönen
Wäldern, und romantischen Bergen. Ganz unfruchtbar
sind nur die beiden Landengen. Bergen und der Rugard
scheinen der höchste Punkt der Insel, den man fast von
überall her sieht. — Landseen sind nur wenige und kleine,
Flüsse gar nicht, bloß kleine Bäche. Daher ich auch
keine einzige Wassermühle, aber desto mehr Windmühlen
sah. — Vögel sind auffallend wenige, selbst in den Wäldern. Daher herrscht z. B. bei der Herthaburg so eine
heilige Stille. Am Meere sind sie häufiger, vorzüglich
Uferschwalben und Meven. Adler sind nur wenige.
Seehunde sollen viele vorzüglich bei Arcona seyn, und
sich oft auf den Steinen am Ufer sehn lassen. — Die
Einwohner haben eine Nationalphysiognomie, die bald
ins Auge fällt. Sie sind meistentheils von mittlerer
Größe, aber breitschultrig und stark von Gliedern, das
Gesicht lang und breit, wie es mir schien, bei den
Männern breiter, bei den Weibern länger, die Nase
groß, und gerade und regelmäßig herabsteigend, Habichts-
nasen scheinen äußerst selten, die Augen groß und weit
geschnitten, das Haar braun oder schwarz. Ich sah nur
wenig irgend schöne Gesichter. Aber in diesen bemerkte
ich diese Nationalphysiognomie in sehr einfachen, reinen,
und deutlichen Zügen. Von Charakter scheinen sie gutmüthig, ehrlich und heiter. Auch sind sie bis jetzt gefällig

und billig gegen Fremde. Allein das häufige Besuchen
der Stubbenkammer macht sie schon aufmerksamer auf
ihren Vortheil, und Sagard besonders hat hierin eine
entfernte Aehnlichkeit mit der Schweitz. — Der Adel ist
auf Rügen sehr zahlreich. Sehr reiche oder weitverbreitete
Familien sind die Brahe, Piper, Putbus, Canken, Platen,
Barnekow u. s. f. Die Bauern sind leibeigen, und können
weder ohne Erlaubniß heirathen noch fortziehen. Indeß
sollen sie im Ganzen gut behandelt werden. Die Prediger=
stellen sind im Ganzen sehr gut, außerordentlich die vier
auf Jasmund und Wittow. Den Wittwen müssen die
nachfolgenden Prediger einen bestimmten Theil ihrer
Einkünfte abtreten. Auch haben die Prediger einen
ansehnlichen Rang, und adliche Fräuleins pflegen wohl
Prediger zu heirathen, obgleich sonst der Adel stolz, und
Heirathen mit Bürgerlichen ganz ungewöhnlich seyn
sollen. — Die Anzahl der Menschen auf Rügen habe
ich nirgends angegeben gefunden. In Stralsund schätzte
man sie mir auf 27000. Jasmund soll etwa 3000,
das kleinere Wittow ebensoviel haben. Wenn man
18 ☐Meilen rechnet, so kämen auf eine 1500. Menschen.
Dennoch soll es in manchen Gegenden an Menschen
fehlen. — Vormals war Rügen und vorzüglich der Land=
adel durch seine Rohheit und durch den Mangel aller
feineren Cultur, wie bei uns Hinterpommern, fast zum
Sprichwort geworden. Jetzt sind kaum noch einige
wenige Spuren davon übrig. Der siebenjährige Krieg
soll hierin Epoche gemacht haben. — Die Liebe der
Einwohner zu ihrer Insel scheint sehr groß, besonders
in Jasmund. Ueberall wird „unser Jasmund" gepriesen,
und sie reden schon vom eigentlichen Rügen, wie von
einem ganz fremden Lande, in dem sie nicht wohnen

möchten. — Der Haupteindruck, den Rügen auf den Reisenden macht, ist daß es ein abgesondertes, noch in mancher Hinsicht eigenthümliches Ländchen ist, das die Neugierde leicht reizt und ohne große Mühe befriedigt, daß das Volk gutmüthig, arbeitsam und fröhlich scheint, und daß es romantische Gegenden, und große Naturschönheiten besitzt, daß es so mannigfaltig ist, und doch so leicht übersehn wird. Fast von allen Punkten, nordwärts der Waldungen von Putbus z. B. sieht man Bergen und einen Theil des Binnenwassers, von sehr vielen auch die hohe See und das schöne Arcona. Nur Putbus giebt eine ganz verschiedne Aussicht auf Mönchguth und den Theil des Meers nach Pommern zu. Endlich wird es durch die Denkmäler des Alterthums merkwürdig. Für den, welcher die große Natur liebt, ist es ein niederschlagender Gedanke, daß die Rügenschen Schönheiten dieser Art nach und nach aufhören oder doch verlieren werden. Die Herthaburg und die Stubbeniß hat schon jetzt fast keinen recht alten Baum mehr, und wird immer lichter. Vielleicht steht einmal das Heiligthum der Göttin ganz und gar jedem unheiligen Blicke offen; die Pfeiler vor der Stubbenkammer sind wohl schon zur Hälfte kleiner geworden; die Prora, die sonst so eng und schlimm war, daß man immer beim Einzug still hielt und rief: „Halt auf der Prora" (eine Redensart, die noch als Sprichwort gegen Leute, die etwas mit großer Eil thun, geblieben ist) ist jetzt ein gewöhnlicher Hohlweg zwischen einem anmuthigen Gebüsch, auf dem man an mehreren Stellen einander ausweichen kann. Viele alte Denkmäler werden aus einander gerissen. Selbst Pastor Frank, der ein junger Mann ist, sagte mir, daß er Jasmund weit schöner gekannt habe. — Mir war der

Anblick des Meeres einer der wenigen, die eigentliche
Epoche in dem Gemüthe machen, der erste dieser Art
seit den Schneegebirgen und Gletschern der Schweitz.
Auch dieser kann es nur immer weniger geben. So
wird die Natur nach und nach weniger abentheuerlich
und groß, und die Seele weniger empfänglich für neue,
große, und staunenerregende Gegenstände. — Das Reisen
auf Rügen ist weder sehr unbequem, noch sehr theuer.
Will man bloß die Schönheiten von Jasmund und Wittow
sehn, so kann man alle seine Wandrungen von Sagard
aus machen, wo man Wohnungen für Geld findet, und
braucht niemandem lästig zu werden. Mich kostete die
Reise, zu der ich 6 Tage brauchte und im Ganzen etwa,
wenn man alles hin und her rechnet 24 Meilen machte,
nur 40 Thaler Schwedisches, also noch nicht 50 Thaler
Preußisches Geld, und ich wohnte immer im Wirthshaus
und hatte immer, außer von Sagard über Putbus nach
Altenfehr Miethsfuhren, und gewiß könnte man es noch
wohlfeiler einrichten. — Das Strandrecht ist auf Rügen
längst abgeschaft. Indeß gehen bei der Einfoderung des
sogenannten Bergegeldes wohl manchmal Misbräuche
vor. Doch ist hierüber eine eigne Gerichtsbarkeit angestellt. Es stranden jährlich einige Schiffe bei Rügen,
vornemlich im Prorer und Tromper Wyck. Der Pastor
von Wyllich hatte vor einigen Jahren das Glück, die
Mannschaft und einen Theil der Güter eines gestrandeten
Schiffes dadurch zu retten, daß er eins seiner Pferde her-
gab, um damit dem Schiff zu Hülfe zu schwimmen. Der
Vorfall soll in Kosegartens Rhapsodien erzählt seyn.
Das Gebet um Strandsegen ging zwar lediglich nur auf
einen guten Fischfang, ist jedoch auch abgeschaft.

27.

Stralsund. — Ich blieb nach meiner Zurückkunft von Rügen noch einen Tag daselbst, an dem ich aber bloß Gesellschaft und keine der sogenannten Merkwürdigkeiten sah. Auch blieb mir nur noch die Rathsbibliothek und das Löwensche Gemähldecabinet, was aber von keinem bedeutenden Werth seyn soll, übrig. Zwar sind einige Hackerts darin, aber es sind die ersten Versuche seiner Kunst, und also höchstens historisch wichtig. — Stralsund ist sehr antik und im Ganzen schlecht genug gebaut. Die beste Gegend ist am alten Markt, wo das Rathhaus steht. Dieß ist ein ganz Gothisches, wunderbares und weitläuftiges Gebäude. Oben ist es durchaus in durchbrochener Arbeit, und mit vielen Spitzen versehen. In gleichem Geschmack bemerkte ich noch mehrere ansehnliche Gebäude. Die Kirchen, besonders die Marienkirche nehmen sich von fern sehr gut aus. — Wie man sich dem Schwedischen Pommern nähert, schon von Ueckermünde an schien sich, wie ich zu bemerken glaubte, die Bildung und Physiognomie zu verbessern. Ich sah bei weitem mehrere Gesichter mit bestimmteren, nicht so in einander gelaufenen Zügen, als man in der Mark und dem übrigen Pommern findet. Der ganze Schnitt des Gesichts schien länger, und nicht so flach und breit, vorzüglich bei den Weibern. — Unter der Stralsunder Garnison zeichnet sich die Artillerie zu Fuß und die erst kürzlich errichtete zu Pferde durch ihre hübsche Uniform aus. Das Commando ist Schwedisch, so wie auch schon in Gesellschaften viel Schwedisch gesprochen werden soll. —

Wirthshaus: bei Hientsche, im goldnen Löwen am alten Markt.

4*

Kammerrath PommerEsche. Er sitzt nicht in der
Kammer, besorgt aber, als Kronadvocat alle Rechts-
händel der Krongüter, und ist Administrator der Güter
mehrerer großer Familien, besonders der Braheschen, auf
Rügen. Daher ist er zur Bereisung Rügens sehr brauchbar. Er ist außerordentlich zuvorkommend und gefällig,
und scheint sehr einsichtsvoll und nicht ohne gelehrte
Kenntnisse, da er zuerst Theologie studirt hat. Er ist
viel, auch in der Schweiz, Frankreich, und England gereist. Seine Familie, vorzüglich die Töchter, sind recht
liebenswürdig, und sein Sohn scheint mir viel zu ver-
sprechen.

Wir sahen bei ihm eine große Gesellschaft, worunter
viel Adel war. Dieß ist eine Ausnahme, die durch
PommerEschens Verbindung mit mehreren großen Familien entsteht. Sonst geht der Adel nicht mit den
Bürgerlichen um. Es waren sonderbare Karrikaturen
darunter, meist ältere Geschäftsleute, die sich sonst um
nichts zu bekümmern schienen. — Der GeneralLieutenant
Gouverneur von Platen, trotz seines Alters noch ein sehr
lustiger Mann. — Der Canzler von Engelbrecht. —
Der Regierungspraesident von Thun. Dieser ist über
dem Canzler und nach dem Gouverneur, der Chef der
Regierung und Kammer ist, der erste in der Regierung. —
Der Geheime RegierungsRath Tetzlow, der einzige Bürger-
liche Rath in der Regierung; er hat sich nicht adeln
lassen, wie andre sonst im gleichen Fall zu thun pflegen.
Er ist PommerEschens Schwager.

Der D. Weigel, den man beschuldigt einen Feldprediger
so schwarz, daß man ihn für einen Neger, und eine Frau
so gelb, daß man sie für eine Mulattin hielt, gefärbt zu
haben, wird dennoch noch hier gebraucht, und seine

Tropfen sollen jetzt nicht mehr schwärzen. Er soll übrigens
ein sonderbarer und eigennütziger Mann seyn. — Auch
von einem gemeinen Menschen, Roel, der durch Sym-
pathie und andre Charlatanerie curirt, hörte ich viel
5 Rühmens. Er hat besonders bei den Vornehmeren, wie
es scheint, viel Anhang.

28.

Weg nach Rostock. — Man fährt wohlfeiler mit
einem Fuhrmann, als mit Extrapost und gleich geschwind.
10 Ich bezahlte 10 Thaler. — Der Weg ist nirgends sehr
angenehm, da die Gegend durchaus flach ist. Indeß
sind einige hübsche Stellen, wo man durch Eichen und
Buchenwälder fährt. Von Dammgarten an besonders
ist er größtentheils sandig. — Dicht hinter Dammgarten
15 bei dem sogenannten Paß geht die Mecklenburgische
Gränze an. In Rostock hinein kommt man von der
Seite der Warnow.

29.

Geldcours in Mecklenburg. Man rechnet auch nach
20 Thalern und Schillingen. Das in Schwedisch-Pommern
übliche Geld kann auch in Mecklenburg gebraucht werden;
nur müssen Rechnungen über 1 Thaler eigentlich in
⅔ stücken bezahlt werden, und diese gelten nur 32 Schillinge. Für den Friedrichsd'or bekommt man 4 Thaler
25 24 Schillinge. — Der eigentliche Courantfuß ist noch

nachtheiliger. Nach diesem gilt ein ⅔ Stück nur 30 Schillinge. Dieser aber ist in Rostock, selbst auf der Post,
nicht eingeführt; wohl aber wo Zoll bezahlt werden muß.

30.

Rostock. — Unter allen Städten, die wir bisher auf
dieser Reise gesehen hatten, hat Rostock das größeste und
beste Ansehn. Zwar ist es ganz im Geschmack dieser
alten Norddeutschen Städte gebaut, in Gothischer Manier,
mit vielen Spitzen, Schnirkeln und Zierrathen, mit nach
den Straßen gerichteten Giebeln u. s. f. Aber der Markt,
auf dem sich das Rathhaus auszeichnet, ist sehr groß,
auch noch einige andre Straßen sind breit und gerade,
und mehrere Häuser fallen durch ihre Größe und ihr
Ansehn auf. Auch die Gegend um die Stadt ist recht
hübsch. Sie ist zwar durchaus flach, aber lachend und
grün. Die Warnow vorzüglich trägt viel zu dieser
Annehmlichkeit bei, da sie, nachdem sie vorher ganz klein
und schmal ist, auf einmal hinter dem sogenannten
Strand, so breit wird, daß sie der Breite des Rheins bei
Neuwied gleichkommen soll. — Daher hat auch der Wall
eine angenehme Aussicht, nach innen auf die sonderbar
gebaute Stadt, nach außen auf Gärten, Gebüsche, Felder
und die ganze lachende Gegend. Unter dem Wall ist
eine gut bepflanzte Allée. Von einer Stelle des Walls
sieht man die Masten der Schiffe in Warnemünde. Der
Strand war ziemlich lebhaft, und es lagen schon Schiffe
von ansehnlicher Größe für die hiesige Gegend daran. —
Die Stadt hat ein Comödienhaus, das viel Geld gekostet

haben soll, aber nicht sonderlich scheint. — Bibliotheken
sind drei: die Ministerial= die Landschafts= und die Uni=
versitätsbibliothek. Zur Vermehrung der letzteren sind
800 Thaler jährlich ausgesetzt. Die zweite ist von der
Ritterschaft zusammengebracht, wird jährlich vermehrt,
und enthält vorzüglich historische Werke, besonders solche,
welche Mecklenburg betreffen. Die Ministerialbibliothek
steht in der Marienkirche. Ich sah keine von allen. —
Die Universität hat etwa 120 Studirende. Der Herzog
und die Stadt sind zugleich Patronen derselben und letztere
besetzt und besoldet 9 Professorstellen. Diese pflegen eine
geringere Besoldung zu haben. Indeß ist die geringste
von 400 Thalern. Es giebt ihrer aber auch zu 1000 Tha=
lern. Dieß Compatronat soll manche nachtheilige Folgen
nach sich ziehen. — Der botanische Garten, den ich aber
nicht besuchte, ist in Hedgens Garten außerhalb der
Stadt. — Die MarienKirche. Ein schönes und sehr hohes
Gewölbe. Die übrige ganze Bauart und Einrichtung
der Kirche ist wie in allen denen, die wir seit Greifswalde
gesehen hatten. Hugo Grotius starb, als er durch Rostock
reiste, plötzlich, und seine Eingeweide liegen in der Marien=
Kirche begraben. Der Leichnam wurde einbalsamirt und
nach Holland zurückgeschickt. — Es ist in Rostock sehr
theuer, und ich hörte sehr über den Unfleiß und die In=
dolenz der Einwohner klagen. Alle irgend gute Hand=
werker, besonders die etwas künstlichern, sollen fremde
seyn. Das gewöhnliche Tagelohn für einen Mann soll
6 Groschen seyn. — Die Extraposteinrichtung ist hier sehr
unregelmäßig und theuer. Es sind bloße Reihefuhren,
welche der Wagenmeister besorgt. Die Direction darüber
hat ein Mitglied des Raths. Es ist also gar kein Post=
amt immer offen, an das man sich mit Beschwerden

wenden könnte. Ich kam zufällig, weil unser Fuhrmann seiner Bequemlichkeit wegen soviel Pferde angespannt hatte, mit 6 Pferden an, und hatte kein Arges daraus, weil es keine Extrapost war. Allein nur mit Mühe und Noth brachte ich es dahin, daß man uns nur mit 5 weiter fuhr. Um nun diese nicht auf den ganzen Weg zu bezahlen, entschloß ich mich, bloß nach Dobberan zu gehn, dort eine Nacht zu bleiben, und da einen Fuhrmann zu nehmen, welches in Rostock für Reisende nicht erlaubt ist. Das Postpferd kostet 18 Schillinge. Der Wagenmeister erhält 16 Schillinge für 4 Pferde nemlich, sonst nur 8 Schillinge. Dieß scheint durchaus im Mecklenburgischen zu seyn, und das Schmiergeld wird zu 10 Schillingen gerechnet. Außerdem machen sie unerträglich lange Stationen, z. B. bis Wismar (7 Meilen) fahren schlecht, und die sogenannten Postillone unterscheiden sich nicht einmal durch ein Horn von gewöhnlichen Fuhrleuten. Ob der Preis der Postpferde nur jetzt erhöht ist, weiß ich nicht genau, glaube es indeß doch. Es ist bloß eine neuerlich erlaubte Erhöhung. — Die Wirthshäuser scheinen hier sehr gut. Wir wohnten im sonst Krauelschen, jetzt Köhlerschen Hause am Markt. Es war das erste ordentliche Wirthshaus auf unsrer ganzen Tour, und auch nicht sonderlich theuer. Gleich gute sollen noch zwei seyn.

Der Kammerherr von Mecklenburg; ist jetzt völlig außer Dienst und hat sich hier etablirt. — Professor Ziegler, derselbe, der ehemals Repetent in Göttingen war. — Professor Link. Soll ein guter Kopf und interessanter Mensch seyn. Ich konnte ihm nicht viel abgewinnen, woran aber vielleicht Schuld war, daß ich ihn nur kurz und nicht allein sah. — Professor Josephi, der

Verfaſſer der Anatomie der Säugethiere. Ich hofte bei
ihm Praeparate zu finden, betrog mich aber ſehr. Er
hat ſchlechterdings nichts bei ſich. Seine Anatomie der
Affen hat er meiſt nach fremden Praeparaten gearbeitet.
Von der Fortſetzung ſeines Werks ſcheint er für jetzt
ziemlich entfernt. Doch ſagte er mir, daß er einen Affen
hier in Spiritus habe, den er nächſtens ſeciren wolle,
und auch Hofnung habe, einiges aus Ludwigsluſt zu
erhalten. — Hofrath Tychſen, den Orientaliſten, der
durch ſeine Miſſion zur Bekehrung der Juden und ſeine
Aufſchneidereien vorzüglich merkwürdig iſt, beſuchte ich
nicht. — Sehr großen und ernſtlichen Eifer für die
Literatur habe ich bei den Herrn in Roſtock nicht bemerkt; mehr einen luſtigen und geſellſchaftlichen Ton.

31.

Doberan. — Der Weg dahin iſt äußerſt angenehm,
und geht großentheils durch Eichen und Buchengehölze.
Doberan ſelbſt liegt nicht weniger reizend. Es iſt durchaus von Wieſen, bepflanzten Weideplätzen, und Buchenwäldern umgeben. Die Kirche iſt groß und nimmt ſich
ſchon von fern ſehr gut aus. — Das Bad iſt vom
Herzog, auf den Vorſchlag des Hofraths Vogel angelegt.
Es iſt ein ziemlich großes aber leicht gebautes Logir-
haus angelegt, in dem man gut und billig wohnt. Bade-
gäſte waren jetzt nur noch wenige hier. Vor dem Logir-
hauſe iſt ein großer grüner Platz und auch ſonſt ſcheint
für Spaziergänge geſorgt. Indeß iſt noch das Meiſte
in der Anlage. — Das Seebad iſt eine Stunde von dem

Ort, und die, welche sich baden wollen, müssen jedesmal dahin fahren, wozu eigne Wagen bereit sind. Diese Unbequemlichkeit ist nicht klein, und besonders wird das Baden dadurch vertheuert. Man führt allerlei Gründe an, warum man das Bad nicht an der See selbst an-gelegt habe; derjenige, welcher am wirksamsten gewesen seyn mag, scheint der, daß man durch das Bad zugleich dem Städtchen hat aufhelfen wollen. Die Lage des Seebades ist sehr schön. Aus einem Buchenwalde tritt man unmittelbar an das Ufer der hohen See, und kann zur Rechten noch, wenigstens mit guten Augen, oder einem Fernrohr die Schiffe auf der Warnemünder Rhede sehen. Es sind jetzt viererlei Arten von Bädern ein-gerichtet: 1., kalte in ofner See; 2., kalte in kleinen Schaloupen. In einer kleinen sehr niedlich eingerichteten Cajüte ist ein Kasten angebracht, in dem man sich badet, der tiefer in die See hinuntergelassen, oder höher hinauf-gezogen werden kann. Man fährt nur soweit man will in die See hinein, und da die Kasten Löcher haben, so strömt immer frisches Wasser durch das Bad. Da die Schiffchen aber, zumal bei starkem Wind, sehr schwanken, so kann nicht jeder diese Bäder ertragen. 3., kalte in einem Gebäude; 4., warme in einem eigen dazu ein-gerichteten Hause. Bei allen ist für die vollständigste Bequemlichkeit sehr gut gesorgt. Die Temperatur des Seewassers soll sich sehr gleich bleiben und meistentheils 66° Fahrenheit seyn. Der Salzgehalt soll mit dem in der Nordsee überein kommen. D. Vogel sagte mir: die kalten Seebäder schienen noch weniger Vorsicht zu erfodern, als andre kalte Bäder, der Reiz des Salzes errege den Körper zu einer thätigern reaction gegen die Kälte. Diese Bäder sollen gegen Entnervung, Atonie

der Eingeweide, Rheumatismen, Gicht, Ausschläge u. s. f.
mit sehr gutem Fortgang gebraucht werden. Bei dem
Seebade selbst sind auch einige Wohnzimmer angelegt,
die eine herrliche Aussicht aufs Meer haben, aber
schlechterdings nur solchen Kranken eingeräumt werden
sollen, die das Hin und Herfahren von Doberan aus
nicht ertragen können. — Die Kirche ist für eine Land-
kirche außerordentlich groß, und 1171 gebaut. Ihr
Aeußeres und Inneres sind gleich wunderbar. Der Kirchhof ist jetzt ein englischer Garten, und das antike Gothische
Gebäude macht einen mahlerischen Effect darin. Inwen-
wendig ist sie zwar im Ganzen wie die übrigen Kirchen
dieser Art gebaut, aber die Bogen des Gewölbes, das
ausnehmend hoch ist, und die Pfeiler desselben sind auf
eine eigne und sonderbare Weise geformt und an einander
gereiht. Da sie außerdem von rothen Backsteinen, wie
fast alle Häuser dieser Gegend, sind, so erhält das Ganze
dadurch ein sehr barocques Ansehen. Außerdem enthält
sie das wunderbarste Gemisch, das man sich nur denken
kann. Katholische Reliquien, mehrere in Holz geschnitzte
Bilder von Herzogen und Edelleuten, und eine Menge
lächerlicher und schimpflicher Inschriften stehen in bunt-
scheckigter Reihe dicht neben einander, und geben ein
lebendiges Bild der Plattheit, Geschmacklosigkeit und
Rohheit der vorigen Jahrhunderte, und der vorzüglich
rohen Sitten dieser Nation. Grabschriften, die man sich
sonst als Histörchen erzählt, finden sich hier in der That
eingegraben, und bloße Schwänke stehen an einem für
heilig gehaltenen Ort. Sogar ein Koch, der nie gar
gekocht hat, und ein altes Weib, die Holz und Wasser
zur herzoglichen Küche trug, haben hier ein burlesques
epitaphium. Mehr als irgend eine andre Kirche, so sehr

dieß auch das Schicksal aller ist, trägt diese Spuren mehrerer Zeitalter an sich, und ich habe es mir lebhaft vorgestellt, was ein mit unsrer Geschichte und unsern Sitten
fremder denken müßte, wenn er einen Platz des ernst-
haften Gottesdienstes so ausstaffirt sähe. Einige Herzoge
sind in der Kirche beigesetzt. — Der Jungfern- und
Büchenberg, beide, besonders der letztere, hübsche Spaziergänge mit angenehmen Aussichten.

Hauptmann von Mecklenburg, gebraucht das Bad,
hält sich sonst gewöhnlich in Bützow bei seiner Mutter
auf. — Hofrath und D. Vogel, Professor in Rostock
und bekannt als medicinischer Schriftsteller. Er ist ein
angenehmer und wie es scheint auch denkender und kennt-
nißvoller Mann; ein warmer Anhänger Hufelands. Die
ganze Badeanstalt in Doberan ist nach seinen Planen,
und auf seinen Vorschlag eingerichtet. Siehe 33.

32.

Wismar. — Wir fuhren von Doberan mit einem
Fuhrmann hieher, den wir für 7 Thaler 12 Groschen
mit dem Trinkgeld mietheten. Der Weg ist stellenweis
erstaunlich sandig. Die erste Hälfte ist durch abwechselnde
Aecker, Wiesen und Gebüsche, meist Buchen, sehr angenehm, die letztere weniger. Die Gegend dicht vor Wismar erscheint wieder recht hübsch. Die Stadt liegt mitten
in Bäumen und Weiden, und hat die See dicht neben
sich. Sie selbst macht einen desto schlimmern Effect.
Ihre Thürme sind alle im Kriege heruntergeschossen,
und theils gar nicht, theils niedrig und schlecht wieder

aufgeführt. — Es ist hier das Tribunal, der oberste
Gerichtshof für alle Deutsche Länder des Königs von
Schweden. Die strenge und muthige Gerechtigkeitsliebe
desselben wird sehr gerühmt. Sonst wohnen viele Mecklen=
burgische Edelleute hier, durch die viel Luxus im Essen
und Trinken eingeführt worden seyn soll. — Der Strand
war gerade sehr schiffleer, und zeugte von gelähmter
Handlung. Die Aussicht vom Baumhause gehört nur
zu den mittelmäßigen. Indeß nahmen wir doch ungern
von dem Meere Abschied, das wir nun auf dieser Reise
wohl nicht wiedersehen möchten. — Die Stadt ist sehr
schlecht gebaut, das Pflaster entsetzlich, die Unreinlichkeit
auf den Straßen sehr groß und die Menschen zu zählen.
Kurz, alles trägt das Ansehn der Armuth und Volks=
leere. Es muß überaus traurig seyn, dort zu wohnen. —
Wirthshaus: bei Evers am Markt, nur sehr mittelmäßig,
es soll indeß noch ein besseres geben.

33. (ad Nr. 31.)

Doberan. — Der heilige Damm, der oft als merk=
würdig genannt wird, ist ein bloßes gar nicht hohes
Steinlager am Meer in der Gegend des Seebades. Er
ist eine halbe Meile lang, und auf den gegenüberliegenden
Küsten von Laland und Femern soll dieselbe Beschaffen=
heit der Küste seyn. Die Steine sind grade von eben
der Art, als auf Rügen, und ich sah nicht einmal auf
der Strecke, die ich beging, so bunte und sonderbar ge=
formte, als dort. Diese Steine sollen vom Meere aus=
geworfen seyn; indeß begreife ich dann nicht recht, warum
sie nicht die ganze Küste herunterliegen.

34.

Weg nach Lübeck. — In Wismar und Grevesmühlen kostet das Extrapostpferd nur 16 Schillinge die Meile. Der Weg bis Grevesmühlen ist recht angenehm. Auf dem ersten ⅓ des Wegs, nicht weit von Hohenkirchen, durch das man aber nicht kommt, rechts am Wege ist ein Hügel auf dem in der Mitte ein großer Stein, rund herum aber ein Viereck andrer großer Steine liegt. Es ist offenbar ein altes Denkmal. Da aber der mittelste Stein höher als die übrigen liegt, so würde es für einen Berathschlagungsplatz sehr unbequem gewesen seyn. Vielleicht ist es also doch ein Grabmal, und vielleicht könnte es beweisen, daß auch das Monument auf Wittow (18, 22.) das mit diesem fast ganz übereinkommt, ein solches sey. Links und weiter ab vom Wege sollen noch zwei dieser Art seyn, woraus wohl noch mehr auf ein Grabmal geschlossen werden könnte. — Von Grevesmühlen bis Dassau und von da bis Lübeck ist der Weg unerhört sandig, kahl und unangenehm. Nur eine ¼ Meile von Lübeck sind die avenuen durch einen schönen Buchenwald und die Iserelsdorfer Allée auf einmal sehr schön. — Die Posten auf diesem Weg sind erbärmlich; man wird lang aufgehalten, und fährt entsetzlich langsam. — Hinter Dassau kommt man durch einen Theil der Ratzeburgischen Domgüter, die MecklenburgStrelitzisch sind. — Dinte heißt hier in der gemeinen Sprache Black. (black)

35.

Geldcours. Von Grevesmühlen an muß man, wenigstens auf den Posten, und im Lübeckischen auch sonst, eigentliches Courantgeld bezahlen, in dem der Louis-d'or nach Verschiedenheit des Courses nur 12 Mark 12, 13, 14, Schillinge gilt. (4 Thaler 6, 7 Groschen.)

36.

Lübeck. — Die Verfassung soll hier nicht so gut seyn, als in Hamburg. Da die dortigen Oberalten hier nicht sind, so ist die Vergrößerung der Rechte des Raths hier eher möglich. — Der neuliche Aufruhr ist bloß durch die Soldaten entstanden. Wegen der letzten Theurung hat man ihnen mehr Vortheile zugestanden. Da nun das Getreide wieder wohlfeiler geworden ist, und man sie deshalb wieder hat auf den alten Fuß setzen wollen, so haben sie sich dagegen gewaltthätig aufgelehnt; auf 100 haben sich außer Gewehr, aber mit Säbeln auf der Parade zusammenrottirt, und haben gegen den Obristen den Säbel gezogen. Auch sind sie die Nacht durch die Straßen geschwärmt. Indeß ist kein Blut dabei ver-gossen worden. Die Bürgerschaft hat sogleich die Wachen bezogen, und zwei Soldaten sind erschossen, 9 aber haben Gassen laufen müssen, und sind hernach verwiesen worden. Bei der Execution ist das ganze Militair von der Bürger-schaft umringt und gleichsam bewacht worden. Die Stadt hält 500 Mann, die indeß nicht immer vollzählig seyn sollen. Die Soldaten stehn sich so gut, daß die Leute

sich drängen, darunter aufgenommen zu werden. Viele
Soldaten sind Bürger, indeß ist auf solange ihr Stimm-
recht suspendirt. — Wir kamen den Abend in Lübeck
an, und blieben bis zum andern Nachmittag dort. Da
es Sonntag war, konnten wir nur die Stadt und den
Wall besehen. — Die Stadt ist ganz gothisch, hat aber
gegen die, die wir bisher sahen, ein großes und wohl-
habendes Ansehn. Es giebt viele große und mit einer
gewissen Pracht gebaute Häuser, und einige schöne, lange
und sehr grade, obgleich durchaus enge Straßen. Vorzüglich herrscht der Geschmack von vielen Fenstern und
von Spiegelscheiben, die man nach der Straße zu auch
in sonst schlechten Häusern sieht. Sogar auf den Haus-
fluren nach dem Hof zu sind in vielen Häusern große und
viele Fenster, die mit den Spiegeln, die dazwischen angebracht sind, einen bunten und spielenden Anblick geben.
Schöne Gothische Architectur sah ich nirgends, besonders
sind die Thürme sehr schlecht. — Der Wall ist der
schönste, den ich je mich gesehn zu haben erinnere.
Zwischen der Stadt und dem Wall fließt die Trave, die,
weil sie schmal ist, auch selbst bei nicht vielen Schiffen,
doch mit Masten bedeckt scheint. Der Raum zwischen
der Trave und dem Wall ist durchaus mit Bäumen
bepflanzt, und oben auf dem Wall, der sehr breit ist
sind prächtige Alléen. So ist das Ganze ein englischer
Garten, und der Anblick des lachenden Grüns und der
Natur, der durchschimmernden Schiffe auf der Trave,
und der sonderbar gebauten Stadt, mit ihren vielen
Spitzen und den blau glasirten Dachziegeln, welche mehrere Häuser haben, ist zugleich sonderbar, auffallend und
angenehm. Schlimm ist es, daß man nicht über die
Brustwehr sehen kann. Von den sogenannten belle-vues

auf dem Wall, zwei der äußersten Plätze ist eine hübsche Aussicht. Der angenehmste Theil des Walles ist zwischen dem Holsten (Holsteinischen) und BurgThor. — Die MarienKirche hat ein sehr hohes und schönes Gewölbe.

Der DomSyndikus Overbeck. Er war eben in Eutin, ich begegnete ihm aber auf der Reise dahin, und sprach ihn eine Viertelstunde. Er hat etwas in hohem Grade Gefälliges in seinem Aeußern, und ein seltnes Ebenmaaß in seinen Gesichtszügen. Er ist groß und hat auf den ersten Anblick einige Aehnlichkeit mit Voß, die indeß genauer erwogen nur entfernt seyn mag. — Der Rath Trendelenburg, ein Bruder des Grammatikers in Danzig, und in Compagnie mit der Bohnschen Buchhandlung in Lübeck. Er verreiste gerade den Tag, da ich in Lübeck war, und ich sah ihn nur eine halbe Stunde am Abend vorher. — Die Senatorin Rodde (ehemalige Demoiselle Schlözer) war in Göttingen abwesend.

Wirthshaus: die Stadt Hamburg, am meisten besucht. Der Goldene Engel soll ebenso gut und wohlfeiler seyn. — Extrapost ist in Lübeck nicht zu haben. Man muß einen Fuhrmann nehmen, und kann welchen man will, wählen. Sie sind aber ungeheuer theuer, und im Sommer am Sonntag auch sehr selten. Mich wollten sie nicht anders als mit 6 Pferden fahren, und für diese mußte ich bis Eutin am Sonntag 10 Thaler geben.

37. ad 18, 22.

Bei Arcona soll sich ein der fata morgana ähnliches Schauspiel zu Zeiten zeigen. Der gemeine Mann nemlich glaubt, es habe auf diesem Vorgebirge ehemals eine

große Stadt gestanden, welche in dem Meere versunken
sey. Gleichsam das Schattenbild dieser Stadt, behaupten
sie, über dem Meer in der Luft schweben zu sehen.
Sie nennen dieß: Arcona waffelt. Dieß letztere Wort
heißt soviel als spuken, umgehen von Geistern. — Dieß
erzählte uns Kosegarten. Weder er selbst aber, noch
irgend ein anderer, den ich sprach, hatte es selbst gesehn.
Noch vor wenigen Tagen sollte es indeß gesehen worden seyn.

38.

Eutin. Der Weg dahin meistentheils sandig, aber
sehr viel schöne Stellen, in hübschen Buchenwäldern.
Eutin selbst liegt schön am See. Wir waren fünf volle
Tage dort. Stolberg war eben nach Copenhagen gereist.
Wir lebten durchaus mit Voß und Schlossers. Merk-
würdigkeiten giebt es hier nicht, außer einigen schönen
Gegenden. Zu diesen gehört vorzüglich — Sielbeck, ein
Gartensaal des Bischofs mitten in einem Buchwalde.
Das Merkwürdigste daran ist seine Lage auf einem
Berge zwischen zwei Seen, und die Spaziergänge um die
Ufer des kleineren unter diesen. Der Saal selbst ist ganz
einfach und nichts weniger als schön. Aber die beiden
Aussichten, die vordere beschränkte, und dunkle auf den
kleinen, und die hintere weite und helle auf den großen
See sind göttlich. — Eutin selbst ist ein ofnes Städtchen,
das fast nur Eine Straße und daher fast gar keine Breite,
aber eine beträchtliche Länge hat. Uebrigens ist die Stadt
reinlich, und die Häuser klein, aber meist gut gebaut. —
Der Schloßgarten hat überaus schöne Parthieen am See,

und vorzüglich prächtig gewachsene Bäume. — Der
Fürst soll ein interessanter Mann seyn. Sein Minister,
den ich aber nicht sah, ist Graf Holmer.

Hofrath Voß. — Ich sprach ihn überaus viel und
fand ihn in hohem Grade interessant. Obgleich nur sehr
wenige Sachen ihn so berühren, daß er über sie redet,
und obgleich er alles mit Stillschweigen übergeht, in das
er nicht eigentlich eingedrungen ist, so spricht er doch über
die eigentlichen Gegenstände seines Studiums sehr gut,
raisonnirend, und allgemein. Das Gespräch auf einzelne
Stellen in Schriftstellern zu lenken, oder sich auf Grammatik oder eigentliche Philologie einzulassen, ist schlechterdings nicht seine Art, er verachtet, wie es scheint, allen
eigentlichen gelehrten Kram, und tadelt sogar an Wolf
die entgegengesetzte Gattung des Umgangs. Wir redeten
vorzüglich und fast einzig über die Alten, ihren Geist
und ihre Sitten, und ihre Verschiedenheit von den Neueren.
Hier ist er offenbar partheiisch und einseitig. Er erkennt
schlechterdings keine Eigenthümlichkeit der modernen
Dichter an, die nicht fehlerhaft und nur Schlacke der Zeit
wäre. Sein Maaßstab des Vortreflichen ist durchaus
die Uebereinkunft mit dem Homerischen Charakter. Was
vortreflich ist, ist auch Homerisch, und was nicht das
letztere ist, ist auch nicht das Erstere. Darnach beurtheilt
er die Dichter aller Zeiten und Nationen, von denen er
sehr viele, sogar die Spanischen und Portugiesischen sehr
genau kennt. Mit Schillers Gedichten ist er nur sehr
bedingungsweise und eigentlich gar nicht zufrieden. In
dem Lied an die Freude ist kein natürlicher froher, sondern
ein erzwungener und trunkener Ton. Die Götter Griechen-
lands schweben als lose Bilder vor seiner Phantasie
ohne sein Gefühl zu berühren. Ebenso die Frauenwürde,

5*

die eine Abhandlung in Versen ist. Bei der einseitigen
Verwerfung der Modernen gegen die Alten mußte nothwendig der, welcher den Charakter der ersteren am stärksten
an sich trägt, ihm auch am wenigsten genügen. An
Göthens Meister und Werther tadelte er, daß Göthe
nicht genug über seinen Personen bleibe, sondern sich
ihnen beimische, und sie, auch wo sie fehlen, billige.
Homer thue das nicht mit dem zürnenden Achilles. Auch
den Stil beurtheilt er auf gleiche Weise. Jacobi versicherte mich, von ihm gehört zu haben, daß er immer
versuche, das Deutsche Stück, das er prüfen wolle, ins
Griechische oder Lateinische zu übersetzen. Was diese
Probe nicht aushielte, müsse irgend eine Art der Barbarei
an sich tragen. — Die zweite Haupteigenthümlichkeit, die
ihn auszeichnet, ist das tiefe Studium der Verskunst, und
der unerhörte Fleiß, den er in der Ausübung auf dieselbe wendet. Nicht bloß die Orchestik der Alten, sagt
er, sollte man, als eine unter uns schlummernde Kunst
anführen, auch die Metrik, auf die sich weder die Dichter,
noch ihre Hörer verständen. Das Schöne und Genievolle
seiner Behandlung derselben ist, daß er sie ganz und gar
nicht pedantisch, mechanisch und dem todten Buchstaben
nach, sondern lebendig und musikalisch nimmt. Daher
setzt er den ganzen Werth des Verses, vorzüglich des
Hexameters in die Beschaffenheit der einzelnen Theile,
in die er zerfällt, und in die leichte und harmonische
Bewegung derselben. Auch beim Pindar, um dessen
einzelne metra er sich nicht gerade sehr bekümmert zu
haben schien, hatte er diesen Gesichtspunkt verfolgt, und
glaubt ausgefunden zu haben, daß jede Strophe in mehrere Commata zerfalle, die durch innere Einheit gegen
einander contrastirten. Er meynte meistentheils vier

anzutreffen, doch schien mir die Sache in einzelnen Bei-
spielen etwas schwankend und unbestimmt. Im Deutschen
läßt er die Länge durch die Begriffsschwere bestimmen.
Von dieser aber trennt er die Erhebung, den Accent.
Schlimm und einförmig sey es, daß bei uns die Erhebung der Stimme auch meistentheils auf der Länge
ruhe. Sehr fein entwickelt er die Lehre der Mittelzeiten.
Hier sey es, wo der Leser dem Rhythmus nachhelfen,
diesen Silben bald mehr Länge, bald mehr Kürze geben
müsse. Denn er nimmt Silben an, die länger, als lange,
und kürzer, als kurze sind. Der Hexameter nemlich verlange durchaus einen gleichen Takt, immer von 4 Zeiten.
Diese Zeiten richtig zu vertheilen ist die Kunst des Dichters
und des Lesers. Beispiel einer beinah subtilen Feinheit
hierin: „Der hoch | donnernde" kann einen Hexameter
anfangen. Denn da „hoch" als lang zwei Zeiten hat,
so kann der Mittelzeit „don" auch, besonders im Anfange des Verses eine Zeit zugelegt werden, obgleich es
ein Extrem, und die äußerste Gränze hierin ist. Allein
„Der ge | fällige" kann keinen Hexameter anfangen.
Denn da „ge" nur Eine Zeit hat, so müßte „Der" drei
annehmen, welches nicht angeht. Homer soll die Mittelzeiten größtentheils lang machen, die Tragiker kurz. Er
führte zum Beispiel die Silben der mutae cum liquida
an, namentlich Ατλας. Er giebt schlechterdings keinen
andern Hexameter zu, als den Homerischen; an Schiller
und Göthe tadelt er die Vernachlässigung des Versbaues
sehr. Sie machen höchstens fehlerfreie, nie gute und
leicht sich bewegende Hexameter. -- Die Sorgfalt für den
Versbau scheint in Voß nicht bloß aus einem Streben
nach Vollkommenheit überhaupt herzukommen, sondern
tiefer zu liegen. Sie ist beinah das Erste, was er auch

an fremden Produkten beurtheilt und die Schönheiten des
Inhalts und der Diction eines Gedichts scheinen ganz
und gar ihre Wirkung bei ihm zu verfehlen, sobald der
Vers fehlerhaft oder unmelodisch erscheint. Woher dieß
eigentlich in ihm stammt, mag schwer zu bestimmen seyn.
Zuerst kommt es wohl aus dem Studium der Alten,
die er einmal streng als Urbilder annimmt. Die Voll=
kommenheit der sinnlichen Form, die sie in so ausgezeich=
netem Grade besitzen, gehört nothwendig mit zu dem
Eindruck, den sie auf ihn machen, und da in ihnen nie
die Form vom Inhalt nur irgend gesondert ist, wie so
manchmal leider bei den Neuern, so ist auch er über die
Vollendung der ersteren unerbittlich. In dem Versbau
selbst scheint er noch höher die volle Stärke, als den zarten
Wohllaut zu achten. Darum scheut er auch, dünkt mich,
weniger, hart, als eintönig, und nicht hinlänglich ausdrucks=
voll zu werden. Geleitet von den Alten, geht er überall
davon aus, daß der Gedanke schlechterdings vollkommen
da stehen, mit dem Ausdruck durchaus Eins seyn muß.
Dazu gehört nothwendig auch das höchste und lebendigste
Zusammentreffen des Verses mit demselben. Nicht also
sowohl eine bloße abgesonderte Zartheit des Ohrs, son=
dern ein Streben, dem Gedanken auch nicht das Min=
deste seiner Stärke und seines Lebens zu entziehen, macht
ihn so aufmerksam auf den Versbau. Dazu kommt nun
auch noch wohl der Mangel an philosophischer und senti=
mentaler Richtung des Geistes hinzu. Er ist bloß ein
naiver Dichter, nur mit naiven Dichtern vertraut, und
schätzt keine andre Poesie. Der eigentliche Inhalt der
Modernen, ihre Gedanken und Empfindungen wirken
daher minder stark auf ihn, als sonst geschehen würde.
Beinah möchte man ihn beschuldigen hierin bei weitem

zu einseitig zu seyn, sich nur an die Außenseite der Poesie
zu halten, und das Innere zu vernachläßigen, wenn er
nicht auch von dieser Seite soviel geleistet hätte. Die
Bewegung des Silbenmaaßes geht, sagte er mir, sehr oft
bei ihm dem Gedanken an den Inhalt des Gedichts
vorher und führt diesen herbei. Das nemliche erzählte
mir wohl auch Schiller von sich. Aber in beiden scheint
es mir sehr verschieden. In Schiller ists eine Empfindung, die eben zuerst nur der Form nach rege wird, ohne
noch einen wirklichen Stoff zu besitzen. In Voß scheint
es mehr von Beschäftigung mit den Foderungen der
Metrik und Musik, mehr als Kunst, auszugehen. Er
führte mir z. B. als einen Fall, wo es so gewesen sey,
ein kleines Gedicht: „die Braut am Gestade" im Almanach 1796. an. Es war ein sehr schönes und prächtig
versificirtes Gedicht. Aber es hatte ein außerordentlich
schwieriges Silbenmaaß, dessen Schwierigkeit man auch,
wie gut sie sogar überwunden war, immer noch merklich durchfühlte. Auch ohne etwas Anderes davon zu
wissen, hätte man sich nicht annehmen können, abgesondert vom Inhalt, an das Versmaaß zu denken. —
Die Grundsätze seines Stils und seiner Diction stimmen
ganz und gar mit denen seiner Metrik überein. Der
Gedanke muß schlechterdings rein und vollkommen ausgedrückt seyn. Man muß also immer die Worte und
die Stellungen wählen, welche dieß am besten bewirken.
Hiebei scheint er nur darin, dünkt mich, zu fehlen, daß
er glaubt, dem Leser zu sehr zu Hülfe kommen zu
müssen, und zu wenig auf ihn selbst und den Sprach-
gebrauch rechnet. Auch wenn ihm die Worte nicht
grade in derselben Ordnung hingegeben werden, welche
der höchste Nachdruck fodert, entgeht dem guten Leser

dieſer Nachdruck dennoch nicht; da er vielmehr im ent=
gegengeſetzten Fall durch das Fremdartige geſtört wird,
das ihm auffallen muß. Etwas Undeutſches, ſelbſt nur
etwas eigentlich Neues giebt Voß nicht zu, ſich erlaubt
zu haben. Vielmehr will er ſich gefangen geben, wenn
man ihm nur Eine ſolche Stelle zeigt. Er entfernt, meint
er, ſich bloß vom Gewöhnlichen, oder noch beſſer vom
Gemeinen. Sonſt glaubt er alle ſeine Wortfügungen
und Stellungen durch Beiſpiele aus currenten Schrift=
ſtellern ſogar, Luther, Leſſing, Gellert, Klopſtock u. ſ. f.
beweiſen zu können. Der Dichter aber, vorzüglich der
Altgriechiſche Sänger rede immer im Ton der Begeiſte=
rung, alſo in einem leidenſchaftlichen Zuſtande. Nicht
bloß da alſo, wo der Gedanke es ſchon für ſich und
ausdrücklich fordere, müſſe er ſich erheben und vom
Gewöhnlichen entfernen, ſondern durchaus, in ſeinem
ganzen Ton und ſeiner ganzen Manier. Sogar müßten
die matten, weniger durch den Inhalt ausgezeichneten
Stellen, noch ſorgfältiger durch die Diction hervorſtechend
gemacht werden. Den Fehler, dieß zu vernachläſſigen,
tadelt er an meinen Pindariſchen Oden. Im Griechiſchen
ſey dieß durchaus der Fall, nur empfänden wir es nicht
genug, da wir mit der gemeinen und gewöhnlichen
Sprechart zu Homers und Pindars Zeiten zu wenig
bekannt wären. Zum Beweiſe bezieht er ſich auf die
Stelle in Ariſtoteles Poetik, wo die alten Dichter gegen
den Vorwurf gerechtfertigt werden, der ihnen wegen der
Wortfügung ὁωμάτων ἀπο gemacht wird. In der Proſa
will er nichts anders, als den reinen, vollkommenen, und
lebendigen Ausdruck des Gedankens. Aber auch die
Proſa ſoll nur für Zuhörer, nicht für Leſer geſchrieben
ſeyn. Der lebendige Vortrag nehme alsdann das Un=

gewöhnliche und fremde hinweg, was beim Lesen aller=
dings noch übrigbleiben könne. — Schon aus dem Bis=
herigen sieht man, was Voß eigentlich fodert. Das voll=
kommenste, lebendigste und anschaulichste Darstellen des
Gedankens, sowohl in seinen Umrissen, als in seiner
Stärke; und das buchstäblichste und genaueste Anpassen
der Formen der Sprache an denselben. Sein Fehler in
der ersteren, an sich gewiß treflichen Tendenz ist, daß er
für dasjenige unempfänglich wird, was einer solchen
lebendigen Anschaulichkeit nicht fähig ist. So geht es
ihm bei Gedichten philosophischen oder sentimentalen
Inhalts, also fast durchaus bei den Neueren. Sein
Fehler in der zweiten, an sich auch vollkommen richtigen
Foderung ist bloß darin zu weit und bis zum Extrem
zu gehen. Dieser doppelte Fehler scheint aus der Ein=
seitigkeit zu entspringen, die ihn selbst für viele fremde
Eigenthümlichkeiten unempfänglich, und außerdem macht,
daß er auch bei andern voraussetzt, daß sie nur auf dem=
selben Wege als er, zu irgend einem Ziele z. B. zum
Verständniß der Alten gelangen können. Wieviel ihm
jene Anschaulichkeit ist, dafür dient auch das zum Be=
weise, daß er die Alten weder in ihrer Sprache, noch in
ihren Verfassungen und Sitten eher zu verstehen, d. h.
hier eigentlich zu empfinden behauptet, als bis er sie in
unsre Sprache und unsre Sitten übersetzt hat. Bei der
Syrakusanerin in Theokrits Adoniazusen z. B. sagt er,
denkt er sich eine Hamburgerin, aber er entfernt nun von
dieser, was ihr, als solcher, eigenthümlich ist. Ein leben=
diges und gegenwärtiges Bild muß also seine Seele erst
in die Empfindung der Wirklichkeit versetzen. So scheint
ihm das Uebersetzen durch seine Natur selbst aufgegeben,
und sehr tief in ihm zu liegen. Sein erster Grundsatz

des Ueberſetzens iſt, ſo zu überſetzen, als ob zu Homers
Zeit Deutſch und nicht Griechiſch geſprochen worden ſey. —
Weil er überall Anſchaulichkeit, Fülle, und Stärke des
Ausdrucks ſucht, zieht er das Plattdeutſche dem Hoch-
deutſchen vor, da es nach ſeiner Behauptung jene Vor-
züge in höherem Grade beſitzt. Er beklagt, daß es außer
Gebrauch kommt, hat wirklich bei ſeinen plattdeutſchen
Gedichten den Gedanken gehabt, es zu einem eignen
Dialect der Bücherſprache von neuem zu erheben, und
ſpricht es in ſeiner Familie beſtändig. — Den eigentlichen
und urſprünglichen Bedeutungen der Wörter ſcheint er
durch tiefe Sprachforſchungen eifrig nachzugehen. Er
bedient ſich ungefähr der Cennepſchen Methode, doch in
andrer Art. Die erſten Grundbegriffe aller Sprachen
findet er „zeugen, machen, Ding‟, und zwiſchen dem Alt-
deutſchen (das aber nach dem Plattdeutſchen beurtheilt
werden muß) Altlateiniſchen und Altgriechiſchen findet
er eine ſo große Uebereinſtimmung, daß es eigentlich
nur Eine und dieſelbe Sprache ſey. — Seinen Philemon
und Baucis ſetzt er ſeiner Luiſe faſt gleich. Ueber dieſe
ſtimmt er mit meinen Gedanken überein. — Von Charakter und in ſeinem Betragen iſt er mir überaus liebenswürdig erſchienen. Er iſt in hohem Grade herzlich und
freundſchaftlich und durchaus offen und gerade. Vielleicht
mag er dieß ſogar manchmal übertreiben. Aber er iſt
nichts weniger als eigentlich derb, vielmehr ſehr fein
und zart. Hierin macht man ſich gewöhnlich eine ſehr
falſche Vorſtellung von ihm. Man ſieht ihm bald an,
daß er überall einen eignen Weg, und dieſen mit feſtig-
keit, und ohne Rückſicht auf Widerſpruch und Tadel geht,
aber man fühlt auch, daß er ihn nur aus Eifer und
reiner Zuneigung für die Sache wählt, und ihn mit un-

erhörtem Fleiß verfolgt. Er sagt selbst von sich, daß
er zu den arbeitseligen Menschen gehöre. In seinen
Arbeiten verfährt er gewöhnlich ganz und gar ohne
fremde Hülfe voriger Commentatoren, wie er denn überhaupt mit erstaunlich wenigen Büchern arbeitet, und an
alles, was er macht, besonders aber an seine Verse,
wendet er einen fast beispiellosen Fleiß, feilt unaufhörlich
und arbeitet das Gemachte immer wieder von neuem
um. Bei diesem Umarbeiten schiebt er alsdann gewöhnlich etwas Neues ein, und so ist seine Luise nach und
nach aus einem kleinen Anfang entstanden. Diese Art
zu arbeiten — ich führe dieß zu einem Beispiel seiner
Art, die Dinge anzusehen, an — glaubt er so natürlich
und allgemein, daß er sich ebenso den Ursprung der
Ilias und Odyssee von Homer erklärt. Daher ist er auch
Wolfs Meynung gänzlich zuwider; ja er meynt sogar,
Homer könne doch wohl und müsse sogar geschrieben
haben. Die Beweise führt er meistentheils aus dem
innern Zusammenhang der Gedichte, und aus ihrer
großen Schönheit. Wenn ein andrer, sagt er, die erst in
einzelnen Gesängen existirende Ilias zusammengesetzt
haben sollte, so müßte dieser ein Homerisches Genie seyn,
und so thue Wolf nichts mehr, als daß er den Homer
nur um einige Jahrhunderte jünger mache. Im raison-
nirenden Gespräch ist er von sehr ausharrender Geduld,
hört sehr ruhig an, und verträgt sehr gut ofnen und
geraden Tadel. Aber er ist nicht sehr gewandt, selbst
seine Meynung zu vertheidigen oder Einwürfe zu machen,
und schweigt oft, wo er schlechterdings noch nicht überzeugt ist. Er nimmt ein Gespräch lieber zu verschiedenen
Zeiten öfter wieder auf, als er es in einer Reihe fort-
zusetzen pflegt. In Rücksicht aufs Publicum glaubt er

sich eigentlich im Gedränge und die unterdrückte Parthei und dieß macht ihn gegen das öffentliche Urtheil, besonders gegen Recensionen bitter. Er glaubt ein Schriftsteller, der etwas Neues behaupte, könne erst nach seinem Tode emporkommen. — Von Wuchs ist er ziemlich groß, aber mager und schmal. Sein Gesicht ist mehr lang als breit, die Stirn flach und rückwärts gelehnt, die Nase lang und ein wenig gebogen. Das Ganze verräth auf den ersten Anblick nicht gerade etwas sehr Geistvolles, am wenigsten schnelles und glänzendes Genie, wovon er vielmehr das Gegentheil ausdrückt. Einfache und langsame Ruhe würde der ganze Charakter seyn, wenn nicht das Auge sehr gut und feurig, und der Mund zugleich sanft, zart und fein geschnitten wäre. Diese Züge erscheinen erst mehr bei einem verweilenden Betrachten, wodurch die ganze Physiognomie außerordentlich gewinnt. Denn alsdann ist ein feuriger, tief eindringender Geist, eine sanfte Milde der Gesinnung, und eine harmonische einfache Ruhe des ganzen Charakters unverkennbar. Haar und Auge sind braun, und ebenso die Gesichtsfarbe mehr dunkel als weiß. — Dasjenige, was in ihm herrscht, ist offenbar ein reizbares und tiefes Gefühl für Wahrheit und Natur. Nur das, was unmittelbar natürlich ist, das ursprünglich Menschlichste und Einfachste macht eine starke Wirkung auf ihn. Die mehr raffinirte Empfindung und das eigentlich Sentimentale sind nicht für ihn gemacht. Nicht bloß aber der Stoff, auch nur die Form der Natur hat große Macht über ihn. Ueberall sucht er das Anschauliche, Wirkliche, Lebendige. Daher ist er der systematischen Philosophie und der Metaphysik, obgleich er sich hütet, davon zu reden, eigentlich feind. Was nicht in der Sprache der Menschen ausgedrückt werden kann, sagte er mir einmal, kann nicht wahr seyn. Daher verlangt er die Vollkommenheit des Ausdrucks in Prosa und Poesie, und daher entstehen seine scheinbaren Ketzereien hierin. Bei dieser Gemüthsstimmung kann er nun nicht anders, als nur eine kleine Extension haben, und dieß ist auch wirklich sein Fall. Dafür aber wird er durch Intension entschädigt. Er ist den Alten sehr ähnlich, und sollte es, dieser Schilderung nach, auch Göthen seyn. Aber er unterscheidet sich von beiden dadurch, daß mehr Gefühl, als Phantasie in ihm herrschend sind, daß er mehr auf den Stoff zugleich sieht, und nicht von dem Interesse an der bloßen Gestalt, an dem Wechsel und der Mannigfaltigkeit der äußern Welt so idealisch geleitet wird. Er geht schlechterdings einen engen, und nur Einen Weg, aber diesen mit einer so entschiedenen Stetigkeit, daß sie zur Heftigkeit und zum Eigensinn wird. Ebendaher hat er auch eine sonderbare Mischung von Bescheidenheit und Selbstvertrauen. Er dringt nach seinem eigenen Geständniß sehr langsam in einen neuen Gegenstand ein, besitzt aber ein großes Vermögen, sich nachher darin festzusetzen. Es wird ihm nie an Gehalt, an Ausdruck, an Stärke, sehr oft aber an Leichtigkeit, und sogar an Klarheit fehlen. Er ist einer starken und unaufhaltsamen Kraft zu vergleichen, die aber auf einem engbeschränkten Pfade nur auf das zueilt, was unmittelbar natürlichen Gehalt hat. Der Mangel an Philosophie ist erstaunlich auffallend und nachtheilig in ihm. Er klebt darüber an Außenseiten der Dinge und hat für sehr vieles gar keinen Sinn. Bei einer Vergleichung mit den Alten und Göthe zeigt sich, wie mich dünkt, ein unvortheilhafter Einfluß des Deutschen Charakters auf seine Natur.

Seine Frau ist sehr gut und einfach, und gewiß nicht ohne richtigen und natürlichen Sinn für das Wahre und Schöne, aber man muß sie erst länger kennen, um sie vortheilhaft zu beurtheilen.

Seine Söhne sind verständig und bescheiden, aber bei weitem derber, als der Vater. Sie haben auffallend klare und reine Gesichtszüge.

Die ganze Familie ist im guten Verstande idyllenartig, einfach, gut und natürlich.

Geheimerath Schlosser. — Er ist jetzt, vorzüglich wegen seines Schwiegersohns Nicolovius, mit seiner Familie nach Eutin gezogen, und hat sich dort ein Haus gekauft. Ich traf ihn in einem ungünstigen Zeitpunkt, zugleich durch die Zerrüttung seiner äußern Lage durch die Einfälle der Franzosen in die Rheingegenden, und durch Kants Aufsatz in der Berliner Monatsschrift aufgebracht. Daher war es nicht möglich ein ruhiges und ordentliches Gespräch mit ihm zu führen. Er sprach beständig gegen Kant und kam von allen Gegenständen immer darauf zurück. Sogar gegen seine Person und seine Gesinnung, vorzüglich in Rücksicht des Postulirens der Gottheit ließ er sich sehr heftig und unverständig heraus. Wir sprachen durchaus über Politik und Moral. Das Einzige was er über diese beiden Dinge behauptete, war, daß in der Politik alles lokal sey, und nichts Allgemeines aufgestellt werden könne, und daß sein Moralprincip in der Vollkommenheit bestehe, die immer nothwendig mit Glückseligkeit verbunden sey. Daß dabei keine deutlichen Begriffe herauskommen, sondern daß er immer nur von den Gefühlen eines Kreises edlerer Menschen redet, versteht sich von selbst. In den mehreren Unterredungen, die ich mit ihm gehabt, ist er mir durch-

aus uninteressant gewesen. Er hat nicht einmal, wie es
mir doch sonst in Carlsruhe schien, Scharfsinn, noch
weniger Kenntniß der Kantischen Philosophie, gegen die
er doch streitet, bewiesen. Alle seine Einwürfe waren
höchst trivial und gemein. Sein Betragen ist in hohem
Grade unangenehm. Eine unausstehliche Anmaaßung,
und eine nimmer ruhende Heftigkeit herrschen durchaus. —
So ist auch sein Aeußres und sein Gesicht. Durchaus
kein Ebenmaaß und Gleichgewicht der Züge, ein bis zur
Wildheit feuriges Auge, etwas Spöttisches im Munde,
eine durchaus unstäte Physiognomie, manchmal eine
gewisse wunderliche und gar nicht natürlich scheinende
Exaltation, und ein struppiges Haar. — Gegen mich
war er jedoch recht freundschaftlich und gefällig. — Was
mir am meisten an ihm gefällt, ist daß er täglich die
Alten, vorzüglich die Griechen, studirt, in deren Geschicht-
schreibern, Rednern und Philosophen er sehr bewandert
ist. Er übersetzt jetzt die Politik des Aristoteles.

In seiner Frau habe ich das nicht finden können,
was Jacobi und andre in ihr anzutreffen meynen. Ihr
Aeußres, vorzüglich ihre Lebhaftigkeit, ist in hohem
Grade unangenehm.

KammerSekretär Nicolovius. — Schlossers Schwiegersohn, und ehemals Hofmeister bei Friedrich Leopold Stolberg mit dem er die Reise nach Italien gemacht hat.
Er scheint recht viele, vorzüglich auch philologische
Kenntnisse und recht viel Belesenheit zu haben, auch ein
recht guter Kopf zu seyn. Dennoch war er mir nicht
sonderlich interessant.

Comtesse Catharina Stolberg, die Schwester der
Stolberge, ein Brouillon, wie es nur auf Erden eins
geben kann.

Dr. Hellwag. — Arzt und nach Voß Versicherung ein sehr guter und gründlicher Mathematiker. Er hilft Voß in seinen Arbeiten über die alte Geographie und zeichnet ihm die Karten dazu.

Geheimer Justizrath Trede. — Soll, nach Jacobis Versicherung ein sehr guter Kantianer seyn, und eigne Meynungen vorzüglich über das Moralprincip haben. Ich sah ihn nicht.

39.

Ploen. — Der gerade Weg von Eutin nach Hamburg soll sehr unangenehm seyn; dagegen ist der über Ploen wenigstens großentheils außerordentlich schön. Von Eutin bis Ploen fährt man durchaus zwischen lachenden Feldern, und angenehmen Gehölzen hin, und an mehreren Stellen hat man schöne Aussichten auf die Seen um Eutin und Ploen. Vorzüglich schön ist die, welche man etwa auf der Hälfte des Weges nach dem Ploener See, und auf das Ploener Schloß hat. Von da an fährt man auch meistentheils neben dem See hin. Das Ploener Schloß hat eine überaus schöne Lage. Es ist von beiden Seiten von dem See, der sich durch eine Landenge in den kleinen und großen theilt, umgeben, und da die Ufer des Sees viele Landengen, kleine Vorgebirge und Erd- zungen bilden, auch im See selbst einige Inseln sind, so ist der Anblick überaus wechselnd und mannigfaltig. Das Wasser ist bald durch und durch vom Lande durch- und eingeschnitten, bald sieht man eine große und schöne Masse auf eine weite Entfernung hin. — Der Schloß- garten ist eine in den See hineingehende Erdzunge. Er

ist mit großen schönen Buchen bepflanzt in welchen einzelne Alleen gehauen sind, und der Weg längs den Ufern
des Sees ist überaus angenehm. — Fast noch schöner
aber ist ein Ort, Bay Müllers Koppel genannt, auf dem
Wege zwischen Ploen und Aschberg. Man geht dort
aus der Tiefe einen steilen, mit Buchen bewachsenen
Berg am See hinauf, hat eine ganz neue Aussicht auf
denselben, und vorzüglich zeigt sich das Ploener Schloß
von dort sehr vortheilhaft. — Rund um den See liegen
eine Menge von Landgütern, von denen Nenten, das
einem Herrn von Kronstern gehört, die schönste Aussicht
haben soll.

Kammerherr von Hennings. — Er ist Amtmann in
Ploen. Wir aßen den Mittag bei ihm. Da er den
Morgen Gerichtstag hatte, so sah ich ihn nur sehr wenig.
Indeß scheint er auch auf keine Weise interessant. Er
ist ein großer, steifer und kalter Mann auf den ersten
Anblick, und soviel ich schon in der kurzen Zeit hörte,
voll von Klagen über unsre Zeit, über den Despotismus
unsrer Regierungen u. s. f. Seine Duellgeschichte ist noch
lang nicht beendigt. Er ist ein Bruder der Doctorin
Reimarus in Hamburg.

Seine Frau ist aus Coppenhagen und nicht intressant.
Beide affectiren, wie es scheint, einen vornehmen und
französischen Ton.

Der Herzog von Oldenburg. — Er ist blödsinnig,
und deshalb, nachdem er durch Zimmermann, dem die
Untersuchung seines Gemüthszustandes von der Russischen
Kaiserin aufgetragen war, dafür erklärt worden, von der
Regierung ausgeschlossen worden, die dafür der Bischof
in Eutin bekommen hat. Herder ist sein Erzieher gewesen,
und hat ihn auf Reisen geführt. Hier hat sich sein Un-

verstand zuerst dadurch geäußert, daß er schlechterdings
hat katholisch werden wollen. Auch jetzt noch ist seine
Hauptthorheit sich einzubilden, daß er katholisch sey, was
ihm aber nicht gestattet wird. Wir sahen ihn bei Hennings, wohin er kam. Es fehlt ihm bloß an Beurtheilung,
nicht an Gedächtniß und manchem Talent. So spricht
er recht gut französisch und Englisch, auch Italiänisch,
mahlt, modellirt, strickt u. s. f. In gewissen Minen und
manchmal auch im Sprechen in einigen Höflichkeits-
wendungen besonders hatte er eine auffallende und äußerst
merkwürdige Aehnlichkeit mit dem Coadjutor. Meine
Frau und ich fanden dieß jeder von selbst, und es war mir
ein merkwürdiges Beispiel, wie auffallend und doch wie
abgesondert vom Wesen des Charakters gewisse Zufällig-
keiten seyn können. — Manchmal entfallen ihm pathe-
tische Ausdrücke. Als man ihm die Geburt des Erb-
prinzen des Bischofs in Eutin gemeldet hat, ist er mit
den Worten aufgesprungen: „Der soll auch toll werden!" —
Der König von Dännemark ist sein Vormund.

Noch fanden wir den Prinzen Gonzaga, der eben
nach Coppenhagen ging, bei Hennings.

40.

Aschberg. — Ein beträchtlich großes Landgut des
Grafen Ranzau. Der Weg von Ploen dorthin ist noch
angenehmer als der von Eutin nach Ploen, und man
hat fast beständig einen der beiden Seen zur Seite des
Weges. — Der Garten ist ehemals in dem alten französischen Geschmack angelegt gewesen, der jetzige Graf

macht nunmehr einen Englischen daraus, womit er aber noch bei weitem nicht fertig ist. Da wir nur etwa eine Stunde dort waren, so konnten wir nur die schönsten Plätze besuchen. Unter diesen zeichnet sich der Gipfel eines dicht mit Buchen bewachsenen Berges aus, auf dem nach allen vier Seiten hin Alleen durch den Wald gehauen sind. Durch 3 derselben sieht man auf den Ploener See, und vorzüglich schön ist die eine Aussicht, in der sich das Ploener Schloß zeigt. Auch der Kontrast dieser drei hellen und weiten Aussichten gegen das Dunkel des Waldes auf der vierten Seite wirkt sehr gut.

Graf Ranzau, ein junger, aber wie es scheint, sehr thätiger Mann. Er hat, wie mehrere Güterbesitzer im Holsteinischen, die Leibeigenschaft abgeschaft, und ist auch ein Mitglied des zu diesem Endzweck gewählten Aus-schusses der Stände.

Seine Frau ist die Tochter des Dänischen Gesandten in Regensburg Herrn von Diede, sehr angenehm und gefällig und nicht uninteressant.

41.

Tremsbüttel. — Der Weg von Aschberg hieher geht über Segeberg. Das einzige Merkwürdige in Segeberg ist ein Kalkfels, den ich aber, weil ich zu spät ankam und zu früh wieder wegfuhr nicht sah. Er soll ganz isolirt, noch in dem Städtchen selbst stehen, und beträcht-lich hoch seyn. Darauf oder dran ist ein Brunnen, der von Kaiser Lothar 2. herstammen soll. Wirthshaus in Segeberg: Stadt Copenhagen. — Die Lage von Trems-

6 *

büttel ist nicht besonders schön, aber dennoch hat der ganz ländlich angelegte Garten sehr angenehme Spazier-gänge. Wir brachten fast einen ganzen Tag und eine Nacht in Tremsbüttel zu.

Graf Christian Stolberg. Sowohl er als seine Frau sind außerordentlich gastfrei und gefällig. Er spricht viel und außerordentlich schnell, verweilt aber zu wenig bei einer Sache, um eigentlich interessant zu werden.

Die Gräfin, eine gebohrne Reventlow hat mancherlei Kenntnisse, und wie es scheint, einen sehr guten und rich-tigen Verstand. Im Urtheilen ist sie oft einseitig streng. Sie soll sehr gut lateinisch wissen, und beschäftigt sich sogar mit Kantischer Philosophie.

42.

Geldcours. Man rechnet im Holsteinischen theils nach Thalern und Groschen, theils nach Marken und Schil-lingen. Das Holsteinische Geld ist etwas schlechter, als das Hamburger und Lübecker. Ich erhielt für den Fried-richsd'or beständig 13 Mark manchmal auch einige Schil-linge darüber. Die SpeciesThaler gelten 1 Thaler 12 Schillinge. In Lübeck und Hamburg aber beim Wechseln eigentlich nur 1 Thaler 10. Schillinge.

43.

Das Holsteinische ist an den beiden Küsten der See und der Elbe durchaus ein sehr fruchtbares und schönes Land, mit sehr mannigfaltigen und reizenden Gegenden.

Der Rücken des Landes aber ist kahl, unangenehm, und
bei weitem weniger fruchtbar. Besonders ist hier die
große Haide, von der wir zwischen Aschberg und Segeberg ein Stück passirten. Weil es schwer seyn würde,
auf dieser bloßen Fläche, wo man fast gar keine bezeich-
nenden Gegenstände sieht, vorzüglich auf dem Schnee im
Winter den Weg zu finden, so sind immer einige hundert
Schritt weit von einander auf beiden Seiten des Weges
große Pfähle aufgerichtet. Vorzüglich schön ist die Gegend
um den Ploener See, und eine außerordentlich reizende
Lage soll auch Kiel haben. — Besonders die schönen
Gegenden Holsteins sind mit Landgütern des Adels sehr
zahlreich besetzt, und die Besitzer scheinen sehr gastfrei,
vorzüglich die größern Familien, die Reventlows, Ranzaus,
Schimmelmanns u. s. f. — Der Preis der Postpferde
ist gleichfalls 6 Groschen aber das Trinkgeld der Postillone nur 2 Groschen die Meile. Vor einem 4sitzigen
zugemachten Wagen aber muß man, dem Reglement
nach, schlechterdings, ohne alle Rücksicht auf Gepäck und
Personenzahl 6 Pferde nehmen. Dagegen wird auch
die bepackteste Batarde nur mit 4 gefahren.

44.

Wandsbeck, Hamburg und die umliegende Gegend. —
Wir wohnten, wegen Jacobi, die ganze Zeit unsers hiesigen Aufenthalts über in Wandsbeck und besuchten von
hier aus Hamburg und die umliegende Gegend. Ich
lasse also hier alle Personen und Gegenstände, die mir
hier vorkamen, ohne weitere Ordnung folgen.

Graf Schimmelmann, Eigenthümer von Wandsbeck und seine Frau, eine gebohrne Löwendal, eine Familie die von einem natürlichen Sohn eines Königs von Dännemark abstammt.

D. Rudolphi und seine Schwester, die Dichterin, eine genaue Freundin von Reinhold und Baggesen. Ihr Aeußres ist sehr unangenehm. Ich sah sie nur ein einzigesmal und sehr kurz.

Flotbeck, ein Dorf unterhalb Hamburg an der Elbe, worin Kaufmann Voght eine sehr große Besitzung hat. Sein Haus, das er jetzt, da es abgebrannt gewesen, neu baut, hat keine sonderlich angenehme Lage. Eine desto schönere aber der sogenannte Tempel, in dem ein Saal und mehrere Zinnen sind. Dieser steht auf einer Höhe dicht an der Elbe. Sowohl der Fluß, der hier sehr breit ist, als die Ufer auf beiden Seiten und die vorbeikommenden Schiffe geben einen schönen und interessanten Anblick. Vorzüglich lebendig wird das Gemählde auch durch die Ebbe und Fluth, welche immer abwechselnd Schiffe aus dem Hamburger Hafen hinaus, oder von der Mündung hinein führt. — Der Englische Garten ist sehr groß, und mit außerordentlich vielem Geschmack angelegt. Rasenplätze, prächtige und schön contrastirende Aussichten, und mahlerische Baumgruppen wechseln überaus angenehm mit einander ab. Dabei ist der Garten von allen Spielereien und Colifichets gänzlich frei.

Voght, der Besitzer dieses Guts wird für den reichsten Kaufmann in Hamburg gehalten. Er ist nicht verheirathet und macht sehr viel Aufwand. Er betreibt bloß Geschäfte für America, und die meisten Americanischen Handlungsgeschäfte gehen durch seine Handlung. Er selbst beschäftigt sich nicht viel mit derselben, und lebt Winter

und Sommer in Flotbeck. Er ist sehr viel gereist, und
noch vor kurzem 2 Jahr in England gewesen. Er hat
dort mit den merkwürdigsten Gelehrten in Verbindung
gestanden, und besonders viel mit Steward gelebt. Auch
ist er in mehreren Fächern der Wissenschaften, z. B.
Philosophie, Physik, Chemie und Politik recht gut unterrichtet, beschäftigt sich angelegen damit, und ist ein recht
sehr guter Kopf. Nur fehlt ihm freilich wohl ein recht
reines und ernsthaftes Interesse an allen diesen Dingen
und dieß macht ihn weniger interessant. Er hat eine
große Bibliothek, und einen wenigstens ziemlich vollständigen, und sehr netten Apparat physikalischer Instrumente. Sie sind durchaus alle in England gemacht. Doch
ist oft mehr auf Pracht und Zierlichkeit als auf die
wissenschaftliche Brauchbarkeit gesehn. So z. E. besitzt
er nur eine kleine und gewiß mittelmäßige Elektrisir-
maschine. — Sein größtes Verdienst besteht wohl unstreitig
in der Einrichtung der bekanntermaaßen außerordentlich
guten Armenanstalten in Hamburg, die ihm vorzüglich
ihr Daseyn danken. Das physische und moralische Elend
der Armen soll ehemals fürchterlich gewesen seyn. Sie
haben ein eignes Quartier der Stadt bewohnt, in fast
völliger Gemeinschaft, sogar der Weiber gelebt, und die
Polizei hat sich kaum unter sie gewagt. Dagegen haben
sie jetzt sämmtlich Arbeit, die Straßenbettelei hat ganz
aufgehört, und ihre Kinder werden in eignen Schulen
unterrichtet. Dennoch sollen die Krankheiten, Verkrüppe-
lungen und die Mortalität unter den Kindern noch außerordentlich groß seyn. Voght hat diese Anstalten in einer
eignen Schrift englisch beschrieben, die durch Zimmermann
in Braunschweig übersetzt wird. — Reinhold hat auf
Voghts Einladung mehrere Wochen bei ihm zugebracht. —

Uebrigens liebt Voght sehr die Gesellschaft, und hat darin einen sehr guten Ton.

Mit Voght in Flotbeck lebt ein gewisser Schmeißer, ein Chemiker. Er soll in seinem Fach sehr gute Kenntnisse besitzen, und sehr thätig im Experimentiren seyn. Voght hat ihn in England gefunden, und ihn seitdem bei sich behalten. Da er kürzlich mit Sieveking in Frankreich gewesen, so kennt er die berühmtesten französischen und Englischen Chemiker von Person. Er hat von Uslars und meines Bruders Schriften über die Pflanzenphysiologie ins Englische übersetzt. Er hat durch einen verunglückten chemischen Versuch den Gebrauch eines Auges verloren.

Mahler Hénares, ein reisender französischer Mahler. Soll nicht ohne Talent seyn.

D. Bartels, der die Reise nach Calabrien und Sicilien geschrieben hat, betreibt juristische Geschäfte in Hamburg.

D. Michaelis, der Sohn des Ritters in Göttingen ist Arzt in Haarburg. Ich sah ihn nicht.

Bei Altona liegt eine Dänische Fregatte, als Wachtschiff, deren Bestimmung ursprünglich und auch jetzt noch zum Theil ist, zu verhindern, daß Dänische Matrosen auf fremden Schiffen weggehn. Wir besuchten sie von Neumühlen aus. Sie ist nur von 18 Kanonen, hat 2 Maste, und ist nicht einmal so groß, als ein großes Kauffartheischiff. Dagegen hat sie ein schnelleres und leichteres Ansehn. Die Besatzung ist von 74 Mann. Die Kanonen liegen oben auf dem Verdeck, im Schiffsraum unten sind bloß einige Stuben für die Officiere und den Steuermann, und ein Raum für die Besatzung, die in Hängematten schläft.

Billwerder. — Gegend und kleiner Ort an der Bille, einem kleinen Fluß. Wir waren dort im Garten des Kaufmanns Schuback, der ganz und gar im Holländi= schen Geschmack angelegt ist, aber eine angenehme Aus= sicht an der Bille hat.

Schuback der Besitzer, ist ein ältlicher, aber geselliger und freundlicher Mann, und von mehr als Einer Seite achtungswürdig. Er wird in Rücksicht auf Handlungs= kenntnisse und Speculationsgeist für den ersten Kaufmann in Hamburg gehalten, und jedermann wendet sich in schwierigen Fällen um Rath an ihn. Dadurch hat er sehr großen Einfluß in alle Angelegenheiten der Stadt, ob er gleich nicht im Rath sitzt. Außerdem ist er auch sehr wohl= thätig. — Ehemals war er in Lissabon établirt, verlor aber beim Erdbeben sein Vermögen, und fing sein Handel wieder mit großem Vortheil mit einer Quantität Nachtmützen an, die er unter den Einwohnern, die ihre Wohnungen verloren hatten, verkaufte. Bei seinen guten Eigenschaften klagt man indeß doch über seinen Eigen= sinn. So ist er allein daran Schuld, daß in Hamburg der schwere, den Manufacturisten und Handwerkern offen= bar nachtheilige Münzfuß nicht gegen einen leichteren vertauscht worden ist.

Deutsches Theater. — Es ist außerdem noch ein französisches und im vorigen Jahre ist auch ein Eng= lisches hier gewesen, das sich aber nicht hat erhalten können. — Das Haus des Deutschen ist geräumig und hübsch, obgleich nicht hinlänglich erleuchtet. Die Ein= fahrt ist überaus schlecht, und geht durch eine so enge Straße, daß Ein Wagen sie durchaus ausfüllt. Um indeß Unordnungen zu verhindern, müssen die Wagen warten, bis alle Fußgänger weggegangen sind, und die=

jenigen, welche Wagen haben, werden nach der Reihe
aus den Logen abgerufen. — Ifland und Beck, die eben
angekommen waren, spielten gerade, und das Haus war
gedrängt voll. — Es war die Aussteuer von Ifland,
ein äußerst mittelmäßiges Stück, das nur durch ver-
wickelte und sonderbare Situationen interessirt, in dem
aber doch die komischen Scenen recht gut gearbeitet sind.
Ifland spielte den RathsCommissarius, einen gutherzigen,
aber polternden Alten, vortreflich; Beck den Bruder des
Praesidenten, in der That schlecht. Unter den übrigen
zeichnete sich Madame Stark allein aus, die eben für das
Komische ein entschiedenes Talent zu besitzen scheint. —
Sonst soll die Truppe, nach dem eignen Geständniß der
Hamburger nur äußerst mittelmäßig seyn.

D. Reimarus und seine Familie. — Er ist schon ein
sehr alter Mann, und da ihm die Praxis jetzt zu be-
schwerlich wird, so hat er sich um die Professorstelle der
Physik am Gymnasium beworben, die er auch erhalten
hat. Er arbeitet jetzt eine neue Auflage der Schrift
seines Vaters über die Triebe der Thiere aus, und ist
überhaupt noch unaufhörlich mit literarischen Gegenständen beschäftigt. Dessen und seiner Kenntnisse ungeachtet, ist er indeß im Umgange nicht gerade interessant,
woran wohl vorzüglich sein Alter Schuld ist. Indeß
fehlt es ihm schlechterdings nicht an Heiterkeit und Ge-
selligkeit, vielmehr sind eine überaus große Gutherzigkeit
und eine in diesem Alter seltne Theilnahme an Umgang
von aller Art sehr hervorstechende Züge in seinem Charakter. — Seine Frau besitzt einen in hohem Grade gebildeten Verstand, und eine sehr angenehme und heitre Laune
im Umgang. Sie soll ein außerordentliches Talent zu der
leichtern Gattung des Stils haben, und über die Vor-

treflichkeit ihrer Briefe herrscht nur Eine Stimme. Sie
ist auch Dichterin, ein Theelied, das sie vor ein Paar
Jahren gemacht hat, und das sie mir zeigte, gehört zu
dem Besten, was ich in dieser Gattung gesehen habe.
Sie geht darin von den Vorzügen der Feinheit und
Milde einer Theegesellschaft vor den sonstigen Wein=
gesellschaften aus, und kommt durch eine sehr leichte und
natürliche Wendung auf die Erbitterung, mit der oft an
Theetischen über politische Angelegenheiten gestritten wird,
die sie von dem ihrigen verbannt. Hier wird im Vor=
beigehn daran erinnert, daß der Thee die erste nähere
Veranlassung zur Nordamerikanischen Revolution gab,
und ein Lob einer gemäßigten Freiheit macht den Schluß.
Ueberhaupt ist sie vielleicht die liebenswürdigste ältere
Frau, die ich je gesehen habe, und auch in ihren Gesichts=
zügen ist noch viel Edles und Gefallendes. — Ihre
Tochter, Christine, kommt ihr schwerlich an natürlichem
Geiste gleich, wenigstens nicht in der Leichtigkeit des
Ausdrucks. Sie besitzt aber viel Kenntnisse und Lectüre,
scheint noch mehr Interesse als die Mutter am ernst=
haften und zusammenhängenden Raisonnement zu finden,
und ist daher für das Gespräch noch unterhaltender, als
jene. — Elise Reimarus, die Schwester des Arztes, hat
gewiß einen recht richtigen Verstand, und vielerlei Kennt=
nisse, aber zu wenig Eigenthümlichkeit in ihren Ur=
theilen, um interessant zu seyn. Sie sagt immer ein
κοινὸν ἔπος. — Die ganze Reimarussische Familie bildet
einen sehr angenehmen Kreis, in dem man sehr bald
vertraut wird, und da sie alle an literarischen Gegen=
ständen Theil nehmen, und mit den meisten merkwürdigen
Männern Deutschlands in näherer oder entfernterer Ver=
bindung stehen, so fehlt es nie an Unterhaltung mit

ihnen. Den Gang der französischen Angelegenheiten begleiten sie mit entschiedner Aufmerksamkeit und unver-
kennbarem Beifall, wozu noch der Umstand vorzüglich
beiträgt, daß Christine mit dem französischen Gesandten
in Hamburg, Reinhard, versprochen ist.

Diesen Reinhard sah ich, da er nur den vorletzten Tag
vor meiner Abreise aus Bremen nach Altona, wo er
sich jetzt aufhält, zurückkam, nur Einen Tag lang, an
dem ich aber Gelegenheit hatte, sehr viel mit ihm zu
reden. Er ist ein Schwabe von Geburt, hat in Tübingen
studirt, kennt Paulus, Seyffer, Schiller u. s. f. und ist
als Erzieher von ein Paar jungen Leuten nach Frankreich gekommen. In Bourdeaux, wo er sich lange aufgehalten, ist er mit Brissot in Verbindung getreten, und
dadurch veranlaßt worden, nach Paris zu gehen, und
sich in die öffentlichen Angelegenheiten zu mischen. Als
entschiedener und bekannter Anhänger Brissots hat er
sich unter Robespierres Herrschaft nur durch große Ein-
gezogenheit erhalten, und ist mehrmals in Gefahr gewesen. Vor seiner mission nach Hamburg hat er als
GesandtschaftsSecretaire in Neapel und London gestanden. Soviel ich ihn beurtheilen kann, ist er ein
Mann von sehr richtigem und gesundem Verstande, im
genauesten Sinne des Worts gescheut, langsam und über-
legt, aber wenn er seine Parthei genommen hat, von
sehr großer Festigkeit, und vielleicht verhaltner Heftigkeit. Er ist besonders anfangs kalt und zurückhaltend,
so daß es schwer wird, ihn nur irgend zur Sprache zu
bringen. Großen Scharfsinn, einen weiten Blick, oder
einen tief eindringenden Geist, lauter Eigenschaften, die
ich ihm wohl beimessen hörte, habe ich nicht in ihm
finden können. Bei einem allgemeinen politischen Ge-

spräch, das ich mit ihm hatte, fand ich ihn vielmehr in seinen Grundsätzen ziemlich flach, und im Ausdruck, in dem er überhaupt mir nicht glücklich scheint, unbestimmt. Ueber Gentz Schriften, dem er absichtliche Unredlichkeit in seinen politischen Maximen vorwirft, urtheilte er gleichfalls schief genug. Ueber Frankreichs Lage ließ er sich natürlich nur wenig heraus, und es war kaum recht zu sehn, ob er der jetzigen Verfassung sichern Bestand zutraute. In seinem Aeußern hat er einen kalten Stolz, der aber wohl mehr aus einer Art der Verlegenheit und Ungelenkigkeit herkommt. Denn eine gewisse Deutsche und Schwäbische Breite und Steifigkeit verrathen sich überaus sichtbar in seiner Gestalt und seinen Manieren. Die erstere ist wirklich merkwürdig. Er ist ungewöhnlich groß und breitschulterig, und zwischen dem Ober- und Untertheil seines Leibes ist ein gewisses Misverhältnis, und eine sonderbare Verschiedenheit der Richtung. Das Gesicht geht von der Stirn zum Kinn flach nach vorn herunter, und ist vorzüglich in den Kinnladen sehr breit. Sein Auge aber ist nicht ohne Geist und Feuer. Eine Ode, die von ihm im Genius der Zeit gedruckt ist, zeugt weder von großer poetischer Anlage, noch von sehr ausgebildetem Geschmack. — Noch muß ich bemerken, daß ich ihn in einer ungünstigen Lage sah, wo er wohl durch die Nachricht des Rückzugs der französischen Armeen, die Ungewißheit seiner Lage in Hamburg, und die Verlegenheit, zugleich mit seiner Braut, die er überdieß lange nicht gesehen hatte, zu erscheinen, gestört wurde.

Kaufmann Sieveking, ein Schwiegersohn des D. Reimarus, dessen Tochter aus der ersten Ehe er zur Frau hat. Er ist einer der angesehensten Kaufleute in Hamburg, und scheint Verstand, Weltkenntniß und literarische Kultur

in nicht geringen Graden mit einander zu verbinden.
Dabei ist er still und dem Aeußern nach sehr bescheiden.
Seine Thätigkeit und seine Zeit werden jetzt ganz und
gar durch seine Handlungsgeschäfte erschöpft. Er hat
vor kurzem den Sturm, der Hamburg von den Franzosen
bedrohte, abgewehrt, und ist deshalb eine Zeitlang in
Paris gewesen. Er hat dabei sehr große Schwierigkeiten
nicht bloß in Paris, sondern auch in Hamburg selbst zu
bekämpfen gehabt, da der Rath ohne die Bürgerschaft
nur über 15 Thaler disponiren kann, und die Summe,
die Hamburg dadurch an Frankreich bezahlt, daß es
Schulden für dasselbe zu tilgen übernommen, sowie die
ganze Unterhandlung nicht hat bekannt werden sollen.
Er hat dabei einen sehr großen Patriotismus bewiesen,
und die ganze Sache eine Zeitlang allein auf seine Ver-
antwortung genommen. — Er bringt den Sommer
meistentheils auf dem Lande in Neumühlen zu, wo sein
Haus das rendezvous der meisten und interessantesten
Fremden ist. Seine Frau hat ein anziehendes und
viel versprechendes Aeußere, und man findet in ihr das
überaus seltne Talent, einer sehr großen Haushaltung
im genauesten Verstande treu, und aufmerksam vorzu-
stehen, und sich doch darum ganz und gar nicht der Gesellschaft zu entziehn. Dabei ist sie durchaus anspruch-
los und bescheiden. Es ist schlechterdings unmöglich
angenehmer, als in ihrem Hause zu seyn, in dem sich
aller Ueberfluß des Reichthums mit der ganzen natürlichen Einfachheit des Mittelstandes verbindet. — Sievekings und Puhls bewohnen Neumühlen im Sommer
gemeinschaftlich, und führen auch die Wirthschaft auf gemeinschaftliche Kosten, so daß man bald von jenen, bald
von diesen bewirthet wird. Dies geschieht aber mit so

großer Einigkeit und Anspruchlosigkeit, daß man das
Haus schon genau kennen muß, um zu wissen, bei wem man
man jedesmal ist.

Puhl, ein Schwiegersohn des Professors Büsch. Er
lebt den Winter in Altona und den Sommer in Neumühlen, ist der Unternehmer des Altonaer Mercur, und
schreibt mit Reichard gemeinschaftlich das Journal:
Frankreich. Es ist Schade, daß diese doch meist ephe-
merische Geschäftigkeit ihn an einer ernsthafteren literarischen Thätigkeit hindert. Denn er besitzt offenbar viel
Geist, und einen sehr guten Blick, und ist unter allen,
die ich in diesen Gegenden gesehen habe, der einzige,
mit dem es möglich wäre, einen fortwährenden, raison-
nirenden Umgang zu haben. Schon sein Aeußres verspricht viel, und verräth noch außerdem eine gewisse
Freiheitsliebe, die beim Anfang der französischen Revolution noch weiter als jetzt gegangen seyn soll. Denn
jetzt habe ich seine Grundsätze gerade nicht übertrieben
gefunden. — Seine Frau ist sehr einfach, unterhaltend
und angenehm.

Neumühlen ist ein Landgut dicht unterhalb Altona
an der Elbe. Es hat eine überaus schöne Aussicht auf
die Elbe, Altona, und den Altonaer Hafen, die in dem
sehr geschmackvoll angelegten Garten, der an einem ziemlich hohen Berge liegt, vortreflich benutzt ist.

Klopstock. — Mein erstes Gespräch mit ihm betraf
Wolfs Ideen über den Homer, an denen er mit seiner
ganzen Lebhaftigkeit Theil nimmt, und worin er schlechterdings Wolfs Meynung beitritt. Was die einzelnen
Gründe dafür und dawider betrifft, so hörte ich nichts
Bedeutendes von ihm darüber, außer dem einzigen Einfall, daß der Vers in dem 2. Gesange der Ilias in

Odyffeus Rede εἰς κοιρανὸς ἔστω u. f. w. wohl ein Zu=
fah der Pififtratiden feyn könne und feyn müffe. Die
Sentenz fei am unrechten Ort, und dort unhomerifch, und
der Dichter habe früher fchließen müffen. Hernach fprach
ich meiftentheils mit ihm über ihn felbft, und die Ver=
fertigung feines Meffias. Er hat fehr früh den Ent=
fchluß gefaßt ein epifches Gedicht zu machen, nach einem
Gegenstand herumgefucht, und fchon einmal Heinrich den
Vogler dazu gewählt. Plötzlich und ohne daß er fich
einer Veranlaffung erinnert, ift ihm der Meffias an
einem Abend eingefallen. Nun ift er mit unermüdetem
Eifer an den Plan gegangen, und hat diefen in einem
großen Détail ausgearbeitet, ehe er fich an das Gedicht
felbft gemacht hat. An diefem hat er mit großer
Schnelligkeit gearbeitet, nur hat er nicht häufig dazu
kommen können. Vorzüglich hat er von Anfang an
nach Korrektheit geftrebt, und fich nie erlaubt, etwas auf
künftige Verbefferung hin niederzufchreiben. — Sein Ur=
theil über fremde Produktionen fcheint fich fehr nach
feiner Laune bequemen zu müffen. Göthes neuefte Sachen
verwirft er durchaus. Schiller ift ihm verhaßt. Die äfthe=
tifchen Briefe wären non sens, feine Prätenfionen fürchter=
lich. Ob er die Stelle über fich felbft in den Horen gelefen,
habe ich nicht herausbringen können? Beide verftehen
die Deutfche Sprache fchlechterdings nicht, doch Göthe
mehr. Wieland verfteht fie, aber nur nach Gefühl, nicht
durch Unterfuchung. Voß hat fie ftudirt. Nur ift er
mit feinen Neuerungen durchaus unzufrieden; wer den
Homer überfetze, müffe, wenn er fich natürlich gehen
laffe, immer kürzer, als das Original werden. Um
gleich viele Verfe herauszubringen, habe Voß immer
hineinflicken müffen, was er aber oft künftlich und fein

gemacht habe. — Die offenbar am meisten ins Auge
fallenden Seiten an Klopstock sind seine außerordentliche,
petillirende und nie ruhende Lebhaftigkeit, seine unverkennbare Gutmüthigkeit, und seine, man kann es sich
5 nicht verläugnen, überaus große Eitelkeit, die aber in
diesem Alter verzeihlicher ist und bei dieser Gutmüthigkeit
manchmal naiv wird. Die Phantasie ist schlechterdings
herrschend und alleinherrschend in ihm, und wenn man
ihn selbst sieht, so erkennt man erst recht, wie wahr ihn
10 Schiller geschildert hat. Denn sie ist durchaus musikalisch
in ihm, immer auf die Empfindung bezogen. Von der
Natur außer sich nimmt er schlechterdings nur die An-
läffe zu Empfindungen her, er hat ganz und gar keinen
auffassenden Blick, und alles setzt ihn in Unruhe und
15 Enthusiasmus. Daher ist er im Gespräch nur soweit
interessant, als er sich selbst zeigt, er hört den andern
nicht, er eilt immer dem voraus, was man sagen will,
und es ist nicht möglich mit ihm zu einem Resultate zu
kommen. Sieht man ihn lang, so macht ihn sein Alter
20 auch geschwätzig und langweilig. Aber eben darum,
weil er von allem so schnell ergriffen wird, weil es nicht
ein vorübergehendes Feuer der Einbildungskraft ist, was
nur auflodert, sondern immer die Wärme eines wahren
Gefühls zugleich erregt wird, ist er auch so anziehend,
25 und oft rührend. Ich hörte ihn viele seiner neueren
Oden lesen. Es waren nur sehr wenige seiner durchaus
würdig, obgleich in jeder einzelne Stellen ihn verriethen,
aber die Art des Vortrags machte selbst die sonderbarsten,
wie z. B. das Eya Poleya der Eumeniden interessant.
30 Er declamirt sehr gut und mit dem ganzen Feuer der
Empfindung, man sieht ihn das Stück noch einmal
dichten, und gewiß kommen alle seine, auch noch so

sonderbaren Compositionen aus einer vollkommen wahren
und innigen Empfindung her. In dieser ist seine Ton=
leiter wirklich ohne Grenzen. Er las mir z. B. zwei
Extreme davon, eine crasse und bis ins Ekelhafte schreck=
liche Ode gegen Carrier, und eine andre, das Grab, wo
eine bis zur Schwärmerei gehende sanfte und zarte Em=
pfindung herrscht, in die der Dichter durch den Gedanken
versetzt wird, daß jeder menschliche Athemzug das Grab
vieler Millionen Geschöpfe sey. Er versicherte mich, daß
dieser Gedanke ihn manchmal so lebhaft ergriffen habe,
daß er sich von einer Stelle zur andern gerückt habe,
als wenn es dort nicht derselbe Fall sey. Er gehört zu
den Menschen, die sich beständig offen und gleichsam zur
Schau tragen, dennoch ist, wenn ich mich nicht sehr irre,
nichts affectirt in ihm, alles eigentliche Natur. Bei
dieser Lebhaftigkeit kann es nicht fehlen, daß er nicht
sehr viele Schwächen zeigen sollte. Besonders stark thut
er dieß bei seinem Eifer anfangs für und jetzt gegen
die Revolution. Charlotte Corday nennt er seine Heilige,
und hat ihr Bildniß, unter einer kleinen grünen Laube,
die einem Kinderspiel ähnlich sieht, aufgestellt. Es ekelt
einen an, von einem wirklich großen Mann solche Elendig=
keiten niederzuschreiben, aber diese Verirrungen selbst
zeigen doch im Grunde dasselbe Feuer und dieselbe Be=
geisterung, die seine Größe ausmacht. Ueberhaupt ist es
merkwürdig, daß diese seine unverkennbare Größe schwer
in seinem ganzen Wesen, seiner Bildung und seinem
Aeußern zu finden, oder auch nur daraus zu verstehen
ist, welches, wie es mir scheint, in ihrer Eigenthümlichkeit
selbst liegt, da Feuer der Phantasie, Lebhaftigkeit der
Empfindung u. s. f. theils einen weniger bestimmten Aus=
druck haben, theils mehreren Verirrungen ausgesetzt sind.

Sein Gesicht ist nur erst bei längerer Aufmerksamkeit darauf interessant und ausdrucksvoll. Es ist breit und flach, voll Pockennarben, und hat nichts Edles und Ausgezeichnetes. Aber die Augen sind feurig und verändern sehr häufig und sonderbar ihre Gestalt, in der Nase findet man gleichfalls bei genauerer Beachtung einen bedeutenden Zug, und um den Mund ist viel Zartes und Feines. Ohne Perücke gewinnt das Gesicht an Einheit, da es mit dieser ein sonderbares und contrastirendes Ansehn hat. Ueberhaupt aber hat man doch Mühe, die auf den ersten Anblick ganz aus einandergeworfnen Züge in Einen Charakter zu vereinigen. Von Gestalt ist er klein, und in seinem Aeußern hat er neben seiner Lebhaftigkeit in Gebehrden und Bewegungen, etwas Altmodisches, was noch sonderbarer auffällt. Der gewöhnliche Kupferstich von ihm ist nur äußerst wenig ähnlich. — Seine Frau, die zugleich seine Nichte ist, hat eine ausgezeichnet schöne Stimme, und singt einige Gedichte ihres Mannes mit sehr großem Ausdruck und ergreifender Wahrheit. — Ihre Tochter erster Ehe, Meta von Windhem, singt auch sehr gut, und scheint nicht uninteressant.

Professor Büsch. — Da ich fast gar keinen Berührungspunkt mit ihm habe, so sah ich ihn nur wenig, und auch da interessirte er mich nicht sonderlich. Indeß ist er sehr gesprächig, und wird leicht empfindlich, wenn man ihm nicht geduldig genug zuhört. Ueber die Verachtung, mit der mehrere Kaufleute, und insonderheit Schubak auf ihn und seine Handlungskenntnisse herabsehn, klagt er sehr. Dagegen sind nun schon einige andre z. B. Sieveking seine Schüler. Er ist jetzt fast ganz blind, und sieht mit großer und ungewöhnlicher

7*

Resignation auch dem Verlust seines noch übrigen Gesichts entgegen.

Professor Ebeling. — Ein äußerst gutmüthiger, geselliger, und heitrer Mann, der aber durch seine Taubheit verhindert wird, völligen Antheil an der Gesellschaft zu nehmen. Er hört schlechterdings nur durch ein Hörrohr. Seine Sammlung von Büchern und Karten zur Geographie von NordAmerika ist groß und interessant, und man erstaunt, wenn man hört, welchen Aufwand er zum Behuf dieses Werks macht. Daneben sind noch die Schwierigkeiten, sich die nöthigen Schriften aus Amerika zu verschaffen, entsetzlich groß, da bis jetzt nur so wenig literarischer Verkehr in diesem Welttheil herrscht.

Bei Büsch Blindheit und Ebelings Taubheit ist das Handlungsinstitut so gut als gänzlich eingegangen. Indeß sind doch noch einige Zöglinge dort.

Professor Lichtenstein. — Beschäftigt sich zugleich mit Philologie und Naturgeschichte, und hat den Plan eine Naturgeschichte der Alten herauszugeben. In beiden Fächern scheint er sehr viele Kenntnisse zu besitzen. Er benutzt die in Hamburg leichte Gelegenheit, Seegeschöpfe zu bekommen, und war auf der Spur ein lebendiges Exemplar eines Ammonshorns herauszufinden. Auch über den Siderit, daß er ein Machwerk des lumbricus marinus sey, äußerte er mir eigne und neue Meynungen.

Archenholtz und Brodthagen, den Mathematiker, in Hamburg, und Gerstenberg in Altona versäumte ich zu besuchen.

D. Unzer in Altona, ein, wie man durchgängig rühmt, sehr geschickter Arzt und Accoucheur. Ich sah ihn nur äußerst wenig. Er scheint aber überaus witzig und in jeder Rücksicht ein guter Kopf. Nur ist er, nach

vielerlei Zügen, die ich von ihm hörte, nicht wenig ex-
centrisch. Er ist auch Dichter und Verfasser von Diego
und Eleonore. Der bekannte Unzer, Verfasser des Arztes
ist, wenn ich nicht irre, sein Onkel gewesen.

D. Heise, der am meisten gebrauchte praktische Arzt
in Hamburg. Er beschäftigt sich viel mit der Philosophie,
vorzüglich der Alten, und der Scholastiker. Insonderheit
hat er den Plato sehr genau studirt, und mehreres daraus
übersetzt, ohne jedoch etwas darüber öffentlich bekannt
zu machen.

Claudius in Wandsbeck. Er ist bei der Bank angestellt. Brav, gutmüthig, herzlich, gesellig, und in der
Gesellschaft witzig und launig in sehr hohem Grade.
Doch soll er von dieser seiner Originalität viel verloren
haben. In religiösen Ideen soll er schwärmerisch und
mystisch seyn. Außer einiger Lectüre und seinen wenigen
Geschäften, lebt er ganz in und für seine Familie. Sein
Aeußres ist nicht eben angenehm, obgleich offen und
natürlich. — Seine Frau, Rebecca, gehört zu den sehr
ausgezeichneten Frauen. Sie hat etwas überaus Edles,
Sanftes und Feines in ihrer Bildung, ist sicherlich eine
höhere Natur, als der Mann, existirt bloß für die Ihrigen,
und flößt unwiderstehlich Achtung ein, selbst wenn man
sich ihr auch nicht weiter nähert. — Die Familie ist zahlreich, gesund und munter, und macht einen sehr angenehmen Eindruck, vorzüglich die Töchter.

Madame Pauli, Puhls Schwester, physiognomisch
merkwürdig, wegen des auffallend sonderbaren Ausdrucks
einer verzehrenden Heftigkeit. Klein, mager, schwarze
und glühende Augen.

D. Bader. — Derselbe, der mit meinem Bruder in
Freiberg studirt hat. Er ist 6 Jahre in England und

Schottland gewesen, und hält sich jetzt nur auf solange in Hamburg auf, bis er in sein Vaterland, Baiern, ruhig zurückkehren kann. Ich sah ihn zwar nur Einmal, aber einige Stunden hinter einander, und wir sprachen unaufhörlich über wissenschaftliche Gegenstände. Er beschäftigt sich, wie es scheint, jetzt ausschließend mit der Metaphysik der Naturwissenschaften, hat den Kant sehr genau studirt, und macht sich jetzt mit der fichtischen Philosophie bekannt. Er gehört zu den Menschen und Köpfen, die sich für überzeugt halten, daß man bisher auf einem ganz falschen, und oberflächlichen Wege gegangen ist, die eigne und tiefere Ideen über das Wesen der Dinge zu besitzen meynen, die aber, gerade vielleicht wegen ihrer Tiefe, andern geradezu, besonders bei der Anwendung auf die leblose Natur, mystisch erscheinen. Da meine Natur nun dieser gerade entgegenläuft, ich nicht einmal in Schriften dieser Art (wie z. B. das Buch de l'erreur et de la verité, die Werke des Herrn von Gleichen u. s. f.) belesen, und mit ihrer Sprache bekannt bin, und Baader sich überhaupt ebenso schnell als unbestimmt und unbehutsam ausdrückt, so hatte ich alle mögliche Mühe, ihn nur einigermaaßen zu fassen. Indeß gab ich mir alle ersinnliche Mühe deshalb, und nur als ein Beispiel eines sonderbaren Ideenganges möge das folgende hier stehen, was, soviel ich einzusehen vermochte, seine Resultate sind. — Die Natur muß nach zweierlei Beziehungen erklärt werden, einmal mechanisch nach Central- und dann dynamisch nach Flächenkräften. Das Erste habe Kant in seinem Buche, und auf eine vollkommen genügende Weise gethan. Das Letztere sey noch bis jetzt ganz und gar ungeschehen. Die Substanz der Körper sey das zusammengesetzte Moment der Central und Flächenkräfte.

Mit diesem Unterschiede scheint er sagen zu wollen, daß man außer demjenigen, was der Körper mechanisch und bloß insofern er eine bewegbare Masse ist, thun kann, und was sich mathematisch berechnen läßt, noch seine innere Natur studiren müsse. Daher bildet er eine sogenannte Stofflehre, über die er nächstens etwas zu schreiben denkt. Die mechanischen Kräfte können durch den äußern Sinn erforscht werden, nicht so die nicht mechanischen, die bloß durch das Gefühl und den innern Sinn wahrgenommen werden. Zu diesen letzteren rechnet er nun alle chemische, organische, und das Leben. Eben diese drei nennt er auch Flächenkräfte, so daß also die Flächenkräfte für den innern Sinn sind. So wie die Natur nur durch den äußern und innern Sinn zugleich erkannt werden kann, so muß auch in ihr selbst ein äußerer und ein innerer Sinn seyn. Was nun dieser innere Sinn seyn könne, darüber drückte er sich sehr unbestimmt aus. Nach allem zu schließen aber sey es das flüssige. Auf diese Ueberzeugung scheint Sömmerings Seelenorgan nicht wenig gewirkt zu haben. Daher sey ihm das festwerden, ein Erstarren und ein wahrer Tod und hieran knüpfte er nun eine Menge auf den ersten Anblick wenigstens durchaus mystische Dinge. Die Elasticität beruhe auf einem Verhältniß der innern Central- zur äußern Flächenkraft. Sey die erstere überschießend, so expandire sich der Körper, der sich dagegen im entgegengesetzten Fall comprimire. Aus dieser expansions- nicht aber aus Anziehungskräften seyen auch die chemischen affinitaeten zu erklären. Das Antiphlogistische System verwirft er ganz. Der Unterschied desselben vom phlogistischen beruhe darauf, ob man aus der Zunahme des Gewichts schließen könne, daß die

Menge des Körpers zugenommen, und ein neuer hinzu-
gekommen sey. Dieß sey irrig, obgleich Newton es behaupte, und Kant ihm hierin fälschlich folge. Die
Schwere sowohl als die Kraft der Trägheit ruhe als
eine Einheit in Einem Punkt und nehme unter gewissen
Umständen, z. B. nach Maaßgabe des vorhandenen
oder abwesenden Feuers ab oder zu. Oxygene, Calo-
rique, Säuren seyen schlechterdings keine Stoffe, sondern
Kräfte, und könnten schlechterdings ihrer Natur nach,
nicht bloß wegen ihrer Feinheit nicht, nicht gewogen
werden. Der Uebergang vom festen zum flüssigen,
und von diesem zum Gas geschehe durchaus durch Sprung
und nicht nach Maaßgabe des gradweise zunehmenden
Wärmestoffs durch Grade u. s. w. — Raisonnements
dieser Art können nur hohe Weisheit oder baarer Unsinn seyn. Daher sind auch die Urtheile über Bader so
ungleich. Unläugbar ist es wohl, daß er ein sehr guter
Kopf ist, und daß selbst in seinen verwirrten Meynungen
manches Große und Tiefe liegt; aber ebenso unverkennbar, daß er das Paradoxe sucht, anmaßend und eitel
ist, und seine Ideen ganz und gar nicht so verdaut und
vertheilt, wie der thut, der nur die Wahrheit rein sucht.
Kenntnisse selbst chemische scheint er nur sehr mäßig zu
besitzen. Seine Lebhaftigkeit ist erstaunlich groß, er hört
fast gar nicht an, streitet mit Leidenschaft und oft mit
Spott, und kaum habe ich je einen Umgang gekannt,
der so angreifend wäre, da er nie nachläßt. Seine Bildung ist angenehm, und verspricht fast noch mehr, als
er selbst hält. Er hat sich in England, wie er sagt,
vorzüglich um Manufacturen bekümmert, und scheint
große Plane zu weitläuftigen Anlagen mit seinem Bruder
zu haben.

General Dumouriez. Er wohnt zwischen Wandsbeck und Hamburg. Ich sah ihn zwei halbe Tage bei Jacobi, und da wir so gut als ganz allein zusammen waren, so war er sehr heiter, offen und vertraulich. Er ist einer der Menschen, die mehr durch ihr Wesen, als durch ihr Gespräch, und selbst in diesem mehr durch einzelne Sachen, als durch zusammenhängende Raisonnements interessiren, die einen starken und bleibenden Eindruck machen, über die sich aber nur wenig sagen läßt. Das Gespräch betraf meistentheils die Geschichte des Tages und seine eigne; wo er indeß nicht erzählte, fand ich seine Unterhaltung nicht anziehend. Vorzüglich sind seine politischen Raisonnements theils trivial, theils durch Einfluß von Vorurtheilen entstellt. Eine Democratie sey nicht für einen großen Staat, jeder wolle Theil an der Staatsverwaltung haben, die Royalisten würden gewiß noch einmal die Oberhand bekommen u. s. f. Unglücklicherweise fing Jacobi beidemale philosophische Gespräche über Religion und dergleichen mit ihm an, die nun schlechterdings nicht seine Sache sind. — Er ist zum Handeln und nur zum Handeln und Leben gemacht, dieß sieht man beim ersten Anblick. Er ist sehr klein, aber untersetzt, und durchaus Muskel und Sehne. In seinem Gesicht, in seinem Körper, und in allen seinen Bewegungen, wenn er nur den Arm aufhebt, ist lebendiger, als ich es irgend gesehen habe, ein Ausdruck der Kraft, der vigueur, des schnellen und kühnen Entschlusses. Die Augen sind die feurigsten und schnell beweglichsten, die ich je sah, die Nase kurz, und ein wenig nach der Spitze abwärts gekrümmt, Haar und Augenfarbe dunkelbraun. Auf den ersten Anblick hat seine Physiognomie nichts Auffallendes, das Feuer der Augen ausgenommen.

Betrachtet man sie genauer, so entdeckt man Geist, Muth, Entschlossenheit und wie man nicht läugnen kann, etwas Listiges und sogar Hämisches. Dieser Ausdruck ist aber sehr wechselnd, manchmal kaum zu erkennen, und manchmal unangenehm auffallend. Alsdann hat auch der Mund etwas Spöttisches und zugleich Hartes und Trotziges. Ueberhaupt liegt dieser ganze Zug in den Augen, der Krümmung der Nase und dem Munde zusammengenommen. Solange das Gesicht ruhig ist, bleibt es indeß eine nur dem sehr Aufmerksamen nicht entschlüpfende feine Anlage zu allem Bösen. Dagegen ist auf der andern Seite in seinem Betragen, und seinen Manieren eine außerordentliche bonhommie auffallend, die es nicht möglich ist zu verkennen, und die nothwendig für ihn einnimmt. Damit ist eine große und sich auf jedes Mitglied der Gesellschaft erstreckende Höflichkeit verbunden, die schlechterdings das Gepräge der vieille cour trägt. Sein Anzug ist überaus einfach, aber sehr reinlich und ordentlich. Durch alles dieß zusammengenommen trägt er schlechterdings den Nationalcharakter an sich, der älteren Franzosen eigen ist, man kann noch hinzusetzen solchen, die mehr bürgerlich als vornehm leben. Eben dieser Nationalcharakter ist auch sonst in seiner Lebhaftigkeit, selbst in manchen Uebertreibungen, die er sich im Gespräch erlaubt, in einer gewissen kleinlichen Aufmerksamkeit auf unbedeutende Dinge und dergleichen sichtbar. Er hat schlechterdings nicht das Ansehn eines großen Mannes, wohl aber eines unternehmenden; man traut ihm nicht zu, daß er etwas Außerordentliches beginnen, wohl aber daß er das Begonnene ausführen wird. Er ist, wie schon die vorige Schilderung zeigt, das gerade Gegentheil eines sansculotte, still, eher zu wenig ge-

sprächig, als zu schwaßhaft, und nicht prahlerisch, noch
verächtlich gegen andre. Wo indeß das Gespräch von
selbst die Gelegenheit giebt fehlt es ihm weder an stolzer
Zuversicht auf seine eigne Kraft, noch an Spott über
fremde Schwäche. Er ist sehr wißig und scherzt gern.
In seinen Bewegungen, seiner Stimme u. s. f. ist er
nicht schnell und auffahrend, aber fest, entschlossen, von
einer gehaltenen Kraft und Heftigkeit. An diesem mehr
zurückgezogenen Wesen mag auch seine jeßige Lage Schuld
seyn. Seine Hauptneigung ist unstreitig ein ungemessener
Ehrgeiß. Noch jeßt glaubt er einmal zurückberufen und
zu einer Landung in England gebraucht zu werden, die
sein Steckenpferd ist, und auf die er auf Königlichen Befehl
als Gouverneur in Cherbourg eigends studirt haben
will. Er ist gegen 60 Jahr alt, lebt mit Frau von Beau-
varez, seiner Freundin, und hat seinen ehemaligen Adju-
danten Baptiste zum Bedienten.

Graf Sufa, Portugiesischer Gesandter in Stockholm,
der aber gerade in Hamburg war. Dem Gesicht und
der Gestalt nach das gerade Gegentheil von Dumouriez.
Groß, mager, ein länglichtes Gesicht, schlaffe Züge, her-
vorstehende Augen, von so schwerem Heraufrollen, und
so langsamer Bewegung, als ich sie noch nie sah. Auch
in seinen Bewegungen und seiner Sprache ist er sehr
langsam. Uebrigens aber ein sehr liebenswürdiger Mensch,
und gewiß weder an Geist noch an Kenntnissen arm. —
Ob in seinem Aeußern die Nationalphysiognomie sich
sehr ausdrücken mag?

Gräfin de Flahault, Verfasserin des Romans Adele
de Senanges. Recht liebenswürdig und nicht uninteressant. Sie hat ihren Mann und einen großen Theil
ihrer Familie durch die Guillotine verloren, und sich und

ihren Sohn in der Emigration in England durch ihren
Roman gerettet und erhalten. Sie schien in der Sonder-
barkeit ihres Schicksals und in dem Vergnügen, es schildern zu können, keinen geringen Trost für den Verlust
der Ihrigen zu finden.

Com. Ein Spanier, der Handlungsgeschäfte betreibt.
Ich sah ihn schon 1789. in Aachen. Er scheint mehr
anfangs interessant, als er es bei näherer Bekanntschaft ist.

Bourdoye, ehemals Adjudant bei Dumouriez.

La Nava, ein Spanier, der zum Gesandten bei Ludwig 18. bestimmt war, und interessant seyn soll.

Rivers, ein junger Engländer, einziger Erbe eines
Vaters, der, wie man sagt, 180000. Pfund Einkünfte hat.

Bellamie, ein Genfer, zuerst ein Geistlicher, der
aber hernach starken Antheil an der Genfer Revolution
genommen hat, und nur mit Mühe der Guillotine ent-
gangen ist. Jacobi schildert ihn als sehr interessant.
Sein Gesicht hatte einen merkwürdigen, nachdenkenden,
finstern, halb unglücklichen, halb bösen Zug.

Jacobi und seine Familie. — An ihm habe ich
mehr schon ehemals gemachte Bemerkungen bestätigt
gefunden, als neue Eigenthümlichkeiten wahrgenommen.
Die Hauptzüge in ihm sind unverkennbar etwas Edles
und Großes, das aber manchmal in Stolz, und auch
wohl in Eitelkeit ausartet, und eine gewisse Geistigkeit
die sowohl das Körperliche, als das durch den Verstand bloß in Begriffen Construirte verschmäht. Daraus
mag es entstehen, daß er in seinen Empfindungen und
vorzüglich in dem Ausdruck derselben etwas fremdartiges,
auf den ersten Anblick nicht Natürliches hat. Vielleicht
aber hat man noch nicht genug darauf geachtet, daß

hierin jeder seinen eignen Maaßstab zu besitzen scheint
— eine Bemerkung, die vorzüglich bei Nationalcharakteren
wichtig und anwendbar ist. Sehr merkwürdig ist ferner
an Jacobi der ernstliche Eifer nach Wahrheit, und die
Anstrengung mit der er sie aufsucht. Es ist in der That
bewundernswürdig, mit welcher seltnen Beharrlichkeit er
nur z. B. den Kant studirt hat. In seinem Gesicht habe
ich mir das Gespannte, Nackte nicht verbergen können,
obgleich es meine Frau weniger gefunden hat. — Sonderbar ist der Kontrast seiner drei Söhne mit ihm und ihre
Gleichheit hierin untereinander. Sie sind durchaus derbe
Naturen, im Aeußern stark, dick, nicht recht gewandt, im
Innern ganz und gar nicht mit abgezogenen Ideen,
oder raffinirten Empfindungen, sondern durchaus mit
der Welt beschäftigt, die sie umgiebt, in der feineren
Gesellschaft nicht recht zu Hause, von wenig Sinn für
das Schickliche und Conventionelle, und gänzlich frei von
aller Eitelkeit, vornehmen Umgang zu suchen. Dagegen
sind sie alle in einer gewissen Liberalität, in einem trait
d'esprit, und einem hohen Grade von Moralität dem
Vater auch wiederum ähnlich. Ihre körperliche Gestalt
soll, wie mir Göthe einmal sagte, von der Mutter herkommen. — Fritz und seine Frau Louise, gebohrne Cler-
mont. Emsiger Kaufmann, lustig und nicht unwitzig,
spielt aber manchmal den Spaßmacher. — George und
seine Frau Louise, gebohrne Brinckmann. Ein sonderbares Gemisch. Auf der Universität lustig und rude.
Dann machte er mit Stolberg die Reise die er beschrieben
hat, ging darauf in Westphalen in Dienste, kam bei dem
Einmarschiren der Franzosen unter französische Regierung,
war als Deputirter seiner Provinz in Paris und ist jetzt
außer Dienst. Von Charakter gewiß sehr brav; nicht

ohne Kenntniß, er liest sogar Griechisch; empfindsam, auf häusliches Glück, schöne Natur, was aber aus der dicken Hülle, die es umgiebt, sich nicht recht losreißen kann, jetzt äußerst politisch, voll großer Plane und Theilungsvorschläge, über die er auch etwas hat drucken lassen. — Max, der Mediciner. Der beste, fleißigste, und gescheuteste. Von diesem, da ich ihn in Jena wieder- sehn werde, künftig mehr. — Die Tanten Helena und Charlotte. Beide gewiß sehr brav, Lotte durchaus un- bedeutend; Lene gescheut, aber despotisch und heftig.

45.

Wandsbeck. — Ein bloßes Dorf des Grafen Schimmelmann. Das Aeußere davon ist sehr hübsch. Das ländliche Ansehn, das der spitze Kirchthurm, den man von fern aus Bäumen hervorragen sieht, schon von weitem verkündigt, bleibt auch, wenn man mitten im Ort ist. Die Hauptstraße ist mit zwei Alléen Bäumen besetzt, zwischen welchen ein sehr großer Platz ist. Die Häuser sind klein, aber reinlich, niedlich und in gutem Stand erhalten. Das Schloß und die Kirche, die eben neu gebaut wird, vermehren das zierliche Ansehen. Sonn- tags wimmelt alles von Menschen und Wagen aus Ham- burg und der umliegenden Gegend. Um das Schloß herum ist ein sehr angenehmes Hölzchen, das hübsche Aussichten nach Hamburg hin hat. Ein beträchtlicher Nahrungszweig des Oertchens sind die Cattundruckereien, die aber zugleich Armuth und Liederlichkeit sehr befördern, da die Drucker im Sommer, wo sie arbeiten, sehr viel,

im Winter aber nichts verdienen, und das leicht ge-
wonnene Geld so schnell verzehren, daß die meisten regelmäßig im Winter ihre Sachen versetzen, und im Sommer
wieder einlösen. — Wir wohnten bei einem Wirth Brandt,
etwa der Kirche gegenüber, mußten aber für Eine Stube
mit 2 Betten, und kleiner Kammer für unsre Leute
6 Mark täglich bezahlen.

46.

Hamburg. — Wir wohnten eigentlich in Wandsbeck und da es mir mehr um die Menschen, als um die
Sachen zu thun war, so habe ich von Hamburg nicht
sehr viel gesehen. — Die Stadt ist nicht sehr groß, aber
entsetzlich bevölkert, jetzt mit den Emigrirten vielleicht
140000 Menschen. Die Straßen sind eng, und die
Häuser hoch. Die Bauart ist ganz wie in allen vorigen
Ostseestädten, aber das Ansehen von Hamburg ist lange
nicht so barocq und hübsch, als das von Lübeck, das
weit heller und geputzter aussieht. Das Pflaster ist in
einigen Straßen sehr gut, in andern abscheulich. — Die
Verfassung (so Büsching) verdient in vieler Rücksicht
das Lob, das man ihr oft ertheilt. Die verschiednen
Gewalten halten sich ziemlich das Gleichgewicht. Schlimm
aber ist es, daß die reichen Hauseigenthümer fast allein
die ganze stimmgebende Bürgerschaft ausmachen. Daher
kommt es, daß die Taxen großentheils auf Dingen des
ersten Bedürfnisses liegen, und die Stadt nicht durch
Wegschmeißung des innern Walls und dadurch bewirkte
Vereinigung mit den Vorstädten, vergrößert wird, was

bei der Menge von Einwohnern äußerst nothwendig
wäre, auch daß der frühe Thorschluß nicht abgeschaft
wird, der die Leute zwingen soll, nur die Wirthshäuser
in der Stadt zu besuchen. — Die Stadt eigentlich ist nicht
reich, bei weitem nicht so als Lübeck, was also für
öffentliche Anstalten geschieht, geschieht durch Privat-
leute. — Diese haben auch die Armenanstalten gestiftet, die musterhaft seyn sollen, und unterhalten sie
noch. — Das Klima scheint rauher, wenigstens nässer,
als bei uns, und ein endemischer Fehler scheinen schlechte
Zähne zu seyn, die ich bei ganz jungen Personen an-
traf. — Die Lebensart ist auf einen hohen Ton, wie
in den größesten Hauptstädten gestimmt. Man ißt Mittags immer erst zwischen 3 — $^1/_2$ 5 Uhr, Abends gehen
im Winter die Spielgesellschaften erst nach der Komödie
an, man setzt sich etwa um 11 Uhr erst zu Tisch und
kommt vor 1 Uhr nicht zu Bett. Der Luxus im Essen
und Trinken ist sehr groß, im Ameublement und Equipagen scheint er geringer. Zum Trinkgeld, wenn man
irgendwo eingeladen ist zu essen, giebt man gewöhnlich
1 Mark. In den Häusern, die ich sah, Sievekings, Reimarus, Voght u. s. f. ist der Ton so gut, als er nur
irgend seyn kann, und doch im Ganzen mehr bürgerlich,
als vornehm, in andern Gesellschaften mag es steifer
hergehn. — Die Sittenverderbniß soll ziemlich groß
seyn. Oeffentliche Häuser, einige gemeine ausgenommen,
giebt es gar nicht. Dagegen sind die Dienstmädchen fast
durchaus liederlich und die Zahl der unehelichen Kinder
unglaublich groß. Man wollte mir sagen, daß man
auf 6 eins rechnen könne. — Lebensmittel und vorzüglich Wohnung sind sehr theuer; daher auch der gemeine Mann sich in so kleinen Löchern und Kellern be-

helfen muß, daß es seiner Gesundheit unmöglich anders
als nachtheilig seyn kann. — Die Prediger haben noch
die altmodische Tracht mit den großen weißen Kragen,
überhaupt ein steifes und übergravitätisches Ansehn. Der
Prediger Rambach, den ich sah, wie er eben dem
D. Reimarus über seine Wahl zum Professor Glück
wünschen wollte, hielt bei dieser Gelegenheit ordentlich
eine feierliche Rede. — Der Buchhandel soll nichts
weniger als lebhaft seyn. Doch hat jetzt Perthes ein
ansehnliches Sortiment deutscher und zwar um die Ausländer zu reizen, meistentheils gebundener Bücher. — Eine
sehr schöne Aussicht genießt man vom Baumhause,
das eigentlich ein Wirthshaus am Hafen ist, aber eine
ziemliche Höhe und oben einen großen Saal hat. Der
Anblick auf der einen Seite von der Stadt, auf der andern
in den Wald von Masten im Hafen, und über die Elbe
weg nach Haarburg hin, ist überaus mannigfaltig und
schön. Vom Baumhause aus machten wir eine Spazier-
farth zu Wasser im Hafen. Die Menge der Schiffe
war grade außerordentlich groß. Unter allen zeichneten
sich die Amerikanischen durch ihre leichte und zierliche
Bauart aus, deren sehr viele dort waren. Das Leben
und Gewimmel ist außerordentlich. Da meine und
George Jacobis Frau mit uns waren, so verfolgten
uns die Matrosen, nach ihrer Sitte, mit muthwilligem
Schimpfen und Schreien. — Der Wall ist angenehm,
nicht so reichlich und schön bepflanzt als der Lübecker,
aber von schönerer und freierer Aussicht. — Auf dem
Wall am Altonaer Thor ist das sogenannte Forti-
ficationsHaus, eine Anlage zu Spaziergängen und
Lustparthien. Auf den Wällen und am Graben hin sind
nemlich ein Gartensaal und kleine Promenaden angelegt,

die sehr häufig besucht werden. Man trinkt dort Caffé,
Thée oder ißt auch da. Man muß aber das Haus vorher bestellen, da es nicht eigentlich eine öffentliche Promenade ist. Um eigentlich hübsch zu seyn, ist es zu eng
und eingeschlossen. Sonderbar genug ist der Anblick der
Brücke über den Graben von unten, und das größeste
Vergnügen der Hamburger, die, die ins Thor hinein und
heraus gehn, zu begaffen. — In Beschreibungen von
Hamburg findet man zwar Gemähldesammlungen
genannt, aber es soll schlechterdings nichts Wichtiges
darunter seyn.

47.

Geldcours. — Man rechnet nach Marken und Schillingen. Der Friedrichsd'or wechselt im Preis und sein
Cours ist immer im Altonaer Mercur angegeben. Jetzt
stand er 12 Mark 12 Schillinge. Die bequemste Münze
sind Holsteinische Ducaten, die ohne allen Wechsel, immerfort 12 Mark gelten.

48.

Altona. — Ein kleines, aber reinlich und gut gebautes Städtchen, mit einer sehr angenehmen Lage an
der Elbe, in dem man 27000. Einwohner rechnet.
Weiter weiß ich nichts davon zu sagen. — Die Folge
der Derter von Wandsbeck aus ist diese: Wandsbeck,
Ham, (ein Dorf, das so wie Horn, was nach Bilwerder
zu liegt zur Stadt Hamburg gehört und dicht an die

Stadt anstößt) Hamburg, Altona, Neumühlen (Sievekings und Poels) Flotbeck (Voght) Nienstaden (wo Gode-
froys eine sehr schöne Anlage besitzen).

49.

Weg von Hamburg nach Berlin. — Von
diesem ist schwerlich mehr zu sagen, als daß er der lang-
weiligste von der Welt ist. Er ist so gut als durchaus
sandig, und von Boitzenburg an auch unglaublich häß-
lich. Bis dahin ist er erträglich und an einigen Stellen
noch mehr als das. — Von Wandsbeck bis Escheburg
nahm ich in Wandsbeck einen Fuhrmann, hernach Post. —
Die erste Nacht blieben wir in Lübthen, wo wir ein
herzlich schlechtes Nachtlager hatten; die zweite hindurch
fuhren wir. — Zwischen Lübthen und Lenzen werden in
Kalis, ohne daß es eine Station ist, frische Pferde vor-
gelegt.

ERLÄUTERUNGEN.

1.

Das Tagebuch beginnt im Original mit einem tabellarischen Verzeichniss der Stationen der ganzen Reise und ihrer Entfernungen in Meilen; ich habe es oben im Texte fortgelassen. Die Reise ging über folgende Stationen: Berlin, Bernau, Neustadt Eberswalde, Angermünde, Schwedt, Stettin, Schöningen, Stettin, Falckenwalde, Ueckermünde, Anclam, Greifswalde, Stralsund, Alten Fehr, Bergen, Sagard, Putbus, Poseritz, Alten Fehr, Stralsund, Dammgarten, Rostock, Doberan, Wismar, Grevesmühlen, Lübeck, Eutin, Ploen, Aschberg, Segeberg, Tremsbüttel, Wandsbeck, Escheburg, Boitzenburg, Lübthen, Lenzen, Perleberg, Kletzke, Kyritz, Fehrbellin, Betzow, Berlin. Die Gesammtzahl der zurückgelegten Meilen beträgt nach Humboldts Berechnung 125.

2.

4, 23] Vom Zisterzienserkloster Chorin, das 1254 gegründet wurde, steht noch jetzt die allerdings etwas verfallene Abteikirche im frühgotischen Stil, die Grabstätte der brandenburgischen Markgrafen.

6.

Über Stettin und Umgebungen vgl. Zöllner, Reise durch Pommern nach der Insel Rügen (Berlin 1797) S. 10—76.

5, 21] Die Angabe stammt aus dem Deutschland enthaltenden ersten Teil von Johann Adolf Friedrich Randels Annalen der Staatskräfte von Europa nach den neusten physischen, gewerblichen, wissenschaftlichen und politischen Verhältnissen der sämmtlichen Reiche und Staaten in tabellarischen Übersichten. Berlin 1792.

5, 23] Über Brüggemann vgl. die Anmerkung zu 14, 1.

6, 7] Das Standbild Friedrichs des Grossen von Gottfried Schadow, 1793 von den pommerschen Ständen gesetzt, ist, da der carrarische Marmor den Unbilden der Witterung nicht widerstand, jetzt durch eine bronzene Nachbildung ersetzt; vgl. schon die Bemerkung Zöllners S. 14.

7, 13] Zöllner S. 75 berichtet im Gegenteil, dass die Stände ohne strenge Absonderung sich mehr und mehr einander näherten und dadurch ihre exklusiven Eigentümlichkeiten verschwänden. Humboldts Bericht hat die grössere Wahrscheinlichkeit für sich, zumal Zöllner sehr zu einer human anerkennenden und vermittelnden Betrachtung der Dinge neigt und Einzelerfahrungen gern generalisiert.

7, 20] Beide Regentenzahlen müssen, obwohl sie auch Zöllner, Reise S. 22. 23 angiebt, falsch sein. Herzog Barnim von Pommern mit dem Beinamen des Grossen, der 1321 zur Regierung kam und 1368 starb, war seines Namens nicht der Vierte, sondern der Dritte; sein Nachkomme, der ihm 1543 an der Aussenwand des Zeughauses die Denkinschrift setzen liess, war Herzog Barnim IX. der Fromme (1532—1573). Dem Wortlaut nach ist die Inschrift zitiert bei Zöllner S. 22; auch er hebt ihre ‚Treuherzigkeit‘ hervor.

9, 27] Ausführlicheres über die beiden Gymnasien berichtet Zöllner S. 63; die geplante Kombination beider fand erst 1805 statt.

12, 14] Kaiserin Katharina II. ist am 2. Mai 1729 in Stettin geboren, wo ihr Vater, der preussische General Fürst Christian

August von Anhalt-Zerbst, damals Gouverneur war. Auch Zöllner redet S. 26 von den russischen Medaillen, giebt jedoch ihre Zahl nur auf 23 und ihren Wert auf 4000 Thaler an; ‚fast auf jeder Rückseite steht ihr Bildniss, in welchem man sogleich mit dem ersten Blicke die Selbstherrscherin erkennt; nur wenige werden den Namen des Stempelschneiders mit Ruhm auf die Nachwelt bringen; die Erfindungen sind selten sinnreich und unter den Gelegenheiten, worauf sie geschlagen wurden, sind auch die meisten von der Art, dass ein eigentlich schöpferisches Genie erfordert wurde, um sie für ein Kunstwerk zu benutzen.‘ Zöllners Angaben beruhen auf Autopsie, werden also wohl richtiger als die Humboldts sein, der offenbar nur davon erzählen hörte.

13, 25] Über die Geschichte des 1791 abgetragenen, schon länger baufälligen Turms der Marienstiftskirche berichtet ausführlich Zöllner S. 19 und 437.

14, 1] Ludwig Wilhelm Brüggemann (1743—1817), erst Feld- und Garnisonprediger in Berlin und zugleich Seelsorger und Lehrer der Prinzessin Amalie, der Schwester Friedrichs des Grossen, war seit 1773 Hofprediger an der Schlosskirche in Stettin. Sein Hauptwerk ist die ausführliche Topographie von Pommern: Ausführliche Beschreibung des gegenwärtigen Zustandes des königlich preussischen Herzogtums Vor- und Hinterpommern, Stettin 1779—1784; das Buch, mit peinlichster Gründlichkeit und Sorgfalt und mit Unterstützung der Behörden ausgearbeitet, war seiner Zeit ein unübertroffenes Muster eines statistisch-topographischen Provinzialhandbuchs und bei weitem vorzüglicher als Büschings ähnliches Werk über die Mark Brandenburg. Brüggemanns Vorliebe für das Englische zeigte sich auch schon in seinen berliner Jahren, wo er die erste Lesegesellschaft für englische Literatur stiftete. Später erschien von ihm: *A view of the english editions, translations and commentaries of Marcus Tullius Cicero with remarks*, Stettin 1795; dies Werk wurde dann verarbeitet in: *A view of the english editions, translations and illustrations of the ancient greek and latin authors with remarks*, Stettin 1797; Harwoods vielgepriesenes Werk über denselben Gegenstand wurde durch Brüggemanns Buch weit überholt. Vgl. auch den Artikel Herings in der Allgemeinen deutschen Biographie 3, 406.

14, 4] Hans Friedrich von Schöning (1717—1787) hat sich als Kammerpräsident besonders um die Melioration Pommerns verdient gemacht.

14, 13] Ernst Heinrich Karl Kölpin starb 1846 als geheimer Medizinalrat in Stettin; nähere Angaben über ihn entziehen sich meiner Kenntniss. Der Vater ist der berühmte Alexander Bernhard Kölpin (1739—1801), 1764 Privatdozent in Greifswald, 1770 Adjunkt der medizinischen Fakultät und Direktor des botanischen Gartens daselbst, seit 1772 Stadtphysikus und Professor am akademischen Gymnasium in Stettin.

14, 20] Johann Jakob Sell (1754—1816), 1776 Subrektor an der stettiner Ratsschule, war seit 1783 Professor der Geschichte und Beredsamkeit am königlichen Gymnasium; später wurde er wegen seiner hervorragenden pädagogischen und organisatorischen Bedeutung Schulrat und Rektor des vereinigten stettiner Lyceums. Sein historisches Werk erschien erst nach seinem Tode unter dem Titel: Geschichte des Herzogtums Pommern von den ältesten Zeiten bis zum Tode des letzten Herzogs, Berlin 1820. Vgl. auch von Bülow Allgemeine deutsche Biographie 33, 681.

14, 23] Gemeint ist wohl Nathanael Bielcke, der 1835 als Regierungspräsident ausser Dienst in Stettin starb; die ‚Promenade in der Schweiz' erschien anonym Hamburg 1793. Der Vater ist der fruchtbare theologische Schriftsteller Johann Achatz Felix Bielcke (1716—1802), Konsistorialrat und Professor der Theologie am akademischen Gymnasium in Stettin.

7.

Der Besuch des kleinen Dorfes Schöningen galt der Gutsherrschaft. Das dortige Gut, früher Eigentum der gräflichen Familie Mellin, war seit 1789 im Besitz einer Tante Karoline von Humboldts, der Frau Sophie Auguste von der Goltz, gebornen von Dacheröden, der Wittwe des preussischen Generalmajors Wilhelm Heinrich Freiherrn von der Goltz (vgl. Brüggemann. Beiträge zu der ausführlichen Beschreibung des königlich preussi-

schen Herzogtums Vor- und Hinterpommern S. 515). Der Name
dieser Tante Karolinens begegnet auch Gabriele von Bülow
S. 18. 23.

9.

16, 10] Friedrich Wilhelm Graf von Hessenstein (1735—1808)
war Generalgouverneur von Pommern und schwedischer Feld-
marschall, ein natürlicher Sohn des Königs Friedrich I. von
Schweden und der Gräfin Hedwig Ulrike von Taube.

10.

Über Greifswald vgl. Zöllner, Reise S. 129—155.

16, 25] Über das akademische Gebäude und die Bibliothek
handelt eingehender Zöllner S. 133.

17, 9] Peter Ahlwardt (1710—1791), ordentlicher Professor
der Philosophie und Mathematik, vermachte seine reichhaltige,
namentlich viele theologische Dissertationen enthaltende Bibliothek sammt seinem handschriftlichen Nachlass der greifswalder
Bibliothek; vgl. über ihn Häckermann Allgemeine deutsche
Biographie 1, 162.

17, 11] Thomas Heinrich Gadebusch (1736—1804) war seit
1775 ordentlicher Professor des deutschen und pommerschen
Staatsrechts an der greifswalder Universität; 1797 ging er als
Mitglied des pommerschen Kollegiums nach Stockholm. Gross
sind seine Verdienste um die Erforschung der pommerschen
Geschichte und Staatskunde und fanden schon bei seinen Lebzeiten vielfache Anerkennung. Vgl. auch den Artikel Müllers
in der Allgemeinen deutschen Biographie 8, 299.

17, 16] Hevels Werk *Cometographia cometarum naturam et
omnium a mundo condito historiam exhibens* erschien Danzig 1668.

17, 18] Wie mir aus Greifswald freundlichst mitgeteilt wird,
befinden sich noch jetzt auf der dortigen Universitätsbibliothek
zwei alte den Sternenhimmel und die Erde darstellende Globen.
1759 von Andreas Åkerman hergestellt; dieser war Kupferstecher

in Upsala und starb 1778. Über die borlischen Globen weiss ich nichts anzugeben.

17, 26] Johann Georg Peter Möller (1729—1807) wurde nach längeren Reisen in Schweden 1765 ordentlicher Professor der Geschichte und Beredsamkeit an der greifswalder Universität. Er hat durch Übersetzungen einen grossen Teil der damaligen wissenschaftlichen schwedischen Literatur Deutschland vermittelt und bewahrte dem Gange des schwedischen Geisteslebens stets ein reges Interesse; sein schwedisches Wörterbuch erschien Stralsund 1782—1790. Lange Jahre war er Herausgeber der damals sehr bedeutungsvollen Greifswalder neusten kritischen Nachrichten; verdienstlich sind auch seine mannigfachen Arbeiten über pommersche Geschichte und Landeskunde. Ausführlich handelt über ihn Häckermann Allgemeine deutsche Biographie 22. 144.

17, 29] Karl Brismann (1760—1800) war Professor der Mathematik und Physik an der greifswalder Universität.

17, 30] Christian Ehrenfried von Weigel (1748—1831), 1772 Privatdozent der Botanik und Mineralogie, 1773 Adjunkt der medizinischen Fakultät in Greifswald, wurde 1775 ordentlicher Professor der Chemie und Pharmazie; seit 1794 war er Archiater und Direktor des Gesundheitskollegiums. Neben seiner ausgebreiteten ärztlichen Praxis hat er zahlreiche chemische, mineralogische und botanische Schriften verfasst.

11.

18, 23] Vgl. Zöllner, Reise S. 155.

12.

Über Stralsund vgl. Zöllner, Reise S. 155—197.

19, 18. 35, 3. 42, 13] Über Pommer-Esche vgl. die Anmerkung zu 52, 1.

20, 7] Die Bilder sind von dem älteren Johann Heinrich Tischbein (1722—1789) und 1787 gemalt. ,Das Hauptblatt stellt

die Abnahme Jesu vom Kreuze vor, nicht so schön wie die von
Bernhard Rode in unserer Marienkirche, aber doch in einem hohen
Grade vortrefflich. In dem Felde über dem Hauptblatte ist eine
Himmelfahrt Christi, auch nicht so lieblich und leicht wie Tischbein sie selbst in der lutherischen Kirche zu Kassel gemacht
hat. Man sieht immer noch den achtungswürdigen Künstler,
aber die Flamme des Genius strahlt nicht mehr in ihrem sonstigen Glanze um die Scheitel des Greises' (Zöllner S. 165).

13.

Über die Insel Rügen handelt der grösste Teil des Buches
von Zöllner (S. 198–374); seine eingehenden Schilderungen sind
hier überall zum Vergleich heranzuziehen, weshalb ich mir
Einzelzitate im Folgenden ersparen kann.

14.

23, 20] Der Assessor Moritz von Willich war erster Landphysikus im Fürstentum Rügen.

23, 30. 30, 21] Über Kosegarten vgl. die Anmerkung zu 40, 8.

24, 1] Die Verse stehen in dem Gedicht ,Abschied von
Hyldathen' 5, 3 (Gedichte 1, 253).

25, 25] Die Gräfin Sophie Charlotte Wilhelmine von Putbus
(1761–1839), eine geborne Gräfin von Schulenburg-Betzendorf
(vgl. auch 45, 13), verwaltete seit dem Tode ihres Gemahls
Malte Friedrich 1787 die putbussche Herrschaft als Vormund
ihrer beiden Söhne Wilhelm Malte (geboren 1783) und Moritz
Karl (geboren 1785).

15.

27, 5] Über Franck vgl. die Anmerkung zu 30, 27.

16.

28, 24] Ehrenfried Theodor von Willich (gestorben 1807)
ist besonders durch seine intime Freundschaft mit Schleiermacher
in späteren Jahren bekannt; seit 1802 war er in Stralsund
Bataillons-, dann Regimentsprediger; seine Wittwe Henriette,
geborne von Mühlenfels, wurde dann Schleiermachers Frau (vgl.
Aus Schleiermachers Leben 1, 147).

29, 3] Ausführliche, kulturhistorisch sehr interessante Notizen
über die Badeeinrichtungen und das Badeleben in Sagard giebt
Zöllner S. 227.

17.

30, 27] Bernhard Olivier Franck (1759—1833), seit 1791
Pastor in Bobbin, war der erste, der sich eingehend mit vor-
geschichtlichen rügischen Altertümern beschäftigt hat, über die er
auch mehrere Abhandlungen veröffentlicht hat. Seine Sammlung von
Altertümern befindet sich jetzt im Provinzialmuseum zu Stralsund.

19.

84, 29] Die Stelle lautet: ,*Est in insula Oceani castum nemus
dicatumque in eo vehiculum, reste contectum; attingere uni sacer-
doti concessum. is adesse penetrali deam intelligit rectamque
bubus feminis multa cum veneratione prosequitur. laeti tunc dies,
festa loca, quaecunque adventu hospitioque dignatur. non bella
ineunt, non arma sumunt; clausum omne ferrum; pax et quies
tunc tantum nota, tunc tantum amata, donec idem sacerdos satia-
tam conversatione mortalium deam templo reddat. mox vehiculum et
vestes et, si credere velis, numen ipsum secreto lacu abluitur. servi
ministrant, quos statim idem lacus haurit. arcanus hinc terror sanctaque
ignorantia, quid sit illud, quod tantum perituri vident.*‘ Allerdings gehört viel Phantasie dazu in dieser verhältnissmässig

farblosen Lokalbeschreibung den rügischen Herthasee zu erkennen. Die moderne Forschung sucht, da Tacitus von Völker-
stämmen redet, die im heutigen Schleswig-Holstein wohnten, jene
Insel der Nerthus 'so, nicht Hertha lautet der Name bei Tacitus)
mit grösse·er Wahrscheinlichkeit in der Nordsee, ohne natürlich, schon wegen der gewaltigen marinen Veränderungen an
den dortigen Küsten, eine genauere Lokalisierung zu wagen
(vgl. Mogk in Pauls Grundriss der germanischen Philologie
1, 1101). Die Lokalisierung auf Rügen geht auf gelehrte Forscher
im Anfang des 17. Jahrhunderts zurück und ist seitdem allerdings
zu sagenhaft ausgestalteter Volksüberlieferung geworden.

35, 4] Zwei Pastoren des Namens Mildahn, beide zu Zudar,
Melchior um das Jahr 1680 und Joachim von 1708—1727 tätig,
haben Manuskripte über rügische Geschichte und Altertümer
hinterlassen; dieselben befinden sich jetzt im fürstlichen Archiv
zu Putbus. Gemeint ist hier der Ältere, Melchior Mildahn, der
nichts veröffentlicht hat, während von Joachim im wahnschen
Kalender von 1726 zwei Abhandlungen über rügische ‚Götzen‘
gedruckt sind.

20.

38, 26] Eigentümer von Spieker, das aus der wrangelschen
Erbschaft in den Besitz der Familie Brahe gekommen war, war
damals der Graf Magnus Friedrich Brahe (1756—1826).

39, 20] Den Rheinfall bei Schaffhausen und den Reichen-
bachfall im Haslital in den berner Alpen hatte Humboldt auf
seiner Schweizerreise im Herbst 1789 gesehen (vgl. Gesammelte
Werke 1, 286; Briefe von Chamisso, Gneisenau, Haugwitz 1.
124. 125; Halbmonatshefte der Deutschen Rundschau 1890/91,
2, 276). Das an der zweiten der zitierten Stellen erwähnte
schweizer Reisejournal ist leider in Humboldts Nachlass nicht
mehr vorhanden.

21.

40, 8] Gotthard Ludwig (Ludwig Theobul) Kosegarten
(1758—1818), der begeisterte Sänger Rügens und der Ostsee,

wurde nach einigen Jahren rügischen Hauslehrerlebens 1785
Rektor in Wolgast: seit 1792 war er Pfarrer in Altenkirchen.
welche Stellung er 1808 mit einer Professur an der greifswalder
Universität vertauschte. Eine ausführliche Biographie besitzen
wir von Franck (Halle 1887), die auch Humboldts Besuch S. 229.
allerdings nur nach der kurzen Notiz in Hayms Biographie erwähnt. Kosegarten war wohl zuerst im Herbst 1795 in Humboldts Gesichtskreis getreten und zwar durch seine vier Beiträge
zum schillerschen Musenalmanach von 1796 (auch in den Horen
von 1796 erschienen fünf Gedichte Kosegartens), dessen Druck-
legung und Korrektur Humboldt für Schiller in Berlin besorgte.
Seine Urteile über Kosegartens Produktionen sind aus wenig
Lob und vielem Tadel über Sonderbarkeiten und Geschmack-
losigkeiten gemischt (vgl. Briefwechsel zwischen Schiller und
Humboldt' S. 97. 110. 153. 214). Jedoch blieb diese Verbindung
Kosegartens mit dem weimar-jenaischen Kreise eine vorüber-
gehende (vgl. noch Goethes Briefe 12, 230 und Schmidts Anmerkung zu Xenion 367). Eine spätere Anknüpfung mit Humboldt aus dem Jahre 1814, über die mir weiteres nicht bekannt
ist, erwähnt Franck S. 330.

41, 12] Der damals schon verstorbene Karl Philipp Moritz
(1757—1793), der Verfasser des Anton Reiser. war Humboldt
von Berlin her gut bekannt.

41, 6] Von besondrer Vertrautheit Kosegartens mit der
neueren, d. h. bei Humboldt der kantischen Philosophie berichtet
sein Biograph Franck nichts. Er selbst äussert brieflich Schiller
gegenüber die Resultate der kantischen Moralphilosophie in
dem Gedichte Arkona (vgl. 42. 11) ‚beiläufig in Handlung gebracht' zu haben (Schillers Briefe 4, 556); auch hatte er schon
1790 in Wolgast den ersten Teil seiner Rhapsodieen Kant gewidmet. Im Gebiete der reinen theoretischen Vernunft dürfte
Humboldt schwerlich bei ihm sein Genügen gefunden haben.

41, 16] Johann Gottfried Lukas Hagemeister (1762—1806).
1784 Lehrer am Waisenhaus in Berlin. lebte seit 1792 auf Rügen.
wo er auch mit Arndt eng befreundet war; 1798 wurde er
Konrektor, 1802 Rektor in Anklam. Vgl. über ihn Pyl Allgemeine deutsche Biographie 10, 331; ein Verzeichniss seiner
Schriften giebt Goedekes Grundriss ² 5, 290.

41, 17] Georg Theodor Schwarz (1744—1814) war seit 1773 Pastor, seit 1790 Präpositus in Wiek; er ist der Grossvater des bekannten gothaischen Theologen.

41, 18] Diese Vorliebe Kosegartens für Jean Paul ist sonst nicht bekannt; auch Franck erwähnt sie nicht.

41, 22] Katharina, geborne Linde. ,Seltener, als man erwarten möchte, gedenkt Kosegarten in den in Altenkirchen verfassten Gedichten und Schriften seiner Gattin: es ist daher recht schwierig von ihrem Charakter, ihrer Tätigkeit und dem Einflusse, den sie im Hause übte, ein Bild zu entwerfen', sagt Franck S. 221 (vgl. auch S. 111. 143).

42, 1] Kosegarten selbst berichtet über seine Art zu dichten Folgendes: ,Ich dichtete, weil ich nicht umhin konnte es zu tun, weil die mich treibende Unruhe nicht anders beschwichtigt werden konnte als durch Hervorbringung eines Dichterwerkes. Der Gedanke zu einem solchen kam mir wie durch Eingebung; das Ganze stand vor mir eines Schlages. Die Personen, wie sie leibten und lebten, die Handlung, wie sie stund und ging, die Orte, die Zeiten, die Umgebung, es machte sich Alles von selbst. Einzelne Massen traten hervor aus dem Ganzen; Partieen, die ihrer Natur nach erst später erscheinen durften, drängten sich bisweilen in den Vordergrund und mussten beseitigt sein, ehe mir vergönnt ward das Frühere nachzuholen. Da nun auch die Masse und Rhythmen sich gar willig fügten, da ganze Reihenfolgen von Versen zugleich mir vor die Seele traten, so hatte ich die äusserste Not nur Alles niederzuschreiben, was zu verschwinden drohte, ehe ich Zeit gewonnen es festzuhalten. Auch vermochte ich weder zu essen noch zu schlafen in solchen Zuständen. Ich war abwesend in der Mitte der Meinigen und der uns etwa besuchenden Fremden. Ich fuhr fort zu dichten, wachend und träumend, während der Mahlzeiten, während der gesellschaftlichen Unterhaltungen und selbst während der kirchlichen Verrichtungen' (Geschichte seines funfzigsten Lebensjahres S. 48).

42, 11] Das Gedicht erschien im Xenienalmanach 1797 S. 75; es ist das von Kosegarten in dem oben zitierten Brief an Schiller charakterisierte; ausführlich tadelt es Körner (Schillers Briefwechsel mit Körner 3, 365). Die Zahl 1796 ist augenblicklicher Schreibfehler, denn der Almanach für 1796 war längst erschienen.

22.

43, 12] Kosegartens Predigten erschienen in zwei Bänden Berlin 1794—1795; auch in dem 1794 erschienenen zweiten Teil der Rhapsodieen finden sich zwei Unterpredigten.

23.

44, 14] Vgl. oben 30, 27.

44, 17] Gustaf von Engeström (1738—1813) war Münzwardein und Rat im Bergkollegium in Stockholm.

25.

45, 21] Hermann Andreas Pistorius (1730—1798), ein gelehrter und klardenkender Theologe und treuer Seelsorger, auch von Arndt sehr hochgeschätzt, war seit 1759 Pastor und Präpositus der Synode in Poseritz; er war einer der fleissigsten Mitarbeiter an der Allgemeinen deutschen Bibliothek, in welche er über tausend Rezensionen geschrieben hat; vgl. über ihn Häckermann Allgemeine deutsche Biographie 26, 194.

45, 26] Ernst Platner (1744—1818) war Professor der Physiologie in Leipzig, las jedoch zugleich ziemlich stark besuchte Kollegien über alle Teile der Philosophie und verfasste eine ganze Reihe philosophischer Werke. Aus einem Anhänger Leibnizens wurde er später Skeptiker und trat scharfsinnig gegen Kant auf; ausführlich handelt über ihn Prantl Allgemeine deutsche Biographie 26, 258.

45, 27] Aenesidemus hiess Gottlob Ernst Schulze (1761—1833), Professor der Philosophie in Helmstedt, später in Göttingen, nach seinem 1792 erschienenen philosophischen Hauptwerk: ‚Aenesidemus oder über die Fundamente der von Herrn Professor Reinhold in Jena gelieferten Elementarphilosophie nebst einer Verteidigung des Skeptizismus gegen die Anmassungen der Vernunftkritik‘, worin er heftig gegen Kant polemisierte. Eine eingehende Darlegung seiner Lehre giebt Kühnemann Allgemeine deutsche Biographie 32, 776.

45, 28] Pistorius hatte eine Schwester des bekannten Predigers und Konsistorialrats in Berlin Johann Joachim Spalding zur Frau, mit dessen Sohne Georg Ludwig, dem Philologen, Humboldt befreundet war.

26.

46, 12] Die Stelle des Saxo Grammaticus lautet: ‚ *Insula archonensis, quae Withova dicitur, a Rugiae complexu parvula freti interrivatione, quae vix fluminis magnitudinem aequare videatur, abrumpitur* ‘ (568, 27 Holder).

49, 14] Über die heutige wissenschaftliche Auffassung der rügischen Altertümer belehrt am besten eine Schrift von Baier: Die Insel Rügen nach ihrer archäologischen Bedeutung, Stralsund 1886. Von demselben Verfasser ist ein interessanter Aufsatz über die Burgwälle in den Baltischen Studien 24, 266 erschienen.

50, 28] Die Geschichte ist ohne Namensnennung in den Briefen eines Schiffbrüchigen (Rhapsodieen 2, 67) erzählt.

27.

51, 6] Das nach dem früheren Generalgouverneur Axel von Löwen genannte löwensche Kabinet war keine Gemälde-, sondern eine Raritätensammlung aus allen Gebieten der Kunst und Natur. Bilder von Philipp Hackert waren jedoch nicht darunter.

51, 7] Der Maler Philipp Hackert (1737—1807), dessen Leben Goethe beschrieben hat, hielt sich in den Jahren 1762 bis 1765 als Schützling des Barons Olthoff in Stralsund, Rügen und Schweden auf; über seine damaligen Schöpfungen vgl. Goethes Bericht Werke 46, 117 Weimarische Ausgabe.

52, 1] Johann Christian Pommer-Esche (1734—1799) wurde, nachdem er erst als Advokat in seiner Vaterstadt Stralsund tätig gewesen war, 1775 Domänenprokurator mit dem Titel eines Hofrats, später Kammerrat. Er hatte zwei Töchter und einen Sohn, Johann Arnold Joachim, der, 1774 geboren, 1815 als Regierungsrat in Stralsund starb. Sein gefälliges Wesen und seine vielfachen Verbindungen im Lande führten ihm viele Fremde zu, denen er hülfreiche Dienste leistete.

52, 19] Philipp Julius Bernhard von Platen (1732—1805) war seit 1795 General der Kavallerie, seit 1796 Generalgouverneur von Pommern und Kanzler der Universität Greifswald; 1800 zog er sich ins Privatleben zurück.

52, 21] Johann Gustav Friedrich von Engelbrechten (1733 —1806) war seit 1775 Kanzler der königlichen Landesregierung in Stralsund.

52, 22] Nikolaus Philipp von Thun (1746—1825) bekleidete seit 1795 das Amt eines Regierungspräsidenten in Stralsund.

52, 25] Samuel Christoph Tetzloff (geboren 1738; das Todesjahr kenne ich nicht) wurde 1773 Lehnssekretär, 1788 Regierungsrat bei der pommerschen Landesregierung in Stralsund. Auch er wurde 1797 in den Adelsstand erhoben. Eine Schwester von ihm war die Frau des Kammerrats Pommer-Esche.

52, 29] Über Bernhard Nikolaus Weigel, den Vater des in der Anmerkung zu 17, 30 Besprochenen, handelt ausführlicher Zöllner S. 169.

30.

Über Rostock vgl. Zöllner, Reise S. 382—399.

55, 20] Hugo Grotius starb in Rostock am 28. August 1645, als er eben seinen schwedischen Gesandtenposten in Paris verlassen hatte, um sich ins Privatleben zurückzuziehen.

56, 26] Ludwig Hermann von Mecklenburg (gestorben 1812) war seit 1785 herzoglicher Kammerherr.

56, 27] Werner Karl Ludwig Ziegler (1763—1809), 1788 Repetent, 1791 ausserordentlicher Professor der Theologie in Göttingen, war 1792 als ordentlicher Professor nach Rostock berufen worden. Humboldt erwähnt ihn während seiner göttinger Studienzeit in einem Briefe an Campe (Leyser, Joachim Heinrich Campe 2, 310).

56, 29] Heinrich Friedrich Link (1767—1851) war seit 1792 ordentlicher Professor der Naturgeschichte und Chemie in Rostock; 1811 ging er als Professor der Botanik nach Breslau; 1815 trat er in die medizinische Fakultät der berliner Universität ein, zu deren berühmtesten Mitgliedern er zählte. Eine ausführliche Charakteristik dieses hochbedeutenden Gelehrten und seiner Leistungen giebt Wunschmann Allgemeine deutsche Biographie 18, 714.

56, 32] Johann Wilhelm Josephi (1763—1845), 1786 Prosektor und Privatdozent in Göttingen, 1788 Arzt in Braunschweig, wurde 1789 ausserordentlicher, 1792 ordentlicher Professor der Anatomie, Chirurgie und Geburtshülfe in Rostock. Der erste und einzige Band seiner Anatomie der Säugetiere, die Osteologie der Affen enthaltend, erschien Göttingen 1787. Vgl. über ihn Hirsch Allgemeine deutsche Biographie 14, 569.

57, 9] Olaus Gerhard Tychsen (1734—1815) war seit 1763 Professor der orientalischen Sprachen in Bützow, seit 1789 in Rostock; vor seiner akademischen Tätigkeit reiste er mehrere Jahre als Judenmissionar durch Deutschland, natürlich ohne jeden Erfolg. Ausführlich handelt über ihn als Menschen und als Gelehrten Hartmann in den Zeitgenossen Neue Reihe 20, 159.

31.

Über Doberan vgl. Zöllner, Reise S. 399—411.

57, 22] Das doberaner Seebad wurde 1793 vom Herzog (seit 1815 Grossherzog) Friedrich Franz I. von Mecklenburg-Schwerin (1788—1837) angelegt.

57, 22. 58, 28] Über Vogel vgl. die Anmerkung zu 60. 11.

60, 9] Ein Hauptmann von Mecklenburg ist, wie mir aus Rostock freundlichst mitgeteilt wird, in den schweriner Staats-

kalendern dieser Zeit nicht nachzuweisen. Näheres über diesen
Hauptmann, der demnach wohl in aussermecklenburgischen
Diensten stand oder auch gestanden hatte, ist mir nicht auf-
zufinden möglich gewesen; ebenso wenig weiss ich, in welchem
Verwantschaftsgrade er zu dem oben 56, 26 erwähnten Kammer-
herrn gleiches Namens stand. Vermutlich war er eine göttinger
Universitätsbekanntschaft Humboldts; ein Jurist von Mecklen-
burg studierte dort von 1788—1792.

60, 11] Samuel Gottlieb von Vogel (1750—1837), 1780 Landphysikus in Ratzeburg, war seit 1789 ordentlicher Professor der
Medizin und Hofrat in Rostock und zugleich Badearzt in Doberan.
Er ist nicht mit Unrecht der Vater des deutschen Seebades genannt worden: Doberan verdankte seinem theoretischen und
praktischen Eifer Entstehung, Aufnahme und Blüte; auch sonst
trat er als gediegener medizinischer Schriftsteller und ausgezeichneter Arzt hervor.

60, 14] Mit dem als Arzt, Gelehrter und Mensch gleich bedeutenden Christoph Wilhelm Hufeland (1762—1836) war Humboldt von Jena her gut befreundet (vgl. Gesammelte Werke
5, 102. 109).

86.

63, 11] Über den Soldatenaufruhr in Lübeck im Sommer
1796 berichtet ausführlich ein Aufsatz Brehmers in der Zeitschrift des Vereins für lübeckische Geschichte und Altertums-
kunde 4, 98.

65, 5] Christian Adolf Overbeck (1755—1821) war seit 1792
Syndikus des lübecker Domkapitels, ein enger Freund des vossischen Hauses; in der Zeit der französischen Kriege und der
napoleonischen Okkupation war er dann als Abgesanter Lübecks
erfolgreich auf diplomatischem Gebiete tätig und wurde 1814
Bürgermeister von Lübeck. Er ist der Vater des nazarenischen
Malers Friedrich Overbeck und trat auch als lyrischer Dichter
hervor; vgl. über ihn Hasse Allgemeine deutsche Biographie 25, 5.

65, 11] Theodor Friedrich Trendelenburg (1755—1827) war
Arzt in Lübeck. Sein jüngerer Bruder Johann Georg (1757—

1825\, seit 1779 Professor der griechischen und orientalischen
Sprachen am Gymnasium in Danzig, ist besonders durch seine
vielfach aufgelegten ,Anfangsgründe der griechischen Sprache‘
bekannt.

65, 16] Dorothea von Rodde (1770—1825) war die Tochter
des göttinger Historikers Schlözer; von Jugend auf zum gelehrten Studium bestimmt, wurde sie 1787 in Göttingen Doktorin
der Philosophie und heiratete 1792 den Kaufmann und Senator
von Rodde in Lübeck; Näheres über sie giebt Carstens Allgemeine deutsche Biographie 29, 1.

38.

66, 13] Friedrich Leopold Stolberg (1750—1819), der jüngere
der beiden Brüder, war seit 1791 Präsident der fürstbischöflichen
Regierung in Eutin; über ihn besitzen wir jetzt die ausführliche Charakteristik Schmidts Allgemeine deutsche Biographie
36, 350. Humboldt kannte ihn von Berlin her, wo er 1789 bis
1791 dänischer Gesanter gewesen war, und schreibt am 20. Juni
1790 an Jacobi: ,Ihren Freund Stolberg sah ich erst bloss am
Hofe; allein gewiss such’ ich, sobald ich mehr Musse habe,
seine nähere Bekanntschaft und, wollen Sie ihm einmal gelegentlich ein Wort von mir schreiben, so wird es mir herzlich lieb
sein‘ (S. 34). Zu einer näheren Bekanntschaft scheint es jedoch
nicht gekommen zu sein, wenigstens fehlt jeder Beleg dafür.
Ein Urteil Humboldts über Stolbergs Konversion findet sich in
seinem Briefe an Frau Reimarus (Aus Jacobis Nachlass 2, 193),
ein ähnliches aus späterer Zeit in Briefen an Charlotte Diede,
der er Stolbergs Geschichte der Religion Jesu Christi und seine
italienische Reisebeschreibung angelegentlich zur Lektüre em-
pfahl (vgl. Briefe an eine Freundin 2, 93. 103. 260).

67, 1] Fürstbischof von Lübeck war damals Peter Friedrich
Ludwig (1785—1829), zugleich Landesadministrator von Oldenburg für seinen geisteskranken Vetter Peter Friedrich Wilhelm
(vgl. über ihn die Anmerkung zu 81, 26). Er war ein äusserst
vielseitig und fein gebildeter Fürst, der Vater Eutins, wie ihn
Voss in der Widmung der Luise genannt hat, ein edler und

feinfühlender Charakter; vgl. über ihn Mutzenbecher Allgemeine
deutsche Biographie 25, 467 und Bippen, Entiner Skizzen S. 13.

67, 2] Friedrich Levin Freiherr von Holmer (1741—1806),
früher Konferenzrat bei der Rent- und Zollkammer in Kiel, war
seit 1774 erster Minister und Oberlanddrost von Oldenburg, ein
ausgezeichneter Geschäftsmann von mannigfaltiger Bildung und
humaner Gesinnung; vgl. über ihn Mutzenbecher Allgemeine
deutsche Biographie 12, 773.

67, 4] Johann Heinrich Voss (1751—1826) war seit 1782
Rektor in Eutin; die ausführliche vortreffliche Biographie von
Herbst (Leipzig 1872—1876) ist hier überall im Einzelnen
heranzuziehen; Humboldts Besuch in Eutin wird dort 2, 1, 174.
310 besprochen. Ausser einer Reihe von Stellen, die unten zu
verwerten sein werden, kommen für die Kenntniss von Humboldts Ansicht von Voss und seinen Verdiensten noch folgende
briefliche Äusserungen in Betracht: an Wolf Gesammelte Werke
5, 115. 129. 147. 208. 265. 310; an Goethe S. 221; an Welcker
S. 111; vgl. auch die Einleitung zur Übersetzung des Agamemnon Gesammelte Werke 3, 16. Zitiert muss hier dem Wortlaut
nach werden Humboldts brieflicher Reisebericht an Wolf vom
20. September 1796, also aus frischester Erinnerung: ‚Jetzt noch
einige Worte von Voss. Wir waren fünf Tage in Eutin und
den ganzen Tag bei ihm. Wir haben ihn ausserordentlich lieb-
gewonnen und auch ihm schienen wir zu gefallen. Leider war
er immer und ist noch an Ohrensausen, das ihn sehr inkommo-
diert, krank. Dies stört das Gespräch etwas, doch nicht sehr.
Ich habe mit ihm über die *interiora* seiner Eigentümlichkeiten
äusserst frei und ohne allen Rückhalt gesprochen, ob ich gleich,
wie Sie wissen, gar kein eigentlicher Anhänger seiner sogenannten
(denn er widerspricht dem Ausdruck) Neuerungen bin. Ich bin
über nichts fast eigentlich einig mit ihm geworden, aber ich
habe auch nur gesucht mich ganz und gar in seinen Gesichtspunkt zu versetzen und dies ist mir, glaube ich, in hohem Grade
gelungen. Ich glaube ihn jetzt zu verstehen und doch ist dies
nicht leicht. Wenigstens ists nicht leicht, bis es einem gelingt
in den Mittelpunkt aller seiner Ansichten einzudringen. Denn
es ist eine überaus merkwürdige Einheit in seinem Wesen,
seinen Gedanken und seinen Arbeiten. Meine vorigen Ideen

über ihn habe ich sehr berichtigt. Ich habe ihn ungleich feiner,
zarter und ich möchte sagen poetischer gefunden, als ich mir
vorgestellt hatte ... Den vorzüglichsten und vorteilhaftesten
Eindruck auf uns hat Voss' Charakter und häusliches Leben
gemacht. Er ist im genausten Verstande des Worts brav und
edel und in sehr hohem Grade noch ausserdem liebenswürdig;
auch die Frau hat uns sehr gefallen und sie gewinnt immer, je
länger man sie sieht' (Varnhagen, Vermischte Schriften³ 2, 236.
237). Im Dezember 1796 schreibt Goethe an Voss: ,Humboldt...
sieht als einen lichten Punkt derselben (der Reise) die Zeit an,
die er bei Ihnen zugebracht hat, und hängt mit wahrer Neigung
und Liebe an Ihnen' (Goethes Briefe 11, 278). Voss seinerseits
erwähnt brieflich Wolf gegenüber am 2. Oktober 1796 den
,trefflichen Humboldt und seine geistreiche bescheidene Frau'
als angenehmsten Besuch des Sommers (Briefe 2, 234; vgl. auch
seinen Brief an Eschen vom 1. September des Jahres im Archiv
für Literaturgeschichte 15, 366). Eine spätere persönliche Berührung zwischen Humboldt und Voss aus dem Jahre 1819,
wobei man Humboldt ,noch steifer als vordem und dick dabei'
fand, erwähnt Herbst 2, 2, 205 ohne Quellenangabe.

67, 14] Humboldts intimer Freund Friedrich August Wolf
(1759—1824) korrespondierte und debattierte mit Vorliebe über
einzelne Stellen in den Alten, wie Humboldts Briefe an ihn beweisen.

67, 18] Vgl. Humboldts Brief an Wolf: ,Die unrichtige Beurteilung der modernen Welt aus Unkunde der antiken findet
sich unglaublich häufig .... Das Gegenteil, dünkt mich, ist es,
was den guten Voss so oft nicht bloss einseitig macht, sondern
ihm selbst das Altertum in ein unrichtiges Licht stellt. Auch
kann es kaum anders sein. Die antike und die moderne Indi-
vidualität sind zwei Zustände verschiedener Entwicklung gleicher
Kräfte; man muss daher notwendig irren, wenn man einen
allein als etwas Vollendetes und an sich Geschlossenes ansieht'
(Gesammelte Werke 5, 177).

67, 27] Über Vossens Beurteilung Schillers vgl. Herbst 2,
1, 172. 2, 23.

67, 28] ,Nicht von Ihnen, glaube ich, aber auf meiner letzten
Reise erinnere ich mich sehr wohl das Lied an die Freude un-

natürlich oder wenigstens einen Ausdruck trunkner Lust, nicht
menschlicher Freude nennen gehört zu haben und ich mache
kein Hehl daraus, dass in der nüchternsten Periode meines
Lebens, die sich mit meinem 21. Jahre endigte, ich es selbst
beinah für Unsinn hielt. Nachher habe ich ein andres Urteil
gefällt. Es ist mir nun durchaus natürlich und wahr, trunken
freilich, aber wie der lyrische Dichter es sein muss', schreibt
Humboldt an Jacobi am 15. Oktober 1796 (S. 50).

68, 4] Ein Urteil Vossens über Wilhelm Meister ist sonst
nicht bekannt; über Werther dachte er beim Erscheinen des
Romans sehr enthusiastisch.

69, 2] Voss hatte seine damals schon in ihren wesentlichen
Teilen redigierte Prosodie mit Rücksicht auf Klopstocks metrische
Theorieen noch immer zurückgehalten; sie erschien erst 1802
unter dem Titel ‚Zeitmessung der deutschen Sprache'. Die oben
von Humboldt wiedergegebenen Anschauungen finden sich dort
wieder; einen kurzen Extrakt der Schrift findet man bei Herbst
2, 2, 62.

69, 26] So fand Voss die Hexameter im Reineke Fuchs,
den ihm Goethe zu metrischer Durchsicht bei seinem Besuche
in Weimar 1794 mitgegeben hatte, alle schlecht (vgl. Briefe 2,
392). Humboldt selbst übrigens hat als metrischer Beirat
Schillers und Goethes bei ihren hexametrischen und distichischen
Dichtungen häufig nachlässige Versbehandlung getadelt und
ihnen dann meist von den Dichtern adoptierte Besserungsvor-
schläge unterbreitet.

70. 6] Von Paris aus schreibt Humboldt später au Goethe:
‚Der Kunst kann diese Stimmung ohne Zweifel nachteilig werden.
Sie macht, dass unsre Dichter z. B. meistenteils in dem Reich-
tum und der Schönheit des Rhythmus, in der sinnlichen Pracht
der Diktion nicht nur den Alten, sondern oft auch den Neueren
nachstehen und dadurch wenn nicht geringere Kraft, doch
wenigstens geringeren poetischen Schwung besitzen. Es ist, um
dies im Vorbeigehen zu bemerken, wunderbar, dass ein echt
deutsch gebildetes Genie, dass ein Mann, der, wenngleich mit
allen Musen des Auslandes vertraut, gewiss keiner nachahmend
gehuldigt hat, dass gerade Voss hierin eine Ausnahme macht.'
(S. 106).

71, 14] Das Gedicht steht im vossischen Musenalmanach für 1796 S. 156 und hat folgendes metrische Schema:

```
_ ∪ _ , _ ∪ ∪ _
∪ _ ∪ , ∪ ∪ _ _ ∪
_ ∪ _ , _ ∪ ∪ _ _
∪ _ ∪ _ ∪ ∪ _ _ ∪
∪ _ ∪ _
_ _ ∪ ∪ _ _ ∪
∪ _ ∪ _
_ _ ∪ ∪ _ _ ∪
```

72, 3] Über die vossischen Sprachneuerungen und Sprachfehler spricht sich Humboldt ausführlich in Briefen an Schiller (² S. 138) und an Jacobi (S. 46) aus; so heisst es an der ersten Stelle: ‚Ich habe neuerlich einige Gesänge seiner neuen Odyssee mit prüfender Aufmerksamkeit auf die Sprachneuerungen durchgelesen. Es ist wirklich kein Kapitel der Grammatik, aus dem man nicht, wenn man den gewöhnlichen Gebrauch zur Regel nimmt, eine Menge Solözismen sammeln könnte.‘

72, 20] Humboldts Übersetzungen pindarischer Oden, von denen bei seinen Lebzeiten nur drei im Druck erschienen, sind im zweiten Bande der Gesammelten Werke nach den Handschriften publiziert. Schon 1794 hatte Humboldt durch Wolf ein Urteil Vossens über seine Pindarübersetzungen erfahren (vgl. Gesammelte Werke 5, 115).

72, 25] Die Stelle des Aristoteles lautet: ‚ἔτι δὲ Ἀρειφράδης τοὺς τραγῳδοὺς ἐκωμῴδει, ὅτι, ἃ οὐδεὶς ἂν εἴποι ἐν τῇ διαλέκτῳ, τούτοις χρῶνται, οἷον τὸ δωμάτων ἄπο, ἀλλὰ μὴ ἀπὸ δωμάτων‘ (Poetik 1458b).

73, 25] Hiermit vergleiche man den späteren Ausspruch Humboldts in einem Briefe an Wolf: ‚Ich wollte fast wetten, Voss hätte nie mit grossem Anteil und Studium die Attiker gelesen .... Er ist in den Ioniern sitzen geblieben und hat oft dann noch Ionien mit Holstein verwechselt. Ich meine das wirklich nicht hart, denn ich ehre Voss unglaublich. Aber seine Art zu schreiben macht mir nun einmal diesen Eindruck‘ (Gesammelte Werke 5, 266).

74, 13] Der holländische Philolog Jan Daniel van Lennep (1724—1771) versuchte in seinen erst nach seinem Tode 1790 er-

schienenen *Observations sur l'analogie de la langue grecque* von
der rationellen Psychologie aus der Sprachgeschichte und dem
Ursprung der Sprache beizukommen. Bedeutender und bekannter
ist sein Sohn, den Humboldt Gesammelte Werke 5, 213 erwähnt.

74, 20] Im Jahre 1795 war es Humboldts Plan gewesen
im Anschluss an die eben erschienene Luise eine philosophisch-
historische Abhandlung über die Idylle zu schreiben; ‚Voss'
Luise‘, schreibt er am 15. Juni des Jahres an Goethe (S. 4),
‚hat mich so interessiert, dass ich mich anhaltender mit ihr beschäftige; dies hat mich auf die Idylle überhaupt und auf die
Vergleichung moderner Idyllendichter geführt.‘ Im September
war jedoch ‚noch kein Buchstabe geschrieben‘ (an Schiller
S. 145; vgl. auch S. 61. 88. 107 und Gesammelte Werke 5, 126);
auch im Nachlass Humboldts ist nichts davon erhalten. Der
Extrakt der humboldtschen Gedanken über die Idylle ist dann
in den 67. und 68. Paragraphen seines Ästhetischen Versuchs
über Hermann und Dorothea eingegangen; vielleicht ist die
historische Übersicht über die Idyllendichter alter und neuer
Zeit, die beabsichtigt war, überhaupt nie geschrieben worden.
Wie Humboldt über die sonstigen Gedichte von Voss dachte,
erhellt aus einem etwas späteren Briefe an Goethe (S. 17) und
aus dem Urteil über Goethes berühmte Rezension derselben (an
Goethe S. 222).

74, 21] Vossens Charakter schildert Humboldt später in
einem Briefe an Welcker folgendermassen: ‚Voss ist einer der
Menschen, bei denen in echt antikem Sinn die Tugend immer
zugleich eine Art der Tapferkeit ist und die nur darum zu lieben
verstehen, weil sie auch und in gleichem Grade hassen können.
Naturen, die wie die vossische nicht über einen gewissen Kreis
gehen, sind wirklich einer Empfindung nur immer in dem Grade
fähig, in dem sie auch für die entgegengesetzte Sinn haben.
Man muss höher und wahrhaft ins Idealische übergehen, um frei
von solchen Dichotomieen das böse Prinzip gleichsam ganz vom
guten verschlingen zu lassen. Aber damit ist selten rechte Kraft
und oft ein Grad sehr verdammenswürdigen sittlichen Leicht-
sinns verbunden und es mag also immer darauf ankommen, was
das Beste genannt zu werden verdient‘ (S. 4). Die Veran-

lassnng zu dieser Änsserung gaben Vossens Streitigkeiten mit
Creuzer in seiner heidelberger Zeit.

75, 10] Über die allmähliche Entstehung der Luise vgl.
Herbst 2. 1. 194.

75, 15] Anch über diesen für ihn und Wolf besonders wert-
vollen Punkt spricht sich Humboldt in jenem Reisebericht an
Wolf vom 20. September 1796 aus: ‚Mit Ihren Prologomenen ist
er (Voss), wie Sie auch wissen, nicht einig. In diesem Punkt,
gestehe ich Ihnen, begreife ich ihn noch nicht recht. Er meint
noch, Homer möge dennoch wohl geschrieben haben; Fugen
findet er nirgends: die Arbeit der Verbindung der einzelnen
Gesänge hält er für so schwierig, dass er meint, Sie hätten den
Homer, der nämlich nun der Verbinder sei. nur einige Jahrhunderte weiter vorgerückt. Ich hätte mich gern mit ihm hierüber tief eingelassen. Allein teils ist es schwer mit ihm zu
streiten, da er so leicht schweigt, ohne überzeugt zu sein, und
andernteils muss ich anch sagen, dass meiner Überzeugung
nach die Sache noch nicht so darliegt, dass sie sich durchstreiten
lässt, den einzigen Punkt ausgenommen, dass Homer nicht geschrieben haben kann, was ich für ausgemacht halte‘ (Varnhagen, Vermischte Schriften‘ 2, 236); vgl. auch Herbst 2, 1,
170. 179.

75, 32] Schon 1780 hatte Heyne an Voss geschrieben: ‚Vom
Publico denken Sie ausserdem zuweilen zu verächtlich und lassen
es sich allznsehr merken. Meinem Bedünken nach hat das
Publikum auch da. wo es überhaupt Unrecht hat, immer von
einer Seite Recht und diese muss ich schonen‘ (Herbst 1, 325).

78, 1] Ernstine, geborne Boie (1756—1834); eine schöne
Charakteristik giebt Herbst 1, 129.

78, 5] Voss hatte damals noch vier Söhne: Heinrich, Wilhelm, Hans und Abraham, von denen der älteste 17, der jüngste
11 Jahre alt war.

78, 10] Goethes Schwager und Landsmann Johann Georg
Schlosser (1739—1799) wohnte seit dem Mai 1796 in Eutin; die
ausführlichste Darstellung seines Lebens ist die von seinem
Enkel Nicolovius (Bonn 1844), die jedoch wissenschaftlich in
keiner Weise genügt. Humboldts Besuch ist nicht darin erwähnt; dagegen haben wir ein Urteil Schlossers über ihn in

einem Briefe an Georg Jacobi vom 28. August 1796: ‚Humboldt war lange hier und oft bei mir; aber ich weiss nicht, wie es kommt, ich konnte weder ihm noch seiner Frau Geschmack abgewinnen .... Nun ist Humboldt ganz kantisch; unsre Gespräche liefen also auf dieser Bahn immer herum; aber viel kam nicht dabei heraus, weil Humboldt nichts als kantische Philosophie zu kennen scheint und überhaupt einer von den Leuten zu sein scheint, die kein andres als ein wissenschaftliches Bedürfniss haben' (Martin, Ungedruckte Briefe von und an Johann Georg Jacobi S. 37). Übrigens kannten sich beide Männer schon seit Humboldts Reisen nach dem Rhein und der Schweiz in den Jahren 1788 und 1789 aus Karlsruhe, wo Schlosser damals wohnte (vgl. 79, 2; ferner Gesammelte Werke 1, 289; an Jacobi S. 24).

78, 16] Gemeint ist Kants Abhandlung ‚Von einem neuerdings erhobenen vornehmen Ton in der Philosophie' im Maiheft der Berlinischen Monatsschrift von 1796 (wiederabgedruckt in Kants Sämmtlichen Werken 6. 463 Hartenstein). Über Schlossers Verhalten gegen diesen Angriff Kants vgl. Nicolovius S. 259 und Martin, Ungedruckte Briefe von und an Georg Jacobi S. 37.

78, 23] Was Humboldt hier anführt, stimmt zu den auch sonst von Schlosser ausgesprochenen Ansichten: vgl. z. B. die Zitate bei Nicolovius S. 117. 143. 268.

79, 18] Schlossers Übersetzung der Politik und Ökonomik des Aristoteles erschien Lübeck und Leipzig 1797—1798; vgl. darüber Nicolovius S. 265.

79, 19] Schlossers zweite Frau war Johanna Fahlmer (1744 —1821), die Tante der Brüder Jacobi; über sie handelt ausführlich Urlichs in der Einleitung zu Goethes Briefen an sie.

79, 23] Georg Heinrich Ludwig Nicolovius (1767—1839), der Mann von Schlossers ältester Tochter erster Ehe Luise, Goethes Nichte, war seit 1794 Kammersekretär bei der fürstbischöflichen Rentkammer in Eutin und wurde später Humboldts naher Freund und nächster Kollege in der Leitung des preussischen Unterrichtswesens; Humboldts Briefe an ihn sind im ersten Bande dieser Quellenschriften von Haym herausgegeben (Berlin 1894). In den Jahren 1791 und 1792 hatte er Friedrich Leopold Stolberg als Hofmeister seiner Kinder nach Italien begleitet.

Eine Lebensskizze von ihm hat sein Sohn Alfred veröffentlicht (Bonn 1841).

79, 30] Katharina Stolbergs (1751—1832), der späteren Freundin Schönborns, eigenartigen Charakter schildert Jacobs Allgemeine deutsche Biographie 36, 367.

80, 1] Christoph Friedrich Hellwag (1754—1835) war seit 1782 Leibarzt der Gemahlin des Fürstbischofs und seit 1788 Hofrat in Eutin, auch Vossens Hausarzt und naher Freund; 1800 wurde er Landphysikus des Fürstentums Lübeck; vgl. über ihn Mutzenbecher Allgemeine deutsche Biographie 11, 699 und Bippen, Eutiner Skizzen S. 201.

80, 5] Ludwig Benedikt Trede (1750—1819) hat weder über Kant noch über Moralphilosophie etwas veröffentlicht; dagegen sind von ihm die 1811 anonym erschienenen ‚Vorschläge zu einer notwendigen Sprachlehre‘, die, allerdings auf Grund der kantischen Kategorieenlehre, Leibnizens Gedanken einer *characteristica universalis* weiter ausbilden (vgl. darüber Trendelenburg, Historische Beiträge zur Philosophie 3, 1).

39.

81, 13] August von Hennings (1746—1826) war, nachdem er vorher als Legationssekretär in Berlin und Dresden und im dänischen Kommerzkollegium unter Schimmelmanns Ministerium tätig gewesen war, seit 1787 Amtmann in Plön und wurde 1808 Administrator der Grafschaft Ranzau. Literarisch bekannt ist er besonders als Herausgeber der Zeitschriften ‚Schleswigsches Journal‘ und ‚Genius der Zeit‘ (vgl. Schmidts Anmerkung zu Xenion 440). Über seine Duellgeschichte hat er selbst geschrieben (Altona 1795); das Wesentliche findet man bei Böttiger, Literarische Zustände und Zeitgenossen 2, 68. Im Allgemeinen vgl. noch den Artikel Wattenbachs Allgemeine deutsche Biographie 11, 778.

81, 21] Über die Familie Reimarus vgl. die Anmerkung zu 90, 15.

81, 23] Eleonore, Tochter des dänischen Admirals von Krabbe.

81, 26] Herzog Peter Friedrich Wilhelm von Oldenburg (1754—1823) musste 1777 wegen geistiger Gestörtheit abdanken; Näheres giebt über sein Leben Mutzenbecher Allgemeine deutsche Biographie 25, 469. Konstatiert wurde die Krankheit durch den bekannten Leibarzt der Kaiserin Katharina Johann Georg Zimmermann in Hannover. Über Herders Einfluss auf den Prinzen vgl. Haym, Herder 1, 366. 723.

82, 11] Dalberg, mit dem Humboldts beide von Erfurt her eng befreundet waren.

82, 16] Am 13. Juli 1783 wurde Paul Friedrich August von Oldenburg (1829—1853) geboren, der spätere erste Grossherzog.

82, 19] Christian VII. (1766—1808).

82, 20] Dies ist gewiss der von Böttiger (Literarische Zustände und Zeitgenossen 2, 28) als Angehöriger des hamburger gebildeten Kreises erwähnte ‚letzte Sprössling aus dem Hause Gonzaga, ein Prinz ohne Land, aber mit vielem Verstand und erklärter Demokrat‘.

40.

83, 12] Christian Detlef Karl von Ranzau (1772—1812) war dänischer Kammerherr.

83, 17] Wilhelm Christoph Freiherr von Diede zum Fürstenstein (1748—1807); wahrscheinlich zu demselben Geschlechte gehörte der Mann von Humboldts späterer Freundin (vgl. Hartwig, Charlotte Diede S. 2).

41.

84, 5] Über Christian Stolberg (1748—1821), der seit 1777 als Amtmann in Tremsbüttel, seit 1800 in Windebye wohnte, vgl. jetzt Schmidts Skizze Allgemeine deutsche Biographie 36, 348.

*84, 9] Friederike Luise, verwittwete von Gramm, geborne Gräfin Reventlow (1746—1824), war die gebildetste Frau jenes holsteiner Freundeskreises.

44.

86, 1] Graf Ernst Heinrich Schimmelmann (1747—1831), bekannt besonders als Gönner Schillers und Freund Niebuhrs, war seit 1784 dänischer Finanzminister; ausführlich charakterisiert ihn Handelmann Allgemeine deutsche Biographie 31, 271.

86, 5] Bekannter als ihr Bruder Ludwig Eberhard Gottlob (gestorben 1798), der als pädagogischer Schriftsteller hervorgetreten ist, ist Karoline Rudolphi (1750—1811), damals Vorsteherin einer Erziehungsanstalt in Hamm bei Hamburg, die Freundin des früher jenaer, damals schon kieler Kantianers Reinhold und des deutsch-dänischen Dichters Jens Baggesen. Ausführlich behandelt sie Binder Allgemeine deutsche Biographie 29, 579; vgl. auch Böttiger, Literarische Zustände und Zeitgenossen 2, 33.

86, 27] Über Kaspar Freiherrn von Voght (1752—1839) ist zu vergleichen der ausführliche auf handschriftlichem Material beruhende Lebensabriss in den Bildern aus vergangener Zeit 1, 73. Die zwei Bände dieses Werks (Hamburg 1884—1887) enthalten überhaupt vieles, was zum besseren Verständniss und zur richtigeren Beurteilung dieses hamburger Freundeskreises von Wert ist, und sind ein Memoirenwerk ersten Ranges.

87, 4] Dugald Stewart (1753—1828), Professor der Philosophie in Edinburgh, war einer der bedeutendsten schottischen Philosophen.

87, 29] Voghts Schrift erschien unter dem Titel ‚*Account of the management of the poor in Hamburg since the year 1788*‘ Edinburgh 1795. Die deutsche Übersetzung ist nicht von Zimmermann, sondern von Eschenburg bearbeitet: ‚Über Hamburgs Armenwesen‘, Hamburg 1798.

87, 31] Reinholds Besuch bei Voght schildert Poel sehr ergötzlich Bilder aus vergangener Zeit 1, 88.

88, 3] Johann Gottfried Schmeisser (1767—1837) hatte sich in Flottbeck ein Laboratorium eingerichtet und beschäftigte sich besonders mit Agrikulturchemie; er reiste auch mit Voght und besass später eine Apotheke in Altona. Vgl. über ihn den Artikel Benekes Allgemeine deutsche Biographie 31, 633 und Bilder aus vergangener Zeit 1, 87.

88, 7] Über Sieveking vgl. die Anmerkung zu 93, 29.

88, 9] Der Oberforstmeister Johann Julius von Uslar, über den mir nähere Angaben fehlen, hat sich auf verschiedenen Gebieten der Forstwissenschaft schriftstellerisch hervorgetan; Alexander von Humboldts ‚Aphorismen aus der chemischen Physiologie der Pflanzen' erschienen Leipzig 1794. Beider Gedanken sind verwertet und verarbeitet in Schmeissers ‚*Chemico-physiological observations on plants*', Edinburgh 1795.

88, 14] Nähere Angaben fehlen mir; gewiss derselbe ist der in den Bildern aus vergangener Zeit 1, 89 erwähnte ‚talentvolle Maler und Possenreisser Henard'.

88, 16] Johann Heinrich Bartels (1761—1850), damals Advokat, wurde später Senator und Bürgermeister von Hamburg. Seine ‚Briefe über Kalabrien und Sizilien', naturwissenschaftlichen, geographischen und statistischen Inhalts, erschienen Göttingen 1792. Vgl. auch Beneke Allgemeine deutsche Biographie 2, 86.

88, 19] Gottfried Philipp Michaelis (1768—1811), ein Sohn des berühmten göttinger Orientalisten, war in Harburg Garnisonmedikus.

89, 6] Über Johannes Schuback (1732—1817), der besonders als Freund Lessings und Eva Königs bekannt ist, vgl. Beneke Allgemeine deutsche Biographie 32, 586.

90, 2] Über Ifflands Freund Heinrich Beck vgl. Speidel und Wittmann, Bilder aus der Schillerzeit S. 147.

90, 4] ‚Die Aussteuer', ein Schauspiel in fünf Aufzügen, erschien zuerst Leipzig 1795.

90, 11] Gemeint ist wohl Johanne Christiane Starke, geborne Gebhardt (vgl. Goethe, Werke 28, 624 Hempel).

90, 15] Johann Albert Heinrich Reimarus (1729—1814), der Sohn des wolfenbütteler Fragmentisten, war seit 1796 Professor der Naturlehre am hamburger Gymnasium; vgl. über ihn Allgemeine deutsche Biographie 27, 704 und Böttiger, Literarische Zustände und Zeitgenossen 2, 15.

90, 19] Hermann Samuel Reimarus' Schrift ‚Allgemeine Betrachtungen über die Triebe der Tiere, hauptsächlich über ihren Kunsttrieb, zur Erkenntniss des Zusammenhangs zwischen dem Schöpfer und uns selbst' war Hamburg 1760 erschienen; die neue Auflage kam erst 1798 heraus.

90, 29] Sophie, geborne von Hennings (1742—1817), war Reimarus' zweite Frau: vgl. über sie Böttiger, Literarische Zustände und Zeitgenossen 2, 19 und Bilder aus vergangener Zeit 2, 1, 12. Ein Brief Humboldts an sie aus Paris ist nach einer Abschrift gedruckt Aus Jacobis Nachlass 2, 191.

91, 2] Das Theelied ist im Anhang dieses Buches nach der Handschrift wiedergegeben.

91, 16] Über Christinens Charakter vgl. Bilder aus vergangener Zeit 2, 1, 14. 91. 165.

91, 23] Über Lessings Freundin Elise Reimarus (1735—1805) vgl. Böttiger, Literarische Zustände und Zeitgenossen 2, 18 und Bilder aus vergangener Zeit. 2. 1, 15

92, 5] Karl Friedrich Reinhards (1761··1837) interessante Gestalt hat eine ausgezeichnete Darstellung und Würdigung durch Lang in der Allgemeinen deutschen Biographie 28, 44 erfahren, auf die ich hier im Allgemeinen verweise.

92, 11] Von den hier neben Schiller genannten Schwaben ist der bekanntere der jenaer, später heidelberger Orientalist Heinrich Eberhard Gottlob Paulus (1761—1851); Karl Felix von Seyffer (1762—1822) war Professor der Astronomie in Göttingen und mit Humboldt seit seiner dortigen Studienzeit gut bekannt.

92, 14] Jean Pierre Brissot (1754—1793) war das Haupt der Girondisten und als solcher guillotiniert worden (vgl. *Biographie universelle* 5, 568).

93, 4] Mit Friedrich von Gentz (1764—1832), der damals Kriegsrat in Berlin war, war Humboldt eng befreundet (vgl. Gesammelte Werke 5, 34).

93, 21] Über Reinhard als Dichter hat ausführlich sein Biograph Lang gehandelt in der Vierteljahrsschrift für Literaturgeschichte 6, 251. Hier ist wohl die Übersetzung der Freiheitshymne des Franzosen Desorgues gemeint (vgl. Lang S. 271).

93, 29] Eine eingehende Lebensskizze Georg Heinrich Sievekings (1751—1799) hat Sillem in der Allgemeinen deutschen Biographie 34, 220 gegeben. Über seinen Tod schrieb Humboldt am 6. März 1799 an Poel: ‚Wie tief mich der Verlust, den Sie, mein teurer Freund, durch den Tod unsres trefflichen Sieveking erfahren, geschmerzt hat! Ich bitte Sie herzlich der Wittwe den lebhaften und innigen Anteil auszudrücken, den wir an ihrem Schmerze nehmen. Das Andenken des Verstorbenen wird gewiss allen seinen Freunden unvergesslich bleiben und gewiss ist nur Wenigen das Glück zu Teil geworden so allgemein und so aufrichtig bedauert und vermisst zu werden' (Bilder aus vergangener Zeit 2, 1, 21). Über Sievekings diplomatische Sendung nach Paris, die 94, 4 erwähnt wird, giebt ebenfalls Sillem das Notwendige an.

94, 19] Johanne Margarete, geborne Reimarus: vgl. über sie Bilder aus vergangener Zeit 1, 466. 2, 1, 2.

95, 4] Von Piter Poel (1760—1837) besitzen wir eine höchst wertvolle ausführliche Selbstbiographie in den Bildern aus vergangener Zeit 1, 120; gut und tief ist auch die ebenda S. 458 abgedruckte Charakteristik; vgl. ferner Varnhagen, Denkwürdigkeiten und vermischte Schriften [1] 5, 476.

95, 4] Über Büsch vgl. die Anmerkung zu 99, 23.

95, 7] Über Reichardts Journal ,Frankreich' vgl. Schmidts Anmerkung zu Xenion 19.

95, 19] Friederike, geborne Büsch: vgl. über sie Bilder aus vergangener Zeit 1, 466.

95, 26] Klopstock wohnte seit 1770 in Hamburg; überall ist Munckers ausführliche Biographie (Stuttgart 1888) im Einzelnen zur Vergleichung heranzuziehen. Humboldts Besuch ist dort S. 538 erwähnt, allerdings mit der falschen Jahreszahl 1797. ,Ich habe den älteren Humboldt zu meinem nicht kleinen Vergnügen kennen gelernt' schreibt Klopstock am 9. November 1797 an Böttiger (Archiv für Literaturgeschichte 3, 397).

95, 27] In dem schon früher zitierten Brief an Wolf vom 20. September 1796 schreibt Humboldt: ,Klopstock ist noch immer äusserst angelegentlich mit Ihren Prolegomenen beschäftigt. Es war das erste, worüber er mit mir sprach. Er ist schlechterdings und durchaus Ihrer Meinung, die er noch durch eigene Einfälle erweitert. So hält er, ich glaube nicht sehr glücklich, in Ilias α εἰς κοιρανος ἐστω für ein Einschiebsel der Pisistratiden' (Varnhagen. Vermischte Schriften [3] 2, 237). Anders berichtet, wohl aus unzureichender Quelle, Muncker S. 538.

96, 9] Über die Entstehung des Messias vgl. Muncker S. 36.

96, 18] Ganz ähnlich äusserte sich Klopstock ein paar Jahre
später gegen den Italiener Acerbi, dessen jüngst bekannt ge-
wordener Bericht über seine Gespräche mit Klopstock (Halbmonatshefte der Deutschen Rundschau 1893/94, 3, 98) eine interessante Parallele zu Humboldts Aufzeichnungen bietet; ferner
vgl. Muncker S. 536.

96, 23. 97, 9] In Schillers Abhandlung über die sentimen-
talischen Dichter (Sämmtliche Schriften 10, 469. 472 Goedeke).

97, 29. 98, 3] Die zitierten Oden stehen in Munckers und
Pawels Ausgabe 2, 99. 114. 103.

98, 5] Jean Baptiste Carrier (1756—1794) war der Urheber
der Noyaden auf der Loire bei Nantes; hauptsächlich beim Sturz
der Girondisten beteiligt, fiel er dann selbst unter der Guillotine.

98, 19] Über Klopstocks Begeisterung für Charlotte Corday
vgl. Muncker S. 515.

99, 17] Über Klopstocks zweite Frau Johanna Elisabet, seit
1791 verwittwete Frau von Winthem, vgl. Muncker S. 428.

99, 23] Johann Georg Büsch (1728—1800), seit 1756 Lehrer
der Mathematik am hamburger Gymnasium, war besonders bekannt als Direktor der 1767 gestifteten Handelsakademie; Genaueres über ihn giebt Muther in der Allgemeinen deutschen
Biographie 3, 642. Humboldts Bruder Alexander hatte von
August 1790 bis April 1791 dort studiert.

100, 3] Christoph Daniel Ebeling (1741—1817), Mitdirektor
der Handelsakademie, war seit 1784 Professor der Geschichte
und der griechischen Sprache am Gymnasium und erwarb sich
später als Stadtbibliothekar grosse Verdienste; vgl. auch Klose
Allgemeine deutsche Biographie 5, 524.

100, 17] Anton August Heinrich Lichtenstein (gestorben
1816) war Professor der griechischen Sprache am hamburger
Gymnasium. Er ist der Vater des bekannteren berliner Zoologen.
Vgl. über ihn Böttiger, Literarische Zustände und Zeitgenossen
2, 58.

100, 26. 27] Johann Wilhelm von Archenholz (1743—1812)
ist der bekannte Geschichtsschreiber des siebenjährigen Krieges,
Hauptmann ausser Dienst. Peter Heinrich Christoph Brodhagen
(1753—1805) war Professor der Mathematik am hamburger

Gymnasium, der bekannte Dichter Heinrich Wilhelm von Gerstenberg (1737—1823) seit 1786 Mitdirektor des Lottos in Altona.

100, 29] Johann Christoph Unzer (1747—1809) war seit 1775 Professor der Naturkunde am Gymnasium, seit 1789 Stadtphysikus in Altona; vgl. über ihn Bilder aus vergangener Zeit 1, 127. Sein Trauerspiel ‚Diego und Leonore‘ erschien Hamburg 1775. Sein Onkel, dessen Stelle als angesehener Arzt in Altona er dann einnahm, ist Johann August Unzer (1727—1799), Herausgeber der medizinischen Wochenschrift ‚Der Arzt‘ (Hamburg 1759—1761), über welchen die Bilder aus vergangener Zeit 1, 28 Anmerkung berichten; auch er war als bellettristischer Schriftsteller tätig.

101, 5] Über Karl Johann Heise (1744—1826) fehlen mir nähere Angaben.

101, 11] Humboldts Besuch bei Claudius erwähnt Herbst in seiner Biographie des wandsbecker Boten‘ S. 337 nicht ohne einen vom Standpunkte des Buches aus allerdings berechtigten Seitenblick auf Humboldts ‚fremden stolzen Geist‘. Schiller schreibt am 23. Oktober 1796 an Goethe über Humboldt, von Claudius wisse er durchaus nichts zu sagen, er sei eine völlige Null; der humboldtsche Brief, aus dem dies Zitat stammt, ist nicht erhalten.

101, 19] Über Claudius' Frau Anna Rebekka, geborne Behn, vgl. Herbst‘ S. 95.

101, 24] Claudius hatte damals sechs Töchter und zwei Söhne. Karoline Claudius wurde bald darauf die Frau des Buchhändlers Friedrich Perthes, den Humboldt 113, 9 erwähnt; Anna Claudius heiratete Max Jacobi, über den die Anmerkung zu 110, 6 zu vergleichen ist.

101, 27] Über Magdalene Pauli, geborne Poel (1757—1825), giebt die oben herangezogene Selbstbiographie ihres Bruders mancherlei interessante Angaben.

101, 31] Eine kurze und sehr klare Übersicht über Franz von Baaders (1765—1841) philosophische Ansichten giebt Hoffmanns Artikel in der Allgemeinen deutschen Biographie 1, 713.

101, 31] Alexander von Humboldt studierte vom Juni 1791 bis zum März 1792 unter dem berühmten Werner an der Bergakademie in Freiberg.

102, 17] Über den Verfasser des 1774 erschienenen Buches
De l'erreur et de la vérité, den Grafen Ludwig Klaudius von Saint-
Martin (1743—1803), vgl. Varnhagen, Vermischte Schriften ⁹ 1, 24.

102, 18] Gemeint ist wohl Wilhelm Friedrich von Gleichen
(1717—1783), über welchen Ascherson Allgemeine deutsche Biographie 9, 226 zu vergleichen ist.

102, 28] Kants Buch ,Allgemeine Naturgeschichte und
Theorie des Himmels' (Königsberg 1755) ist gemeint.

103, 19] In seiner Schrift ,Über das Organ der Seele'
(Königsberg 1796) erklärte Soemmering, der bekannte Anatom,
die Gehirnflüssigkeit für das Seelenorgan. Humboldt sah diese
Hypothese nur als eine ,interessante Kuriosität' an (vgl. Briefwechsel mit Schiller ² S. 148. 160).

104, 31] Franz von Baaders Bruder Josef (1763—1835),
Ingenieur und Mechaniker, wird eingehend besprochen von Kar-
marsch Allgemeine deutsche Biographie 1, 725.

105, 1] Der General Charles François Dumouriez (1739—1823)
war seit 1793 aus Frankreich verbannt; über sein Auftreten im
Hamburgischen vgl. Jacobi, Auserlesener Briefwechsel 2, 228.
Dumouriez' Biograph Boguslawski (Berlin 1879) behandelt nur
seine Tätigkeit als General genauer und geht über sein Leben
im Exil nur kurz hinweg. Gouverneur von Cherbourg (107. 14)
war Dumouriez 1787—1789.

107, 18] Einen Lebensabriss José Maria Suzas (1758—1825)
giebt die *Biographie universelle* 39, 724; vgl. auch Lebensnachrichten über Niebuhr 1, 116. 123. 140. 143. 146. 241.

107, 29] Adèle de Flahaut (1760—1836), deren von Humboldt
erwähnter Roman London 1794 erschienen war, wurde später
des eben erwähnten Suza Gemahlin; vgl. über sie *Biographie
universelle* 39, 723 und Lebensnachrichten über Niebuhr 1, 146.

108, 7] Aachen berührte Humboldt 1789 auf seiner mit
Campe unternommenen Reise nach Paris.

108, 21] Humboldts Briefe an Fritz Jacobi (1743—1819)
habe ich vor zwei Jahren herausgegeben (Halle 1892); in dieser
Publikation ist auch weiteres Material über die Beziehungen
beider Männer gegeben; die Anmerkungen sind hier überall
heranzuziehen. In Wandsbeck wohnte Jacobi seit 1794.

109, 25] Über Georg Arnold Jacobi (1766—1845) vgl. Humboldts Brief an Jacobi S. 4 und Briefe an eine Freundin 2, 64. Seine italienische Reisebeschreibung führt den Titel ‚Briefe aus der Schweiz und Italien an das väterliche Haus nach Düsseldorf geschrieben‘ und erschien Lübeck und Leipzig 1796—1797.

110, 6] Karl Wigand Max Jacobi (1775—1858) studierte damals in Jena Medizin und war auch der Liebling Goethes.

110, 8] Seit dem Tode seiner Frau hatte Jacobi seine beiden Halbschwestern Susanne Helene und Anna Katharine Charlotte (beide 1753—1838) bei sich.

46.

111, 20] Vgl. Büsching, Erdbeschreibung 9, 579.

113, 5] Johann Jakob Rambach (1737—1818) war seit 1780 Hauptpastor zu Sankt Michaelis in Hamburg; vgl. Berthean Allgemeine deutsche Biographie 27, 201.

ANHANG.

— .

Unser Theetisch. 1793.

Kein Theetisch stand in eurer Mitte
Ihr rauhen Männer alter Sitte!
    Schloßt nicht um ihn den BruderBund:
5 Den trauten Handschlag beym Pocale,
Den HeldenEyd beym lauten Mahle
    That oft die TodtenKlocke kund.

Wenn unser frohes Klöckchen läutet,
Wenn Stinchen uns den Thee bereitet,
10   Giebts ein lebendiges Verkehr:
Und unser aller Freuden-Spender,
Der gute Vater, blickt, als fänd' er
    Des Himmels Segen um sich her.

Und lehret uns den Himmel finden,
16 Die Weisheit mancher Schrift ergründen
    Die Thorheit mancher andern sehn:
Die Vorwelt geht bey uns vorüber
Oft haben wir die Zukunft lieber,
    Das Bild der Zeit ist selten schön.

Ein grausenvolles Zeitungslesen
Zerstört oft unser ganzes Wesen,
  [Kein Aufblick froher Zuversicht:
Die schöne Hofnung beßrer Zeiten,
Der Traum von nehern Seligkeiten   5
  Sinkt wie ein umgeworfnes Licht.]
  Den schönen Traum von ErdenGlück.
Was gute Menschen kaum begannen
Sinkt schrecklich hin durch VolksTyrannen,
  [Wer wagt der Hofnung LebensBlick.]   10
  Das Morgenroth in Nacht zurück.

Hinweg denn mit dem großen Traume
Die Freiheit haußt im engen Raume
  Wohnt in der Brust der Redlichkeit
Sie wohnt in unsrem kleinen Zimmer   15
Und unser Theetisch sey ihr immer
  Zum bleibenden Altar geweiht.

Und jeder Freund trink eine Schaale
Damit er froh beym OpferMahle
  Geweihter unsres Bundes sey   20
Wer faßt den göttlichen Gedancken?
Thee brach des Druckes veste Schrancken
  Und machte seine Trincker frei!

Drum Brüder schwört bey dieser Stunde,
Daß nie ein Glied aus unsrem Bunde   25
  Dem MenschenHasse fröhnen soll,
Daß stets ein Freund ins Ohr ihm raune,
Der größre Druck sey finstre Laune,
  Der mindre Druck sey BruderGroll.

Vorstehendes Gedicht der Frau Sophie Reimarus, in eigenhändiger Niederschrift erhalten, befindet sich im Besitze des Herrn Doktor Wilhelm Sieveking in Hamburg; eine genaue Abschrift verdanke ich der Freundlichkeit Karl Redlichs. Die eingeklammerten Zeilen sind im Original durchstrichen. Briefe Humboldts an die Familie Reimarus (vgl. oben die Anmerkung zu 90, 29) fanden sich nicht mehr vor.